z  ì

q  ù

w  è  i

y  g

中国建筑工业出版社

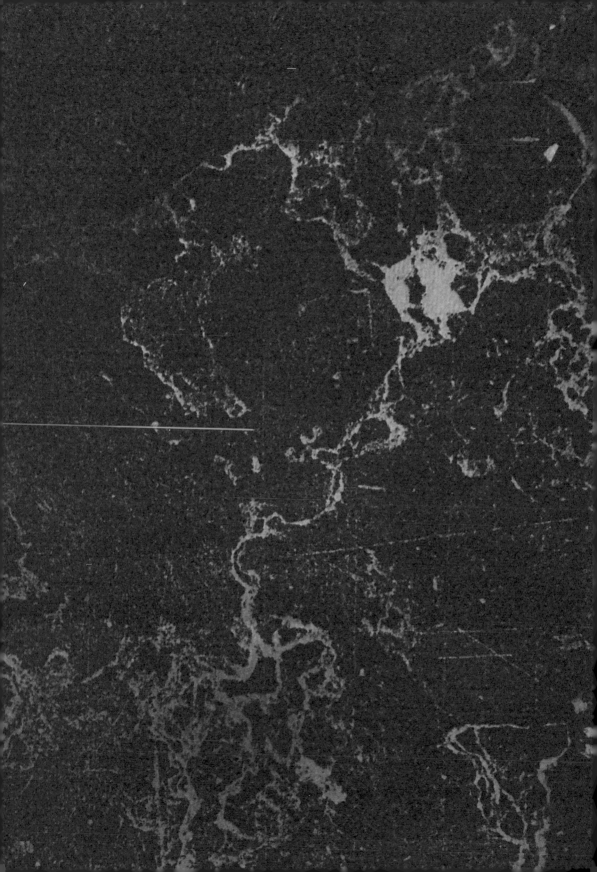

# 字趣未央

zì qù wèi yāng

陈原川 著

中国建筑工业出版社

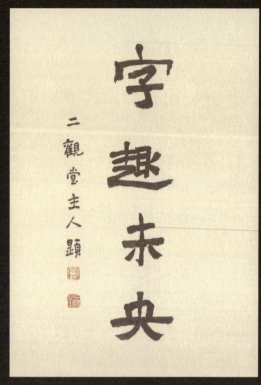

封面题字：二观堂主人

胡伦光，多署二观堂主人，别署悫翁，1952年出生于江苏无锡，现为中国书法家协会会员，沧浪书社执事。

胡伦光先生早年曾参加过第一、第二届全国中青年书法展，第四届全国书法展、首届全国篆刻展、全国部分中青年书法邀请展，国际青年书法展。作品多次赴日本大阪市美术馆、中国台湾国艺中心、中国澳门中华中商会、美国罗格斯大学艺术学院画廊、亚历山大图书馆画廊、耶鲁大学美术馆等地展出并为之收藏。《中国书法》、中国台湾《书法教育》、《纽约时报》、《世界日报》、《世界周刊》、中国香港《文汇报》、《大公报》、《星岛日报》、《耶鲁大学报》及纽约华美协进社研讨会均有专文介绍。

# 前言

文字、造物，这些文明的结晶对人的生活与精神影响深远，它们中隐藏着我们先人的生命体验，这种生命体验在历史的长河中淘洗，留存至今的往往具有独特的文化。文化此词即代表着一个文明价值观与生活方式的守望，人们以某种共同的方式去感悟生命，这种不断积累的筑造最终构起了文明的高峰、人文的繁荣。本系列文化阅读丛书，旨在对经典的梳理与清洗，引领进入先人曾抵达之处，越过今人与古人的精神隔阂，感悟古人在众多层面上持久而高远的人文关怀。当我们感受到那潜藏于物象之下的源流时，我们便能搭上那一脉相承的文脉。它将令我们的内心更为从容自在，也能让今人的生活变得更有厚度与韵味，最终去创造独属于未来东方的人文味道。

"但识字中趣，何劳细推究"。
汉字是民族文化的化石，是历史的载体，是前人智慧的结晶，方块字中潜藏着丰富的审美和诗意，有着独特的文化魅力，但汉字作为一种艺术却是中国独一无二的，汉字中包含了我们的千秋，从夏商周到现代，一脉相承，几千年的光辉都依托在变化万千的汉字之中。世人都晓千秋繁重，《字趣未央》将给予一个机会，一探汉字沟通古今文心的趣味。

"紫气氤氲处，合光慕同尘"。
造物之中紫砂的历史并不长，然而以其独特细腻的质感甫一出世起点便不落俗套，似在渺渺之上。文人们以高妙的审美情操或赞颂，或参与设计，使紫砂微妙的质感与古雅的审美融合，创造出了氤氲着出尘之美的紫气世界。《紫气微尘》是对紫砂艺术的文心解读，紫砂犹如宇宙中的紫色尘埃，弥漫着文明，氤氲的紫气处处闪烁的是意匠文心智慧的光芒。

"上下居明韵，一展坐卧时"。
中国家具有着悠久的历史，发展到明代开始形成独特制式，因其历史的高度后人称为明式家具，明式家具是家具文化风格的代表，散发出中国传统文化的精神、气质、神韵。《明式上下》展示一个与人关系密切的立体世界，展现了伴随中华文明从席地到垂足家居空间的巨大改变。其中，明式家具可谓其发展的峰顶，而明式之前及明式之后，不仅能看到席地到垂足家具的变化发展，也揭示各个文化领域发展与家具文明的种种关系。人的生活离不开居所，居所之内，上下之间，我们探索着梦想中的归宿。而明式，给了我们一个绝佳的家园范景。

陈原川

丙申年 夏

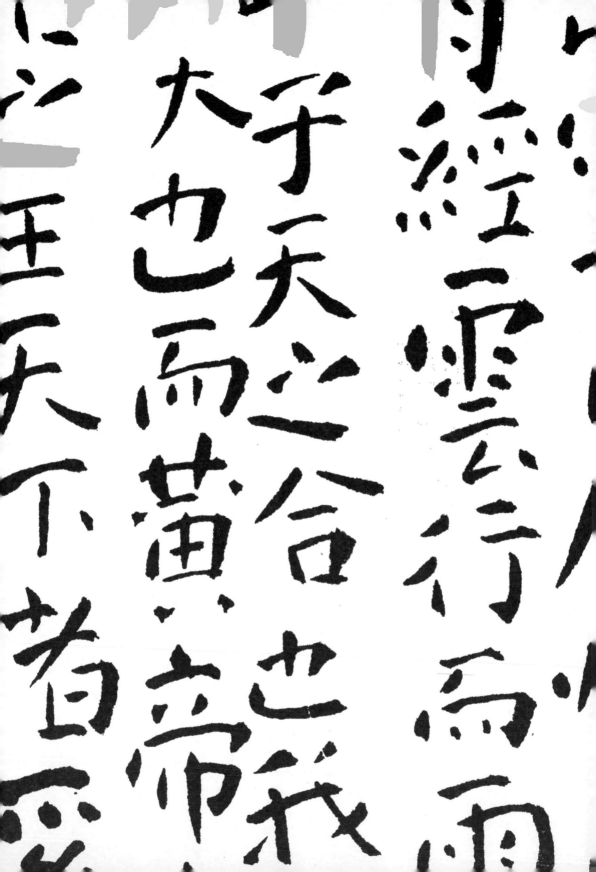

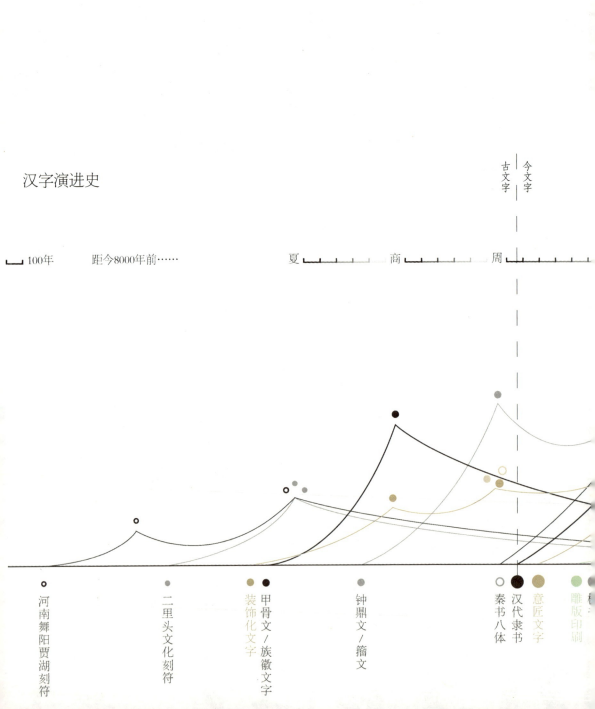

汉字演进史

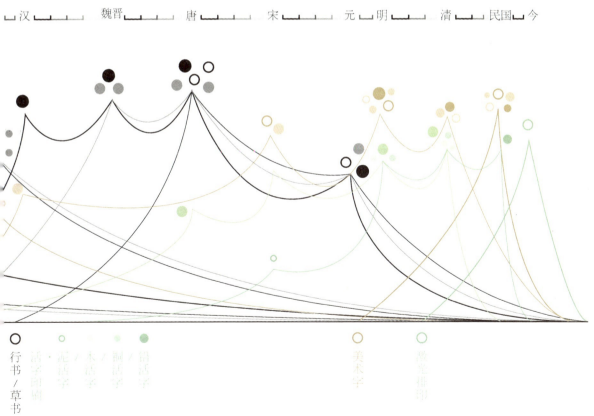

法变花
以
象 源
盛
缘
汉
国
落 展 印
兴
由
意
时
鸟
来 秦
怀 代
发 篆
读
革
行
溯
设
古 美
添 匠
奇
艺

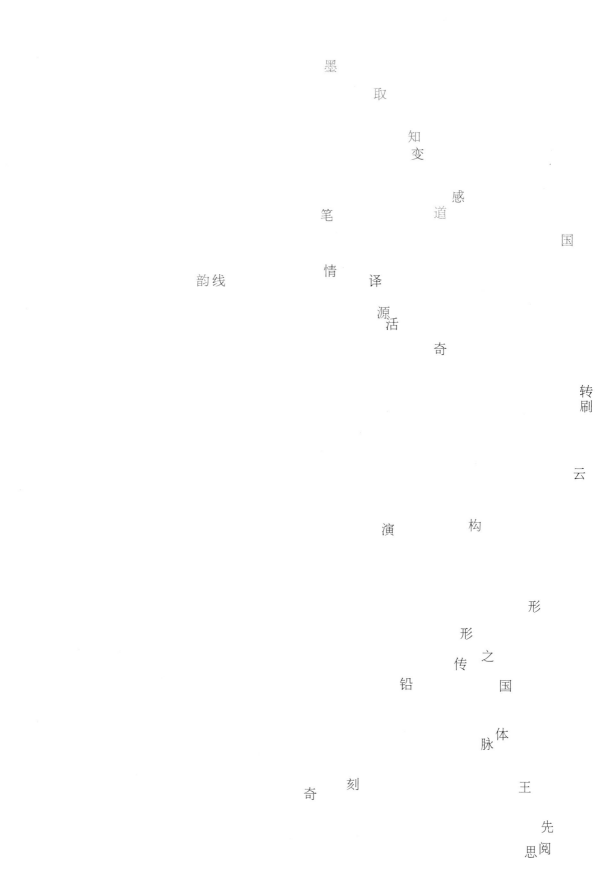

## 卷三 汉字流变

- 84　书法艺术
- 91　篆刻艺术
- 131　汉字图形
- 142　印刷文字

## 卷四 意匠文字

- 152　意匠文字的发展由来
- 156　意匠文字生活情怀的转变
- 161　意匠文字的生活情怀
- 171　意匠文字设计

## 卷五 印刷字体

- 194　古代印刷与字体
- 232　近现代铅活字与字体设计
- 243　现代字体的发展

## 卷六 美术字

- 254　美术字的兴盛与衰落
- 260　民国美术字
- 271　新中国成立后美术字
- 279　时代美的演绎

目录

## 卷一 汉字传奇

2　取象之道
7　源流本脉
17　汉字王国

## 卷二 汉字源流

44　先秦文字
60　秦书八体
70　字体沿革

## 卷七 汉字行云

292　墨韵写划
296　以感知艺
306　笔画构形
310　添生取意
314　字图相生
318　以线取象
324　刻本摹写
330　生活溯艺
338　阅读思想
344　参考文献

卷一

漢字傳奇

# 取象之道

仓颉
一个神秘的名字
据说他是
造字之神
据说那一刻——

天雨粟
夜鬼哭

这力量太巨大
人类的智识
与诡辩

## 仓颉造字天雨粟

汉字是中华文明中不可缺少的一部分，它不但承载了我们几千年的历史，而且也是从古到今人们进行沟通的重要手段。由汉字衍生出来的书法艺术，更是中华文明的瑰宝。但是，汉字这种独属于中华文明的文字，究竟是哪儿来的？研究汉字的起源问题，在国内已有两千五百多年的历史了。

汉字起源的传说最有名的至少有三种。

## 伏羲八卦造字说

伏羲氏，又作庖牺氏、包牺氏、宓羲氏等，是中华民族的人文始祖，传说中的"三皇之首"。我国古代文献中保存着大量伏羲传说材料，主要有先秦时期的《周易》《左传》和诸子百家；秦汉时期的《山海经》《淮南子》《世本》《礼记》《史记》《汉书》等。这些文献真实地记录了当时人们对伏羲及其传说的认识。

伏羲所创先天八卦

《易·系辞下》说："古者庖牺氏之王天下也，仰则观象于天，俯则观法于地，视鸟兽之文与地之宜，近取诸身，远取诸物，于是始作易八卦，以通神明之德，以类万物之情。"

东汉许慎《说文解字·序》说"古者庖牺氏之王天下也，……于是始作易八卦，以垂宪象。及神农氏，结绳为治而统其事，庶业其繁，饰伪萌生。黄帝之史仓颉，见鸟兽蹄迒之迹，知分理之可相别异也，初造书契。"许慎把"庖牺作卦"、"神农结绳"、"仓颉作书"按照时间先后相提并论，八卦对汉字产生有着启发的作用。

宋人提出了一种假设。宋·郑樵《通志·六书略·论便从》说："文字便从（通'纵'，下同）不便衡（'衡'通'横'），坎、离、坤，衡卦也，以之为字则必从。故坎必从而后成水，离必从而后成火，坤必从而后成巛"。他认为卦象的形态导致汉字的笔势必定成纵向，这是否是汉字源于八卦的形态遗留，不得而知。

由以上可看出，汉字起源于八卦说有一个发展过程，若要细究，八卦之物极抽象，蕴含了二进制数学意味；而二进制本身已普遍运用于计算机语言，是存在一种语言的可能的。这是否便表示八卦本身便蕴含着文字的可能性？但在传说中，八卦是一种先于文字而存在的能"通神明之德、类万物之情"的象征符号。

**河图洛书说。**

"河图洛书"的传说，散见于各种史籍。

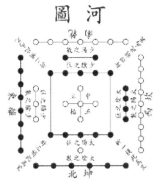

《周易·系辞上》："河出图，洛出书，圣人则之。"

《尚书·顾命》："大玉、夷玉、天球、河图，在东序。"

《礼记·礼运》："天降甘露，地出醴泉，山出器车，河出马图，凤凰麒麟，皆在郊椷。"

《论语·子罕》："凤鸟不至，河不出图，洛不出书，吾已矣夫！"

《管子·小匡》："昔人之受命者，龙龟假，河出图，洛出书，地出乘黄。"

圣人之法则、君王即位之典册、盛世之祥瑞，"河图洛书"在中国文化史中有崇高的地位。春秋以降，历代论及"河图洛书"者，几乎无不以其为中国文化之源头。正因为如此，古人很早就把"河图洛书"与汉字的起源联系在一起。

《尚书·顾命》孔安国传："伏羲王天下，龙马出河，遂则其以画八卦，谓之河图。"

孔安国认为"河图"即"八卦",上文许慎把"庖牺作卦"、"神农结绳"、"仓颉作书"相提并论,亦使时人认定,"八卦"诸符号是上古中国最早之文字,"河图"既为"八卦",亦便是中国文字之源。这种说法将河图洛书这先民早慧的产物与八卦归为一道,"河图洛书"为汉字之源的传说也便流行开来。

**仓颉造字说**。
众多古文典籍中影响最大,记载最丰富的还属仓颉造字说。

仓颉是谁?他如何创造了汉字?

先秦传说造字者为仓颉,《荀子·解蔽》记载:"好书者众矣,而仓颉独传者壹也。"

李斯统一文字的课本名为《仓颉篇》,第一句就是"仓颉作书,以教后诣。"

《吕氏春秋·君守篇》说:"奚仲作车,仓颉作书,后稷作稼,皋陶作刑,昆吾作陶,夏鲧作城,此六人者,所作当矣。"

汉许慎《说文解字序》记载:"黄帝之史仓颉,初造书契,依类象形,故谓之文;其后形声相益,即谓之字;著于竹帛,谓之书。"

《说文解字·叙》记载:"黄帝之史仓颉,见鸟兽蹄迒之迹,知分理之可相别异也,初造书契。"

据《河图玉版》、《禅通记》记载,仓颉曾

经自立为帝,号仓帝,是上古时期的一部落首领。

《河图玉版》说:"仓颉为帝,南巡狩,蹬阳虚之山,临于玄扈洛纳之水,灵龟负书,丹甲青文以受之。"

《春秋元命苞·禅通记》说:"仓帝史皇氏,名颉姓侯冈。龙颜侈哆,四目灵光。实有睿德,生而能画。及受河图字,于是穷天地之变,仰观奎星圆曲之势,俯察龟文鸟羽,山川掌指,而创文字。天为雨栗,鬼为夜哭,龙乃潜藏。治百有十一载,都于阳武,终葬衙之利亭乡。"

索靖《草书状》说:"圣王御世,随时之宜。仓颉既生,书契是为。"

《通志略》说:"黄帝命仓颉为史官,制文字。"

徐道《历代神仙通鉴》说:"有臣仓颉,姓侯冈,名颉(陈仓人,故曰仓颉)……幼善画,养灵龟一头,揣摩其纹理,又见群鸟践迹沙地,乃依龟文鸟迹,一画一竖,一点一圈,撇捺勾挑配聚而成字。"

《述异记》说:"仓颉墓在北海,俗呼藏书台,有碑文,周时莫识,遂藏之书府。至秦时,李斯识八字。'上天作命,皇辟迭王'至汉叔孙通,识十二字。"

《一统志》说:"仓颉墓在陕西白水县,又名府南乐县。河南祥符县,山东寿光县并有仓颉墓。白水即古之衙,寿光即北海地,然未详孰是也。"

一览古籍之纷纭，我们大致能了解仓颉及他如何造字了。正如《说文解字·叙》所载，古人认为万物有文，"文"通"纹"，即是纹理之纹。天有天文，地有地理，鸟兽鱼虫，花卉草木，乃至人的发肤手足，莫不有文。从表象观察事物内在的规律，演化出抽象的八卦，富含数学魅力的河图洛书，产生代指各事物本身的实际符号，这便是知鸟兽蹄迹，分理相异了。内有质，外有文，内外互相协调，便是人谓文质彬彬。仓颉创造了文字，为人类混沌的精神世界找到了合适的表达方式，使其得以被传达、观测，于是人类也一同拨开精神世界的迷雾，摆脱了动物的蒙昧，走向文明。

有了文字，经验和知识可以保存积累，流传久远，普天下人很快便能都知道如何种植果腹，粟米丰收，这便是真切的值得庆贺的"天雨粟"了。而为何要"鬼夜哭"呢？是人类智慧增强，鬼神之说从此难以主宰其命运了；间或也有另一种看法，有了文字，民智日开，奇巧多也，也是民德日离，欺伪狡诈的开始，天下从此将会带来灾难，致鬼也不得安宁了。

到了现代，对于仓颉一人造字之说又有另外的观点，认为成熟的汉字由一人所创实是不可能的，应是许多的人集体创造的，故而仓颉只是在搜集、整理、统一上做出了特别的成绩；又有认为仓颉"四目"之说应为双瞳，即双目四瞳，画像上的四目不过是一种表现罢了；或又有据黄帝之时巫术盛行，装神弄鬼正是巫师所操之业，而文献记载仓颉是黄帝的史官，上古时代巫、史不分家，仓颉应是原始巫师阶层，故若把仓颉看作一位远古的巫师，四目之说便再合理不过了。这些说法似乎都是比神话更合理的推论，并没有什么不对。

当历史成为传说，传说成为神话，人们在如今享受着文字带来的种种便利，是否还记得人类祖先是在意识的蒙昧中创造了光明，创造了可以表达、流传的文字，其实有一种精神所在——那种面对迷茫世界，夸父般奋力张开天地的精神。精神自然是看不见摸不着的，仓颉，这位传说中的文字的创造者，作为人类造字精神的象征符号，伴随着他的四目灵光与对文字的敬畏，我们在书写着人间的幸福与不幸时，应当是把他铭记与竖立的。

源流本脉

甲骨文

雨宮風不
丙戌卜宾贞
戊寅卜争贞
豕四兔七十有
　　获兕十一鹿
　　贞今日其狩□
狩获擒鹿五十有六
□贞今日我其狩
古贞燎于

## 汉字产生

李学勤先生说:"文字的出现被公认为社会进入文明的基本的、必要的标志。"❶

根据目前发现的资料,商代的甲骨文是中国最早的可以完整记录语言的文字,相当成熟,已经脱离了原始文字阶段而形成了完整的文字体系,正如郭沫若先生所推断:"单以甲骨文而论,已经是具有严密规律的文字系统。后人所谓'六书',从文字结构中所看出的六条构成文字的原则,即所谓指事、象形、象意、形声、假借、转注,在甲骨文中都可以找出不少的例证。文法也和后代的相同。故中国文字,到了甲骨文时代,毫无疑问是经过了至少两三千年的发展的。"

考古发现证明,在七千年前的新石器时代,半坡文化的陶器上已有很多刻画符号,有的符号还在陶器上重复地出现,郭沫若认为它们"刻划的意义至今尚未阐明,但无疑是具有文字性质的符号,如画押或族徽之类"❷。在五六千年前的仰韶文化、大汶口文化中,发现的在陶器上刻划的符号有数十种之多。其中有些与甲骨上所见的字类似,因而有人认为它们就是早期文字。而在龙山文化早期的陶罐上发现的朱书则可以肯定是文字,这充分表明中国的汉字至少已有 4000 余年的历史。

同我国新石器时代的陶器上很多重复的刻画符号近似,在甲骨文特别是金文之中存在着大量的族徽文字,在《金文编》中被列为附录,占

❶ 李学勤. 中国古代文明十讲 [M]. 上海:复旦大学出版社,2003:94.

❷ 郭沫若. 奴隶制时代 [M]. 北京:人民文学出版社,1973.

很大的篇幅。有的铜器仅有一两个徽号文字，用以标明铜器的族属。这些族徽文字的特点是象形性很强，有的甚至像图画。随着郭沫若指出我国新石器时代的陶器上的符号是古代民族之"族徽"，此后容庚在《商周彝器通考》一书中进一步认定这种文字类似于氏名。

裘锡圭先生认为：最早的汉字是族徽文字。"在上古，往往用家族或氏族的名称称呼个人，也就是说，人名往往就是族名。所以陶器上的记号大概都是族的标记。见于商周文字的某些族名和族徽，跟这种记号显然有密切的关系。在商周时代的青铜器上，常常用比当时一般文字更古老的字体，铭记器物主人的族名或族徽。我们称这种文字为族名金文。"用象形符号表示族名，是原始表义字产生的一个重要途径。

我们可以想象，"大约在公元前第三千年中期，在某些文化比较发达的地区，原始的象形字大概已经相当流行了。在氏族林立的古代，在一个地区内流传着上百个甚至几百个用作族名的象形字，是完全可能的。这必然会推动原始文字进一步发展。"❸ 明代李贽《史纲评要·太昊伏羲氏》云："上古男女无别，太昊始制嫁娶，以俪皮为礼。正姓氏，通媒妁，以重人伦之本，而民始不渎。"虽然这些族徽文字到今天大部分已经成为死文字，我们很难再把它与今天的文字沟通对应，但它们却极可能是汉字之源，原始的族徽文字是中国最原始的姓氏，正是伏羲氏"正姓氏"时所发明的，伏羲氏正姓氏和造书契应是可以贯通的。

## 考古发现与汉字起源

1. 大约距今 8000～7000 年，产生了人类最早的刻符

随着现代考古学在中国的迅速发展，与汉字起源有关的资料不断出土，这些资料主要是指原始社会晚期及有史社会早期出现在陶器上面的刻划或彩绘符号，另外还包括少量契刻在甲骨、玉石器等上面的符号。河南省文物研究所在河南舞阳贾湖村裴李岗文化遗址中发掘出了甲骨契刻符号，经考古学家们研究发现，此贾湖契刻符号与比其晚四五千年的殷商甲骨文有着惊人的相似之处，是一种比殷墟甲骨文更早在龟甲上契刻的符号。这些符号是不是汉字尚存疑问，但舞阳贾湖刻符不

仅在笔形、笔势、构形与殷墟甲骨文字比较接近，而且书写工具和载体也有着相似之处，皆是以利器作为工具刻于龟甲与骨器等载体上，还有就是用途的相似，多是用来记载占卜信息，或是与占卜相关内容。文字的产生和发展历经了一个缓慢而又长期的过程，发掘的贾湖刻符虽是已经距商代甲骨文有 4000 多年，但是两者的多种相似之处，让不少学者认为若是贾湖刻符是甲骨文字的前身，那么汉字的源头至少可以推溯到 8000 年前。这些考古资料显示了汉字起源的蛛丝马迹，为汉字起源提供了新的证据。

2. 大约距今 7000~5000 年，产生了特定记事性质的刻符

汝州洪山庙仰韶文化陶器刻符

在位于河南省汝州市洪山庙村发掘出的山庙遗址中，出土有多种器型，发现有附饰在陶器上的不少刻符，由于洪山庙遗址属仰韶文化类型，因此此类符号属仰韶文化时期的陶器刻符。而仰韶文化是距今约 7000 年左右于黄河中游地区重要的新石器时代文化，这一时期也是我国新石器时代彩陶发展极为丰富灿烂的时期。文化制陶业的发达，最明显的特征是在红陶器上常有彩绘的几何形和动物形图案花纹，故也称彩陶文化。在距今 7000~5000 年左右的仰韶文化陶器刻符上，发现有一定规律性和刻画部位性的特征，且有部分符号重复出现。在半坡等地的彩陶装饰纹样上，还发现有 50 多种符号刻画于陶器之上，可能具有原始文字的性质。有不少学者对此都提出了观点，郭沫若先生在《古代文字之辨证的发展》中认为这"无疑是具有文字性质的符号"❹，于省吾先生认为"它们是原始文字。"❺ 王蕴智先生说："就符号的性质而言，它们显然是一种具有特定意义的记事标志。"❻

❹ 郭沫若. 奴隶制时代 [M]. 北京：人民文学出版社，1973：254.
❺ 于省吾. 关于古文字研究的若干问题 [J]. 文物，1973 (2).
❻ 王蕴智. 远古符号综类摹萃 [J]. 中原文物，2003 (6).

汉字起源广为流传的有八卦造字说和河图洛书说。八卦造字说是指在文字产生之前，伏羲氏发明了表示世界客观事物的八卦符号，八卦符号与汉字有着启发关系，所以有些认为八卦符号是汉字的来源之一。河图洛书说，在《易经·系辞上》上记载："河出图，洛出书，圣人则之。"在距今 6000 年左右陕西华县元君庙仰韶文化遗址出土的陶器上，有用锥刺刻成的 55 个小圆点成三角图案。据专家考证，该图与有关河图著作所载的河图推演图很是相似。

八卦造字说与河图洛书说，从符号性质来说，都是刻符，从时代上说，应同属大约距今 7000～5000 年的仰韶文化时期。这两个汉字起源说从时代、符号性质上来看与仰韶文化发掘出的特定记事性质刻符的考古发现相互印证，这不应该看作偶然之事，而是有历史真实存在的。

3. 大约距今 5000～4000 年，产生了类似甲骨文字风格的刻符

同属于河南龙山文化时期刻符的有登封王城岗和汝州煤山遗址刻符。河南龙山文化陶器刻符数量非常丰富，它们是距今 5000～4000 年左右的刻符，有些刻符与商周古汉字已比较近似。王蕴智先生说："虽然例证不多，却是汉字的发明和文明社会到来的一个重要信号。"❼

广为流传的仓颉造字说，大致就可追溯于河南龙山文化时期。仓颉造字说在历史考古范畴中缺乏确凿史料，很难得出确切的结论。但可以表明两点，首先，在《说文解字·叙》里有说："及神农氏结绳为治而统其事，庶业其繁，饰伪萌生。黄帝之史仓颉，见鸟兽蹄远之迹，知分理之可相别异也，初造书契。"又说："仓颉之初作书，盖依类象形。"此段记载表明结绳记事无法适应记录与传递信息时效性的需要，人们需探索新的方式，创造更多具有区别性的符号以记录更多的信息。于是从鸟兽蹄迹中印迹得到了"分理别异"和"依类象形"的启示，从而创造了文字。这一点是可信的。

其次，仓颉造字说反映了汉字形成过程中和巫史有着密切关系。甲骨文"史"字后来分化为"史"、"吏"、"事"三个字。在《大盂鼎》中记载到："事"（御事），卜辞称"史"，是殷周治事之官。卜辞中也有"贞史"是"问事"，"史贞"是"事问"。由此可见"史"、"事"是为一字。《荀子·解蔽篇》说："故好书者众矣，而仓颉独传者，壹也。""壹"字释作"专一"，或是正确的规律。传说仓颉是黄帝的史官，是一位能够比较成功地使用汉字并且掌握汉字结构规律的人，得以对群众自发产生的字符加以规整。大约是距今 5000 年的黄帝时代有了仓颉造字说，而黄帝时代是属于有特定意义的记事符号的仰韶文化与殷商甲骨文字的中间阶段。从而可以推断在此阶段，和甲骨文字相似风格的文字符号已经产生，

且字符量有急剧增加的趋势。和后稷之于稼，夔之于乐，舜之于义一样，会有像仓颉这样的专门从事某方面工作的人，使用汉字熟悉汉字并整理过汉字。

无论是对伏羲八卦造字说、河图洛书说还是仓颉造字的传说，我们都不能仅将其当作虚妄之说一概否定。神话传说是人们通过幻想中物象创作出的形象而编造出的故事，其实是历史扭曲的表现。不同的是造字传说往往包含有合理的成分，古史传说的形成是在还没有文字记载的时候，靠着历代讲述流传而后被记录下来的史料。西汉以前文献记载的种种传说中包含了以上三种造字传说，很大程度地保留着早期历史的真实性。徐旭生先生认为"很古时代的传说总有它历史方面的质素、核心，并不是总是虚造的"❽。王国维《古史新证·总论》说："研究中国史最为纠纷之问题，上古之事，传说与史实混而不分。史实中不免有所修饰，与传说无异，而传说中亦往往有史实为素地，二者不易区分。"❾ 实是有根据的。

### 4. 大约在夏商之际，部分刻符进入了商代甲骨文字系统

二里头文化处于河南龙山文化之后，时间段相当于夏商之际。二里头遗址出土陶器上刻划符号大都各自独立成形，有着文字初始的模样。在构形上，较之史前符号少了任意性的刻画成分，多了些许造型讲究，其中有些结体开始与商代甲骨文字相近。这个时期似出现一些比较成熟的文字，并发掘了牛骨、龟甲等与殷商甲骨文字无异的书写材料。至此，已经进入我国历史文明的早期。

汉字起源大致分为两个时期。一是原始造字时期，即"初文"时期；二是官方造字时期，也就是黄帝统一天下到夏的"书契文"时期。

我们可以想象，在原始造字时期，各个部落群体为着记事的需要，首先从各种记事材料和记事程式中寻取造字材料，"结绳记事、刻划记

事、岩画、记事岩画、图腾、徽号、记事符号以及对手语的描画都是原始造字取材的多方面来源"。那时应已出现了原始的造字机构，有氏族中的专职的记事人员在氏族酋长的支持下进行造字活动。而在官方造字时期即整个新石器时期，奴隶制社会形成，信息传递、经济交易、公约法章的制定等对文字的需要显得更加重要而迫切，由此便出现了官方造字机构，即传说中的"左史司"，"史官"统领着各部族管理典册的吏师对已有的文字进行整理和规范，并重新创造新字以满足需要。汉字的创造进入官方造字时期，经过整理、规范和新造，汉字便大量产生出来，并形成最初的汉字系统。

## 汉字形象的特征

许慎说："仓颉之初作书，盖依类象形，故谓之文。"传说仓颉是"仰观奎星圆曲之势，俯察龟文鸟迹之象"以造字。故"文"者，既是指星象中观察的空间架构，亦是指龟文鸟迹的物象之本。文即文字，由此我们可以发现中国文字的笔画与结构从一开始便是高度象化的。

汉字的演变可以以隶书的出现划分为古文字阶段和今文字阶段。从殷商甲骨文算起到秦末汉初，那是笔画结构的形成期，其构成了古文字时期距今历史至少有三四千年左右。而现在所用的的楷书笔画结构属于今文字时期，形成于近两千年前的汉代隶书。两者虽相差不少，然而汉字步步演化的痕迹依旧隐约明了。今天我们虽然很难去表述这种笔画结构的变化是如何形成的，但至少可以确定它们的演化是自然而然的，并且具有某种象征意义。

仅从汉字象化的角度来研究汉字的笔画与结构，可以发现汉字的五种基本笔画可以从自然和人本身的形象中象化而来。如：横（一）笔，像平坦的地平线；点（、）笔，像树枝上悬挂的果实；竖（丨）笔，像人进化的重大一步——直立的样子；撇（丿）笔，像一把刀或是象牙犀角；捺（㇏）笔，弯曲的形状像条河流。

由两个或数个基本笔画连接变形而成的笔画被称为派生笔画，如折、钩、提等，即使是这些派生笔画也依旧是象化的。如(横折钩)象务农的镰刀，象"力"字，在不少金文和甲骨文中显示，"力"在当时表示一种翻土用的农具；乁（横折斜钩）象飞，像鸟类展开翅膀欲飞的模样；㇃（竖

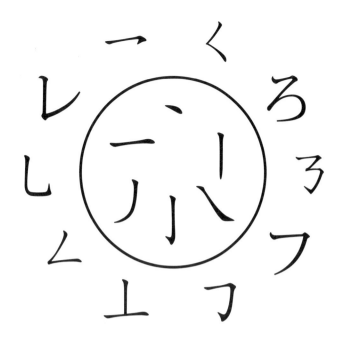

折折钩）像勺，用勺舀等物的形状，又像弓，古代弓的弓背常呈弯曲形；ㄙ（撇折）象系，像一束绞起来的丝；乚（竖弯钩）像上端有环以便悬挂运用的钩子。列举的派生笔画都可以在人类和自然中"近取诸身，远取诸物"来进行象化而获得。汉字的基本笔画和派生笔画合起来大致有 30 余种，均不离此道。故以此笔画构成的汉字亦是象化的。

从字形构造的角度上看，汉字的象化则是由独体象形、局部象形和合体象形构成。

独体象形，即我们所认知的独体字，如日、月、大、小、人、口、手等，其形象性十分直观。

局部象形，即为"六书"中的指事字，它以在原有象形字的基础上添加部分抽象的具有象征意义的指事符号来表示字义。如"凶"字是指地上有一个深坑，"凵"代表深坑，中间的"×"符号就是象征在陷阱里放置的致命的危险物如交叉而置的箭，这即是表达凶"危险"的含义了。如"刀"字原为象形字，在刀口加上一个点，作为指事符号，表明最重点在刀刃处，最锋利所在，"刃"字就产生了。凶、刃、甘、本、末都是十分典型的指事字，指事字的数量在整体汉字中也不占多数。

# 象化的独体汉字与组合汉字

由独体象形，到局部象形，到合体象形。这是一个由简单至丰富的过程，文字也愈指代更复杂的概念。

合体象形，即为"六书"中的会意字和形声字。会意字即是利用已有的字，依据它们各自的含义加以组合，从而表示一个新的字义，如日月为明，山高为嵩。会意造字超越了象形和指事的局限，造字功能很强，其组合的形式更是多样：

（1）以重复的象形字组成的同体会意字。如两个人为"从"字，一人跟随一人，表达前后相随之意；"炎"字，由两个火垒起组成，火光上升，火苗升腾，表示火盛大的样子，引申为灼热；"森"字，树木众多，引申为众多、繁盛，又引申为幽深可怕，"阴森"。双、众等都为同体会意字。

（2）不同的象形字组成的异体会意字。如"家"，房子里有猪，因为猪的生育能力强，便象征人丁兴旺家庭富足；"男"字，田力，从事农事作业的主要劳动力，这也可以得知从造字时期开始中华民族便以农业为主要作业生活。异体会意字在整个会意字中占多数。

（3）通过偏旁字义之间的相互关系，组合后产生某种意象从而领会的会意字。例如"掰"，用两手分开；忐忑，一个人的心在上上下下地跳动，其字义是表示人的心情极度不安；不上不下为"卡"；上小下大为"尖"。此外，还有改变形体、反文倒文的会意字。

合体象形是由于事物和概念的抽象，难以直接用象形和指事表示而创造的。通过独体象形的相加，其组成部分逐渐形成规律，以偏旁的形

另一种快速的造字方式是，运用现有的文字为基础，随之加上各种属性，如鸟虫人兽、金玉竹草、水火木石。

式可以表示字义的大致范围。如"鱼"，它总称整个鱼类，但鱼的种类却成千上万，如果为每一种鱼都造一个字，未免太繁杂了，于是造字时只需用"鱼"作部首便能表示这个汉字是指代一种鱼类。同时，金、木、水、火、土，日、月、人、草、虫等亦是表达各类别的部首。这对汉字的含义起到了分类定性的作用，假使人看到某个字而不识，通过某部首也可大致掌握汉字的类别。这也方便了区别同音不同形义的字，如柃、铃、蛉、伶、玲、苓、泠、聆、龄、羚等，即使其中某字不识，我们也可以通过部首快速地判断其类别，识别"柃"为一种木本植物，"铃"为某种金属制品，"蛉"为虫类，"伶"为人的一种身份属性，"玲"与玉石有关，"苓"为一种草本植物，"泠"与水的属性有关，"聆"为听，"羚"多是一种羊……并且，由于"令"本身具有字音，在组成这些字时也决定了这些合体象形字的字音。

不同于甲骨文对某个事物形象化的描绘，后世的文字系统中对事物的描摹都已高度线条化了。汉字的造字基础是象形表义，希望达到"见形知义"，然而汉字在演进中也在不断地使形体简化，许多原来象形的字已趋于符号化。虽然如此，但象化的精神一直流传了下来，它们仍然生命旺盛，转化为意匠文字等艺术化的角度根植于人们的生活之中，丰富多彩。

汉字形象 由简至繁的构架演变

慧耦楼瑾璜璎璆瘦奭髯
擒搂鋆墩撞撤撙增撺墀撰聪觐
蕲蕴蕊赜蔬蕴藁槿横槠椷樗樘
鲭鳄鲲鳅莹喜膏哀率圭叵匀夙尺
鲩鳄鳅屎居凹卜不白卡丙厂尺
蠢瓒瑧髦獴这延翅匙横勉适保固园
壤攘擤馨勉适户击井戈夹柬甲巾斤
鳖蕤蘘屡匪己火乎互册犬求子
醵醴霰匿凶曲乙一、
颧鄂耀凶画夷曳禺央奥乐八丨

瞿曦躁击函聿业亚且七气千彡彐
踟蠕鼍幽凶石尸巳术凸习乡厶
嚼嚷巍朝伤十事少卅世申山史失
黩黩黢研斗开兮口卡甫夫我丸文
魏默黩头房个弓民木廿乃牛农
镆镳鳌开乃个弓木廿乃牛农
籍纂語府底弗丰方凡父币耳立二
犨螣鳜居质乜内女年牛乃农
鲜蜡蝙媳弱孖羽朋非从双
噗嗳嘌用甩风骂姓兢殚震
酷餍魇餍磊磋磔碾憨
喧嘶噶嘲嗾影踪赫踏跬
蝎蚪蝮蜈蝗蝓趟蹯魍
        徽髓龠爵

髻撷撕擞撇撩趟趱撬赭播
鞋鞯蕙蘛蕨薯葺蕉蓟蕃
樱樊橡槲樟鹘鹩豌飘醋醌醇醉
因囿回困固囚笔星是茸曼嘿嘛噢
才寸出丁产又串丑店虎嗫嘹嚕噢
斤人入冉日壬刀承禾庙屈犏頔蠖幡
臼了几九久及韭巨废骼骸铸镆
州再丈中乍朱之主州房虚庞磴墨骺
丨丨又也于幺雨义严康麻镇铺镉
一く永尹已牙由日月痕戚锐镌锞

フ丁乞必平片八三廊屠镎镏镐
レ乂心屯由土田水例镑镒锬
生升士手氏甩矢四飞呦衬镔靠稽
万五未为亡卫兀瓦毋做脚稷稻稽
女末门矛米目皿毛假渐稿稼
更工丐千果瓜甘革啦鸿簌簧堂
儿巴匕办
轰吕众森晶焱淼垚品昌篇篡篆
旬习同多司氧豹匪厄压病癞僵僦
雪霉霈霏匡眶瞳暗蝽蝶蝴蝠蛭
踩踮踣踣辘龊觑瞵瞳膊膣膻臐臃
繇貘邋貔臁臆臌鲼鲽鲾

# 汉字王国

## 一、媒介塑造文化——汉字的媒介特征

就人类文化而言,一开始就内在地具有传播性,其产生和发展与媒介如影随形。只有得到媒介支持的文化才可称之为文化,因为文化是离不开传承的,而传承是必须记录的。文化在记录、展现和传承中存在,因此,它被记录、展现和传承的方式必然会影响文化的形态和构成,对文化产生一定的塑造作用。

"媒介中所固有的独特品质,渲染了其所接受的经验的类型。"[1] 媒介使经验突破时间与空间二重限制,在量与质上得以扩展、变化,从而在一定程度上改变了经验的性质。

媒介自身影响着其所承载的内容。马歇尔·麦克卢汉说在《理解媒介——论人的延伸》一书中,把媒介看作人体一切器官(从各种感官、体温控制系统直到中枢神经系统)的各种延伸,由于每一种延伸都会在人们的生活中引入一种新的尺度,这种尺度最终会影响到人们的感官比率,进而影响到人们的时空概念,形成新的文化经验,并最终影响历史和文明的发展。

在人类传播手段实现从体内媒介到体外媒介这一飞跃的过程中,文字的发明,其意义是最为深远的。因为其他体外媒介技术都是人的某种感官的顺向延伸,例如,声音技术根本是人的口语能力之延伸,而后有录音、收音和通信等技术;图像技术相应的是人类的体态语言,而后发展出摄影、摄像、电视等技术。而文字技术把人类的思想、口语转化为视觉(文字),打破了人类感官历来的平衡。之所以文字被称为"符号的符号",正因为文字所具有的这种介于体内媒介和体外媒介之间的特点——借由文字,"知识经验独立于叙事者和受众的互动而被

[1] [美]威廉·麦克高希.世界文明史——观察世界的新视角[M].董建中,王大庆译.北京:新华出版社,2003:342.

记录和传播,在扩展主体性思维的同时为社会发展提供了叙事的可能性"❷——且随着造纸、印刷、电报及电脑等技术的发明,这种失衡被进一步放大和发展,奇迹般地激发了媒介和文明的快速发展。

作为文字技术一种,汉字在实现由思想、口语向视觉转化的过程中,保持了文字技术的普遍特点,同时,其所采取的言文分离的方式亦使之拥有自己的独特性——从抽象的概念落实到具象字形之汉字,在一定程度上又独立于语音,且汉字与语音是双线性发展,二者并非同步。汉字的媒介特征构成了汉语文化的内在特征,从而建构了东方社会的形态特征。

## 1. 字形、字义的象化——有限表达无限

关于字形的"见形表义"的象化特征,上一小节已经详细地说明。汉字的象化字形是经过反复提炼而高度抽象的,且因其强烈的图像性直接作用于感知,其笔画结构往往蕴藏着和谐的美感。

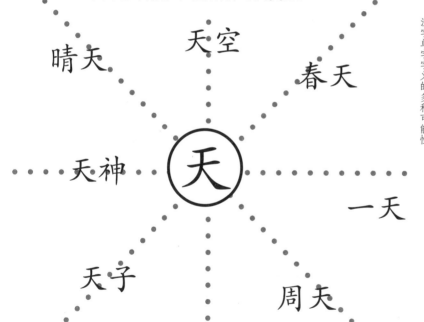

汉字单字字义的多种可能性

『白』——明亮——清楚——陈述

『革』——剥皮／皮——甲胄——『革命』『兵革』——改变

『宜』——祭品——佳肴——合适——应该

❷ 陈卫星. 传播的观念[M]. 北京:人民出版社,2004:13,64.

文字是有限的,而字义承载的含义却是无限的,如何用尽可能少的字传达无限丰富的思想,这就是造字先贤们提出的"易简"之理。《易·系辞上》:"……易简,而天下之理得矣,天下之之理得,而成位乎其中矣。"由此在汉字字义方面就出现了众多"以象释字"、"一字多义"等现象。

一个字就是一个象,这是中国文字的一大特点。文字的含义由一个主

## 2. 汉字字音——不拘于音的文字

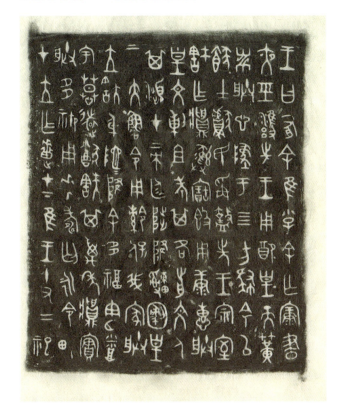

西周 胡簋 拓片

人类历史上最早的传播行为大体是通过肢体动作和声音来实现的。随着后来声音渐渐占据主要媒介，单调的吼叫逐渐发展为复杂化，形成了有一定规律的语言，成为人类传播信息的首要工具。"作为与内在精神力量密切相关的人类有机整体的组成部分，语音形式自然也同民族的全部精神禀赋相关联。"❸ 索绪尔也说过："人们看不出有什么会妨碍我们把任何一个观念同任何一连串声音结合起来。"❹ 由此可知，声音是人类精神交流中极重要的传播媒介。

在人类信息传播行为演化的过程中，极为重要的阶段则是由口语传播向文字传播的转变。声音媒介虽然有优点众多，但它转瞬即逝，极易受到传播距离、范围、环境的影响，在转达复制过程中其准确度也极不稳定，在人类迎来工业文明前更是无法跨越时间保存。在语音传播的同时，古人们也发明了用绘画的方法来形象地传递信息，这就是最早的图画文字。后来一部分原生的图画文字逐渐形义剥落，后人在仅剩的符号上借鉴创作出了拼音文字，最终完全成为记录语音的工具，这部分以英文为代表所体现；另一部分图画文字则始终形义结合，一

❹❺［瑞士］索绪尔．普通语言学教程［Z］．高名凯译．北京：商务印书馆，1980：48、47—48、51．

❸ 陈卫星．传播的观念［M］．北京：人民出版社，2004：13、64．

　　　　　　　　　　雨　　　　　　　　　　　　　　　雨
　　　　　　　天
　　　　　　　　　　　　　　　　　　天
空　　　　　空
　　天


　　　　　　　　　　　空


　　　　　　　　　　　　　　　　　　　　下


　　　　　　　　　　　　　　海
　　　海


　　　　　　　　　　　　　　　　　　　　滔
　　　　　　　　　　　　　　　　　　海


　　　　　　　　　　　　海




　　　　　　　　　　　　　　　　　　海
　　　海

神
　　　空　天　　　　　　　　　　　　　　　天

　　　　　神　　　　　　　　　　　　　　　　天

　　　　　　　　　天　空

　　　　　　　　　　　　　　　　　天
　　　　　　　　天
　　　　　　　下　　　　　　　　　　　　　　空

浪

　　　　　　　　　　　　　　　滔
　　　　　　　　　　　　　　海

　　海　　　浪　　　　　　　　　　　　海
　　　　海

　　　　　　　　　海
　　　　　　　　　　　　　　　　　　海

　　　　　　波

　　　　　　　　　海

步步传承，融合了表形、表意以及一定的表音，这种文字以汉字为代表。在汉字的六书"象形、指事、形声、会意、转注、假借"中基本上都保留了形、音、义的造字特征。可以说，汉字是一种有根的、可遥想文字创立之初的原创文字。

然而现今世界上大多数文字仅是记录语音的拼音符号，这使得西方既往的语言学家一直都把文字定义为只是"记录语言（指有声语言）的书写符号"，将语言和文字的关系单单理解为语言是第一位的，文字是第二位的，文字从属于语言。语言学家索绪尔曾说："语言和文字是两种不同的符号系统，后者的存在只是为了表现前者。语言学的对象不是书写的词和口说的词的结合，而是由后者单独构成的。"❺ 这是因为在拼音文字的语境里，音节符号的视觉化体现即是 26 个字母的不同组合，这种组合仅源于某种语音形式的发音，如果文字只是记录语言的工具，它便没有独立的价值，只有语音形式才直接与事物的概念相关。然而，由于上文所述口语传播的种种弊端，用拼音文字传承的文明虽然易读易记，但在地域的跨越性、时间的跨越性上总显弱势。

在汉语符号系统里，汉字直接与其形象之"象"相关联，而不是与音，其"义"也是通过视觉的"象"来表达的。汉字保持其复杂的独立性和自给自足的传承，始终没有发展为拼音文字。文字是第一位的，语言是第二位的。"人们从象形文字出发，而不向字母文字发展，于是就构成了一种富有艺术性的、任意地建立起来的字符（Zeichen）系统；在这个系统中，具体字符之间也存在着相互联系，只不过这种联系始终是概念的而不是语音的。汉民族和汉语的知性倾向超过了对语音交替的爱好，因此，汉字这种字符在更大程度上成了概念的标志而不是语音的标志。"❻ 汉字文明传承至今，然而每个人跨越牙牙学语后便可几无障碍地阅读距今近三千年的《诗经》等文学，并理解其含义，这在拼音文字主导的文明中是不可想象的。究其原因，便在于汉语与汉字的发展并不是同步的。所谓十里不同音，如今各地尚有许多口音方言，现在的口语必与三千年前相去甚远了，然而这时间与空间上的隔阂只作用于口语，并不妨碍汉字的运用和交流。由此可看出，文字的完备性并不是取决于它能多大程度记录语音，汉字自有其独有而高级的魅力。从传播学的角度来看，汉字的这种媒介特性也深深地影响了汉语文化的品格。

❻ [德]威廉·冯·洪堡特．论人类语言结构的差异及其对人类精神发展的影响[M]．姚小平译．北京：商务印书馆，1999：317．

## 二、汉字媒介对文化的影响

商代 宰丰骨匕记事刻辞 拓片

### 1. 字象化思维

语言文字与一个民族的思维方式是一个有机的整体，不能彼此割裂开来。中国文字这种独特的媒介，它的创造之初即是依类象形、以形知义，它注重形美，给人以强烈的直观感受，这一独特的特质与中国先民的思维方式是分不开的。

汉字对中国人的思维方式首先具有影响力。一个民族的思维方式，是指"在民族的文化行为中，那些长久地稳定地普遍地起作用的思维方法、思维习惯，对待事物的审视趋向和众所公认的观点，即可看做是该民族的思维方式"❼。中国传统的思维是灵活的，《周易》中占主导地位的辩证思想、象化思维为传统文化奠定了基本的模式，与西方思维方式迥然不同。象化思维、"易简"之理、辩证哲学，共同对中国文字的产生发展起到了很深的影响。"字思维"概念由美术家石虎提出，他认为："汉字有道，以道生象，象生音义，象象并置，万物寓于其间。这就是'字思维'的全部含义。它相当于中国古典哲学中道生一后而二而三而万物的宏大命题。"❽ 在石虎的概念中，汉字绝不是如西方语言学家认为的那样仅是语言的工具，它其中"有道"，它的图形符号中潜藏着一种趋势，其中有着汉民族的思维方式、诗意之源。字形表达的字象是汉字的根源，字音与字义仅是衍生，处于从属的地位。因此，对汉字字象化思维的研究只需要通过深究汉字的字象，以此为通道，便可以触摸到中华文化的思维和艺术特点。

❼ 张岱年、成中英. 中国思维偏向[M]. 北京：中国社会科学出版社，1991.

❽ 石虎. 论字思维[J]. 诗探索，1996（2）.

象化思维之象,有三层含义。第一,它指各种事物的象形、表象。《易·系辞上》:"象也者,像也。"单论日月的形态就很像太阳和新月。第二,每个字都有其主象,围绕着主象又有其他次象。比如"下"字,甲骨文中上面的一弧线代表分界线,下面短横指事分界线以下,"下"字的主象就是指"处于地处的位置",而它又有下等、从高往低的动作等其他象。第三,大部分单独的象并不是唯一的,它往往需要置入一定的语境之中才能得到确定。如"阴阳"、"向背",单独来看极为抽象,但是赋予其语境后便能够容易理解。古代人民在大自然的生存中摸索而得生命与阳光息息相关,面向太阳之处便称为"向阳",而阳光照射不

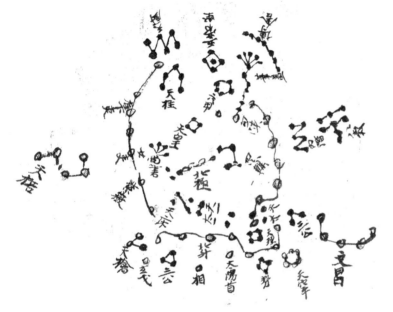

敦煌星空图

星图如字义浩瀚,阴阳向背而统一。观星之时,亦先把握整体,在彻夜微妙变动中思悟,找出其关系与组合。

到处则称为"背阴"。古人在造字时也常借助于适当的类比,凭借着感觉和经验对抽象概念进行理解。

描物状形,观物取象,每一个汉字都可看作一个隐喻,难怪有测字之术流传。观一字之象必先把握整体形象,然后把握关系,正如将二字象形组合时必要调整两者关系以使新的字整体协调,在字义上则把握主象。主象虽然把握然而次象并未消失,只是依赖于不同语境做出了调整,于是汉字字义的这种多样性带来了模糊性,无法用语言准确传达的便是言外之意。汉字追求言外之意,追求的那种不可言说的意境。由汉字组成的文学修辞方式,类推、比喻、联想等都与字思维分不开。再联系到无论是我国的画还是诗等艺术中,都是希望能给人一个无限想象的天地,使人回味无穷。阴阳、元气、意境、神韵、风骨、虚实,

我国学术史上一系列玄妙的概念不胜枚举，俱由此展开。

字象化思维综合事物的规律，再依靠直觉观象领悟，并不总是把事物拆解分析。中国人人与人之间的交流也很大程度上依靠综合直觉，所谓察言观色、眉目传情、心有灵犀一点通，都是人们依靠直觉把握对象的经验。中国传统文化普遍培养了国人较强的综合领悟能力，这种能力十分依赖直觉，但也带来局限，顾准感叹中国人太聪明，太善于综合，是"先天的辩证法家"，因而不肯像希腊人那样花大力气，下"笨功夫"，对事物分门别类加以分析，深钻细研，因而不能发展出科学来[9]。从这个说法可以窥见汉语文化对中国人思维方式的影响。

"道之为物，唯恍唯惚。惚兮恍兮，其中有象。恍兮惚兮，其中有物。窈兮冥兮，其中有精。"老子认为"道可道，非常道"，希望人们可以综合领悟来理解"道"，不需要，也做不到给出一个严格、明确的定义。这是中国文化的一大特色，孰优孰劣，我们在这里并不评判。总而言之，这种取象类比的象化思维，是形象思维与辩证思维并重，相互激发的思维方式。从象的角度去观察、描摹、陈述、理解事物，然后又从象的角度去总结、归纳实物的规律，这种别具特色的象化思维方式，给中国文化与中国人打上了独特的文化烙印。

## 2. 汉字崇拜

传说"昔者仓颉作书，天雨粟，鬼夜哭"，在这传说中文字包含了惊天动地的不凡威力。汉文化起源于《易经》，甚至有传说仓颉也是《易经》的作者。不管这种传说是否属实，但后世人可以看出，仓颉造字的精神和《易经》文化的精神是相一致的[10]。《易经》产生于巫术盛行的时代，因此它的思维方式也不可避免地带有巫术色彩。现代人研究发现巫术通常是从"交感"巫术开始的，所谓交感巫术，即人们为了达成某种结果，通过模仿或表演，借助部分与对象关系密切的物体（如发肤衣物），与对象建立一种神秘的感应，从而达到控制自然的目的。汉字是对事物的抽象模拟，汉字产生在这一时期，必然会受这种思维方式的影响。汉字服务于沟通天地鬼神甚于人类之间相互交流，其目的似巫术，也被上层阶级巫师掌握着，由此带有了神秘性和魔力。"汉字是中国人省律行止的式道；是中国人明神祈灵的法符；是中国人承命天地的图腾。"[11]

在我国悠久的历史中，文字崇拜是有迹可循的。在商代，人们便在甲骨上镌刻文字来进行占卜，认为文字可以将上苍的旨意传达沟通。道教的"符法"将力量寄托于文字，一纸法书可以请来神兵天降，驱邪避鬼，甚至将"烧灰存性，开水送服能治病"相信吞字可治病。乃至我国民间一直存在着"敬惜字纸"的传统，写有字的纸会有皇帝派遣专员搜罗，并在专门的焚字炉中火解升天。文字，被认为是道之器也。对文字的崇拜还表现在人们把一些带有"吉祥"含义的文字当作"吉祥"的象征，通过膜拜、使用这些文字可以达到吉祥的愿望。最著名的例子自然是"福"、"寿"二字，它们可能是中国变体最多汉字。从百寿图到到衣、食、窗格、雕床中都可见到许多"福"、"寿"字的变体，这些家庭摆设中常见到的"百福图"、"百寿图"是人们对"吉祥"文字及其寓意的崇拜心理延续。世界上将文字书写奉为最高艺术的，唯中国文明，中国文明对书法这种艺术的推崇说明国人对汉字这种传播媒介本身的关注超过了其工具的性质，这种对待文字的态度亦与对汉字的崇拜心理有关。"书"早在《周礼》中便位尊"六艺"之一，当儒学在汉代被独尊后，书法的重要程度不断上升，"书之为功，同流天地，翼为教经者也"[12]，文化的魅力是无穷的，书法成了人文品格的视觉化表达，儒学对书法的推崇，强化了书法的文化意义。王羲之在初唐被唐太宗奉为"书圣"，位极至圣，可见书法在当时受重视的程度。

甲骨文通过烧灼的裂痕，结合方位五行进行占卜。这种仪式在测字术中流传了下来。

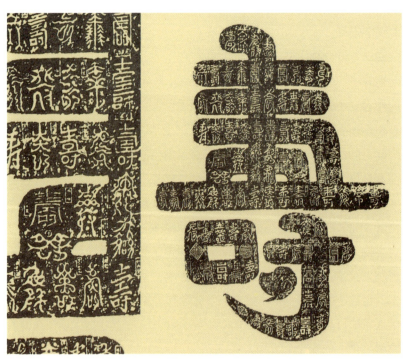

南宋 史渭书百年寿石刻
文字崇拜相信仅仅通过对一字的不断重复便能沟通天意，进而祈福吉祥。这表现了古人在书体上创作的热衷。

[12] 项穆．书法雅言．书统．

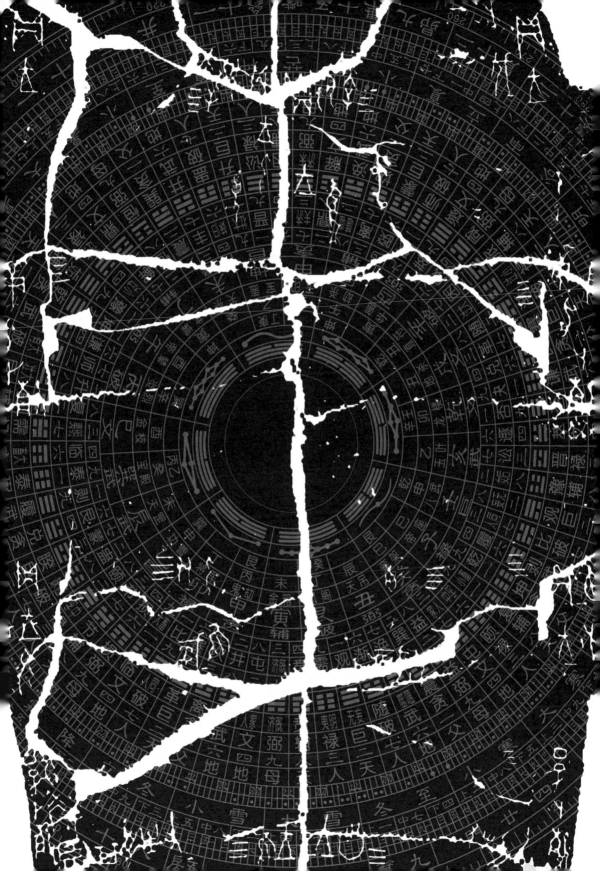

世人对汉字崇拜的背景下甚至出现了测字术这种被神化的汉字方术。根据许慎的记载，汉字产生受启发于八卦，而汉字企图通过字形笔画的变化来表示意义的方法确实与八卦十分相似，中国人认为天地万物都可以从八卦中窥见端倪。既然八卦可以启发汉字，那或许也能通过汉字之象寓意变化之道，或许汉字本身可以透露出许多生老病死、吉凶祸福的信息。中国六书的造字法，可说是测字的互释表，造字者用六书法抽象自然创造了汉字，后人又以六书对字形做出另外的解释。甚至衍生出以姓名或地名的对应关系来附会吉凶，这也算是中国人特有的观念之一了。

对汉字的崇拜进而迁越到对文化典籍的崇拜，因为这些典籍是靠汉字来记录的。我国古人十分热衷于记史，一朝一代、一郡一乡、寺庙山水、帝王将相、释道神侠，乃至家族谱牒，像中国这样重视历史的国家绝无仅有，据记载仓颉原本就是黄帝的史官。我国经史子集之浩繁，在国民生活中地位之重要，在世界上是少见的。《正气歌》有云，"在齐太史简，在晋董狐笔。"齐国的史官因坚持记录权臣崔杼弑君事实，即使面对死亡的威胁也不惜争相赴死，这说明至少在春秋战国时期，史官仍具有其神圣性，是可以让人宁死亡也要维护的。"在中国历史上，每一次文化的复兴总是跟典籍整理活动联系在一起，比如汉代朴学的兴起开端于古文经学派对'壁中书'的研究；宋代理学的兴起始于宋人对《诗序》的质疑；清代朴学的复兴源于清人对宋学'空疏'的不满；近代的'五四'运动更是以文言文为罪魁祸首等等。典籍在历史上反复出现在中国文化的深层结构中。"⑬中国文化重视典籍，尊崇"古人云"，甚至生活行为都以经典为本，渴望名垂青史，正因

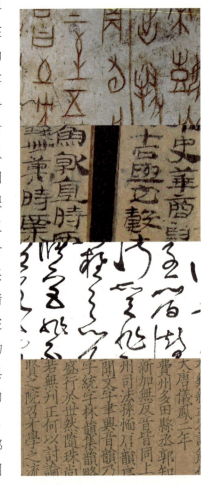

记录汉字的典籍载体

最初为黄帝史官的仓颉，到甲骨文、战国竹简、纸张，再到印刷术的大发展，中华文明对『留下历史』著书立文的需求强烈，早早意识到了文化重要性

⑬ 黄亚平．典籍符号与权力话语 [M]．北京：中国社会科学出版社，2004．

如此，中国文化又被称为"史官文化"。

对典籍的崇拜也从而导致了一种尚古的价值观。事事必要有根据，名不正则言不顺，典籍固然是越古老越值钱，然而随着时间的流逝，对典籍的解释也逐渐加入典籍的行列，典籍变得越来越繁杂，对典籍的解读成为了一种专门的学问和垄断的权力。掌握汉字和熟悉典籍的知识分子就自然地掌握了社会的知识权力，伴随着的，是传统的知识分子被要求在不断的注释和皓首穷经中兜转，努力掌握"茴香豆'的'茴'字的四种写法"。由此可知，一味地尚古并不能应对日新月异的时代变化，崇尚厚重的文化却需发觉避免在不知不觉中成了枷锁。

### 3. 重文轻言

由于汉语语言与文字的相互分离，在中国，口语和文字成了两种传播手段，口语逐渐被认为是非正式的，其传播对象仅限于民间，文字则成为正式和官方传播的代表，社会文化也由此分为"俗"文化和"雅"文化。

在古典中国的文化传统中，被士人阶层视为"雅"文化的大致有诗、词、歌、赋等几种，而"俗"文化则是诸如传奇、话本、小说、戏曲等。由此可见，所谓"俗"文化俱以言说为主，而"雅"文化则以书写为主。这里不是指用文字记录与否，而是指是否用一种"书面语"的格式来记录。"书面语"的一个特征是，其诉诸的内容必须要经过提炼，其文字讲求简洁或韵律。而以小说为例的"俗"文化，它被正式记录前早已广泛流传于民间并深受普通群众喜爱，它的前身是说书话本。之所以在古代相当长的一段历史时期中，小说从未被认为可上"大雅之堂"，原因就在于这些话本，即使被文字记录下来，而里面也充斥着街头俚语、市井滥言，而这部分言、文被认为是摆不上台面的，是为俗。"书面语"的另一个特征是，诉诸文字的内容应该节制、严肃，讲求格调并有所承担。孔子编订的"诗三百篇"虽然来源于民间的民歌风谣，然而经过他的修整，就变得"乐而不淫，哀而不伤"[14]，孔子曾说："《诗》三百，一言以蔽之，曰：'思无邪'。"[15] 这是孔子赋予作品的伦理价值，也是他认为自己有必要传达的责任，这便是对"文字"的"雅言"要求，也是中国传统美学观念的重要特点。

在传统中国，吹拉弹唱向来被认为是难登大雅之堂的末技，而吟诗作画才体现文人风流的才学。"雅"与"俗"的隔离和"雅"对"俗"的优越感正是汉字言文分离所造成的结果，它体现了文字对语言的压制。索绪尔说："书写的词在我们的心目中有代替口说的词的倾向，对这两种文字体系来说，情况都是这样，但是在头一种体系里（指象形文字系统），这倾向更为强烈。"⓰ "口语传播是一种流动性强、意义模糊多变、无法进行垄断的传播方式。对于执政者来说，口语传播蕴藏着叛逆颠覆的危险。"⓱ 费孝通曾经感叹过去封建社会汉字下乡的巨大困难："中国社会从基层上看去是乡土性，中国的文字并不是在基层上发生。最早的文字就是庙堂性的，一直到目前还不是我们乡下人的东西。我们的文字另有它发生的背景"⓲。

汉字的言文分离造成中国文化中口头文化与书面文化截然分成了两个世界，一个生动、热闹、鲜活的口语传播的民间世界，另一个正规、教条、精致的文字传播的贵族世界。这种分层是一种社会的分层，下层普通人民和皇帝官僚阶层构成了社会的两极，它的流通依靠科举制度来维持，所以读书人成了介乎两者之间的一个独特的阶层。在技术层面来说，汉字的言文分离使汉语口语无法用一种文字化的方式来克服声音传播所固有的缺点，这维持了汉字的经典性，但反过来，汉字也不能通过口语从普通大众生动的生活中吸取养分。大量的民间智慧不能被整理、记录、流传和升华是古代中国一种巨大的浪费。

媒介如果是人类感官的延伸，那么文字就是人类感官的最初延伸。以后的每一次延伸都是在前一次延伸的基础上，其性质则不多做改变了。或许我们可以认为汉字生而如此，由于汉字曾被赋予沟通天地鬼神的作用，至今人们仍对其有所崇拜；由于其象化特征，它的形美能够促使我们同时调动所有感官，促进直觉与联想；由于其重文轻言，便能够在时间长河中长久的留存，我们得已沟通古今。这些特征全面塑造了我们中国人和传统文化的品格，其深远影响直抵文化的最远处。

## 三、东亚的汉字圈

几千年以来，华夏大地以其璀璨绚烂的文化深刻地熏陶、辐射着亚洲，甚至全世界。我们的汉字作为一种文化承载的符号，成了中国周边国家、地区的应用文字。在历史上，日本、越南、韩国以及朝鲜等国家都使用过汉字，也存在部分将汉字沿用至今的国家和地区。并且西藏、蒙古的文字系统虽然有别于中原，但其文化发展也一直受到中原文化影响。在历史上，汉字曾扮演着国际化文字的角色，有着官方应用、文化交流与传播的作用。

## 1. 日本文字

汉语与日语之间存在着密不可分的血缘之亲，日语中，文字被分为罗马字、平假名、片假名和汉字四个类别，在这之中，汉字、片假名与平假名都源于汉字，或借用，或以我国汉字为蓝本创造而成。与此同时，中国汉字的既有概念、造词原理也给日语提供了启发与思路，日本根据其社会环境、日常生活创造了大批新的字、词，并简化了部分汉字，因此日语中使用的部分汉字有别于原有的中国汉字。

日语在发展过程中也借鉴、吸纳了大量其他的外来语，明治维新之前，日本语运用汉语来书写外语，外来词汇中，很大一部分需要翻译成适宜的汉语、运用新的词组等，过程繁琐费时。在明治维新之后，日语翻译外来语时开启了使用片假名音译的方式，精简步骤，节省时间，方便了日语对外来语的吸收和转化。

虽然日本文化历史悠久，但日本的民族文字很晚才被创造出来。在很长的一个时期里，日本人都使用汉字来宣传思想和表达感情，与唐朝将楷书称为"真书"类似，日本人把汉字命名为"真名"。吉备真备和弘法大师（空海）实现了日语文字的最终创造。他们二人都曾经长时间旅居中国（唐朝），很深入地研究过中国汉字。吉备真备以中国表音汉字的楷体的偏旁为依据，创造了日本的"片假名"，用来标记外来词、象声词和特殊词语。弘法大师依据汉字中的草书创制了日本的"平假名"，常用于平时的使用与印刷。借鉴汉字发明假名，足以看出日本人对外来文化的吸收、创新能力。虽然片假名文字从 10 世纪开始风靡日本，却没有影响汉字的应用，汉字在日本始终没有废止。直到今天，日本文字中仍然留存着 1000 余简体汉字，它在世界文字中有着举足轻重的地位。它和汉语的关联无法斩断，但两者也有所不同，不仅体现

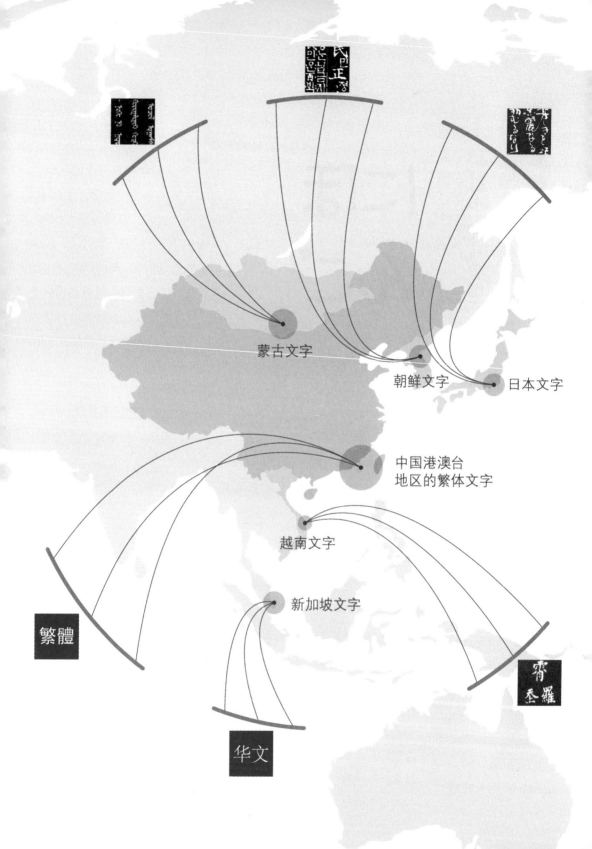

在文字本身，也体现在词语上。首先，在文字上，日语中包含很多日本独立创制的汉字。其次，在词语上，也存在形相同而义不同或者义相同而形不同的情况，日本语中也有很多独创词语。

## 2. 朝鲜文字

历史上朝鲜应用汉字更加彻底，在很长一段时间只有自己的民族语言而无民族文字。汉字在朝鲜半岛的传播史长达两千多年，最晚在公元前4到前3世纪，当时中国正处于战国时期，中国与朝鲜的陆地商贸路线成了汉字的传播途径，汉字由此流传到了朝鲜半岛的北部。这一说法是有可考依据的，较多数量的我国战国钱币出土于朝鲜半岛可作为依据之一。朝鲜在应用汉字700年后，开启了使用汉语写朝鲜语的阶段，史上称为"吏读"，又被称为吏札、吏吐、吏道。由于汉语无法完好、规范地记录下来朝鲜语的读音，并且改造之后仍问题不断，言文不一而影响其普及程度，为解决这些问题，创造一套简单、便捷的表音字母势在必行。

1446年，朝鲜世宗大王创造了朝鲜的标音字母，这套标音字母的设计借鉴了别的民族文字的创造经验，佛教的标音字母也对其有很大的启迪作用。它由11个表音字母、17个字音字母构成，又印成了《训民正音》这本书。共计28个字母，从书名，命名为训民正音，也叫作谚文，成了通俗文字之一，与吏读、汉字一起使用。称为"训民正音"，意思是教百姓以正确字音。世宗大王倡导人们将"训民正音"应用到公文和信件中，并下达了用"训民正音"创作《龙飞御天歌》的指令。具有录取官吏的作用的科举考试也把"训民正音"规定为必考的科目，当时朝鲜的钱币上也刻印了"训民正音"。由此为朝鲜语书面语的进步与发展打下基础。1895年，出现了正式文书，是汉字和谚文合并而成的，国家法律文书必须使用正式文书书写。在汉字、谚文之外，朝鲜也创造了一些新汉字，以汉字造字的原理为基础，被命名为"国字"。在1945年，日本结束了对朝鲜的殖民统治，变为了朝鲜民主主义人民共和国、大韩民国两个国家。随后，朝鲜废除了汉字，而韩国仍然应用汉文、谚文的混合体，但降低了汉字的使用数量。1972年，韩国教育部公布了全国中小学生需掌握的1800个教育汉字，其中不包含国字。

chữ hán
𡨸漢

chữ nho
𡨸儒

### 3. 越南文字

越南有一本历史书,叫《大越史记》,书中记载越南人祖先是炎帝的后代泾阳王,所以越南一直深受中国文化的影响。在后汉动乱时期,中原有很多的优秀知识分子南迁到越南避难,带去了大批中原文化。在秦始皇时代,汉字就已经传入越南,在越南独立后,仍然在使用汉字。到了13世纪,越南形成了以汉字为基础,用形声、会意、假借等方法创造表达越南语音的新文字"喃字";但越南仍然存在着汉字,称为"儒字",用来表达汉语的外来语;古代越南把汉字教育放在举足轻重的位置,知识分子、官方大多具有汉字的读写能力。1225~1400年,越南的南朝时期,喃字已经出现了,并在胡朝(1400~1407年)、阮朝(1786~1802年)两个较短的朝代被规定为正式文字。在大多数历史时期,喃字在越南广泛应用于民间,并非官方使用的正式文字,而汉字常常被作为正式文字广泛使用。喃字的角色通常具有服务作用,辅助汉字的使用,喃字是越南社会与汉字文献之间的媒介,两者相得益彰,和谐共存。

到了近代,法国在越南展开了殖民统治,国语字成了越南通行文字的主流,它以拉丁字母为基础,汉字面临着更加严重的边缘化趋势,相比之下,日本对使用字数的限制和朝鲜半岛的偶尔使用的影响比较轻微。直到如今,即使有很多学者提倡恢复使用汉字,但并没能成为越南的主流声音,如今,只有一些节日、古迹上才能找到汉字的踪迹。

越南文(喃字)的组合形式

蒙文的组合形式

### 4. 蒙古文字

蒙、元史上推行过两种文字,分别是蒙古畏兀字和八思巴蒙古字。这两种文字不仅推动了蒙、元的民族文化发展,也对其繁盛的文化遗产的留存有着巨大作用。成吉思汗时期,人们创造了蒙古畏兀字,建国时使用畏兀字母书写蒙古语,命名为蒙古畏兀字。最初是从右到左的横式的书写格式,后来变为从左到右的竖排的书写格式。当使用畏兀字母书写蒙古语的时候,也遵循从左到右的竖排书写格式,从1206年开始,这种写法就普及于蒙古族中。新中国成立后刻有蒙古畏兀字的碑石,如今散落在我国各地,多种多样。

蒙古畏兀字从官方转移到民间,是从蒙古字的制作、颁布开始的。蒙古字的作者是受忽必烈之托的八思巴,他被登上皇位的忽必烈封为国师,并受命创造蒙古字。到了1269年(即元至元六年),蒙古字正式颁布,被命名为蒙古新字,到了第二年,又改称蒙古国字。这种蒙古字是根据藏文字母创新而成的,梵文字母是藏文的字母的来源,遵循横行的书写规则。八思巴在创造蒙古字的过程中,借鉴、参考了蒙古畏兀字与汉字的书写以及构字的原理和方法,把蒙古字的形状变为方体,采用从上到下的书写顺序和从右到左的换行规则。八思巴创造的蒙古字包含40余个字母,功能不仅包含书写蒙语,还包括书写汉语。目前留存下来的八思巴蒙古字的文献,主要是我国各地的碑石与各个历史时期具有收藏作用的拓本,还有官方印章、纸币等文物。除此之外,如今也可以在佛经残片上一睹八思巴蒙古字真容,但是是用蒙古字去书写藏语,到了元至元六年,忽必烈颁布了诏书,规定必须使用新创造的蒙古字去"译写一切文字",这种规定其实表现的是蒙古字试图达到的一种作用,即用字母拼写蒙、汉、藏等各民族的语言,并使之通行,提高普及程度。在中国的文字史上,这是一次创造性的试验,也是首次制作汉语拼音字的尝试。但因为同时兼顾几个不同民族的语言,顾此失彼,在表示音值、构制字体两个方面都出现了一定的问题。

### 5.中国港澳台地区文字

在我国的古代时期,一部分汉字由于书写复杂,在长时间的应用过程中出现了相对应的简体字,写法更加简单、便捷,原来的写法被称为繁体。能否被称为繁体字,标准不在于写法是否复杂或笔画的多少,而是它是否经历过简化。简体字和繁体字也可以叫作简笔字和深笔字,简笔字即民间使用的简化字,为手写使用方便而做出简化。例如《水浒传》中就可以看到"刘"的简笔字。汉字偏旁结构的一致化趋势出现在汉朝到魏晋南北朝之间。在日常的使用中,书写的格式与规范字体相符,即为"正体",

这个叫法最早出现在唐朝颜元孙的《干禄字书》中。但民间使用汉字时，常常会出现部分别体字，有别于正体的笔画，进而又有了俗体的称呼，正体与俗体有的时候会出现对称的情况。

长期以来，港澳台地区与我们大陆一样，共同使用汉语——华夏民族的共同语言，汉语受到历史因素的影响，例如经济、政治、文化等方面的冲击、影响，在各个不同地区呈现不同的面貌，差异程度也各不相同。港澳台地区的官方标准汉字是繁体汉字，与大陆官方字体定为简化字有所不同，而且港、澳、台三个地区的繁体字也有所差异。

大陆―港澳―台湾　汉字的异体

台湾当局规定的标准字体是正体字，用于书面、手写等方面。《常用国字标准字体表》、《次常用国字标准字体表》和《罕用字体表》规定了正体字的标准。许多标准写法和传统的楷书写法还是有区别的。受到历史因素的影响，中国大陆与港澳台的字体差异还体现在结构上，例如"骨"字就有不同的结构写法，香港的"骨"字中，笔画折放在右边，下面有两横；台湾也把折放在右边，但是下面是点提；中国大陆的折在左边，下面是两横；台湾地区为"卫"，港澳为"卫"和"衛"，两个通用的相同字；台湾地区的"角"字中间一竖不出头；台湾地区的虎、沿字中的"几"写作"儿"；台湾地区的妞字等的"丑"中间的"一"的右侧需要出头；台湾地区的"够"字中的"多"和"句"两个部分的位置左右对调，等等。

此外，其实简化字的应用也可以在台湾地区看到，这里所说的简化字就是简笔字，上文有所提及，1935年，民国政府教育部颁布《第一批简体字表》，首次推出就包含了324个简化字。《第一批简体字表》中的简化字与中华人民共和国成立以后发布的简化字有所差异，例如繁体字"經"，1932年版的简化字是"経"，但中国大陆使用的是"经"。还有我们熟悉的"台"是"臺"的简笔字，"胜"，是"勝"的简体字，等等。

除了应用繁体汉字，相比中国大陆，台湾汉字更多出一份传统色彩，比如："还有被逼到拿公卖局房产去抵押，以迎付国库需钱孔急的情形。"与"（通缉犯）跳下涵洞后反而另抢车辆逃逸，警方扼腕不已。"这是两篇报道，前者的"孔急"之"孔"义同很、非常，大陆地区并不常用，而"扼腕"也是颇有古意的词汇。

古代汉语主要是单音节字，现代汉语大多数都改为了双音节词。但在台湾仍屡见单音节词汇，展现了汉字的传统特色，例如："蔡老师只好采折中办法与他交流。"与"若旅途中来不及看完，也可带回家继续看，阅毕再归还至'漂书点'。"两句，其中"采"和"阅毕"，在中国大陆通常表达为"采取"和"阅读完毕"。

## 6. 新加坡华文

英语是新加坡共和国的官方主流语言，但作为一个华人为主流的国家，汉语的地位也举足轻重，除了中国，新加坡在全世界范围内最早使用、推行简化汉字。在新加坡，人们通常把汉语称为"华文"，1969年，新加坡对汉字进行了简化，到了1976年，又开始使用中国大陆的简化汉字。但即使官方使用简化字，传统的繁体字也仍然流行于民间，在新加坡的城市里，到处可以看到传统汉字。

新加坡在1969年前使用传统繁体汉字，1969~1976年，新加坡颁布了《简体字表》，有别于中国大陆的《汉字简化方案》。《简体字表》中包含了502个简化字，有67个是"异体简化字"，有别于中国公布的简化字。经过了五年的推行试用，受到广泛欢迎，获得了第一批简体字推广的胜利。1974年，新加坡教育部颁布了《简体字总表》，包含了2248个简体字，其中囊括了中国全部公布的简化字，还有我国尚未简化的10个汉字，例如"窗"、"要"等汉字。新加坡的简体字由此开启了发展新篇章。

1976年之后，《简体字总表》修订本《异体字表》和《新旧字形对照表》陆续颁布，去除了10个简化字与异体简化字，吸收、应用中国的大陆公布的简化字，和中国的《简化字总表》彻底相同。《异体字表》和《新旧字形对照表》主要的目的是废除部分异体字，简化和规范汉字笔画。到了1976年之后，从字体出发，新加坡的简体汉字与中国大陆简体汉字已经看不出差别，主要差异只表现在用词方法、翻译外语上。

| 序数 | 繁体 | 《502》简体 | 中国简体 |
|---|---|---|---|
| 1. | 網 | 䋞 | 网 |
| 2. | 觀 | 观 | 观 |
| 3. | 繪 | 绘 | 绘 |
| 4. | 餓 | 饥 | 饥 |
| 5. | 譏 | 讥 | 讥 |
| 6. | 鷄 | 鸡 | 鸡 |
| 7. | 繼 | 継 | 继 |
| 8. | 賤 | 贱 | 贱 |
| 9. | 講 | 讲 | 讲 |
| 10. | 驕 | 骄 | 骄 |
| 11. | 經 | 经 | 经 |
| 12. | 頸 | 颈 | 颈 |
| 13. | 覺 | 觉 | 觉 |
| 14. | 覽 | 览 | 览 |
| 15. | 纜 | 缆 | 缆 |

## 卷二 漢字源流

书法演进史

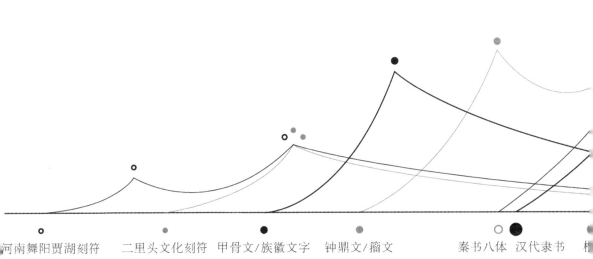

└┘100年　　　距今8000年前……　　　　　　夏└┴┴┘　　商└┴┴┘　　周└┴┴┘

河南舞阳贾湖刻符　　二里头文化刻符　甲骨文/族徽文字　钟鼎文/籀文　　秦书八体　汉代隶书

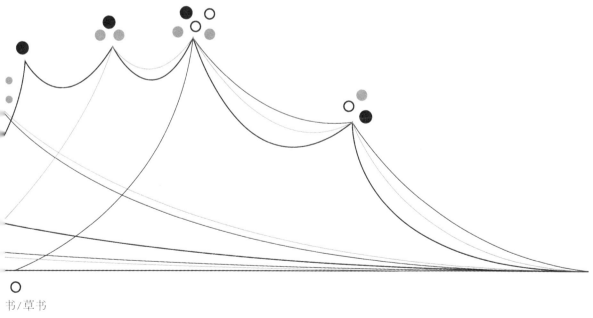

# 先秦文字

在目前发现的大量4000~5000年前的龙山文化和二里头文化的陶器符号中,大部分符号已经比较固定地表示某种意义了,有些符号已经能够比较完整地记录语言,独立成型,与史前刻符大不一样了。这是夏商之际,社会步入了文明的早期,成熟文字的模样已经呈现。自此,汉字将迎来更加丰富的变化,焕发出文明的光彩。

## ①族徽文字

可以确定,传说时代是古文字的原始发展时期。"文字初创,原是图画,等到沿用日久,随体诘曲的图像变为象征性的符号,写成线条,这种

商周青铜器族徽文字

线条就成功了一种书法的美,于是文字同图画分了家。"❶ 上古文字的象形性、美术化构成直到商代晚期的"族徽文字"仍留大量孑遗,有学者称之为"图画文字"或"文字画"。

族徽文字是商周金文中面目特出的一种书体样式,主要存在于商晚期到西周早期。由于西周以后作品数量大减,形式上以族名徽识为主,而且都出自先商遗民之手,可以把它完全归属为商文化的产物。商文字作为原始宗教发展的阶段性产物,应用于不同的场合,在宗教政治生活中被赋予特殊的地位和意义。商人秉持着自上而下虔诚的宗教信仰,对鬼神的敬畏,对先人的敬颂与缅怀,将文字加以精心修饰,借以表达其深重复杂的宗教观念与情感。以族徽文字为代表的商文字承载着商代宗教政治、祭祀与巫术文化互为映衬相互生发的素朴而真挚、诡秘而摄人的艺术内涵。

❶ 董作宾·殷代的鸟书·载于《董作宾先生全集》乙编第四册,台湾艺文印书馆1977年版.

族徽文字作为一种传达宗教情感的象形符号，与同为殷商宗教政治巫文化附属产物的甲骨文和一般性金文相比较，其象形和装饰意味都要显著得多。这种刻意地讲究装饰，追求图案化变形，并倾向于对称与线条式省简的"文图"制作，无一不在力图表现一种基于宗教信仰的书体式样方面的审美价值观念。在这种书体美的形成过程中，是原始宗教文化孕育了其表现形式和审美观念。

在商周文字发展史上，族徽文字存在的时间比甲骨文和一般性金文都要短，作为商周文字中的小宗，并不占主导地位。它和春秋战国以来的鸟虫书，南朝许多昙花一现的杂体一样，从独占的显赫地位退缩到一般性铭文末尾的花押式签署，到西周晚期基本上销形匿迹。究其原因，除了其非文字发展的正途外，更重要的是其赖以存在的"原始时期"已经过去了。

② 甲骨文

从汉字的历代发展沿革来说，研究汉字学说，汉字文化的学者们一致认为甲骨文是我们见到的最早、最成体系的汉字书体。

牛肩胛骨、龟甲是最常用的甲骨刻字载体

甲骨文材料 龟甲与牛骨

公元前 1300 年，商朝的第二十代君王盘庚把都城从亳迁到殷，经过一系列改制，中兴了行将崩溃的商王朝。殷作为后期商朝都城，前后历时共 273 年。史书记载，殷纣王时，统治荒淫暴虐，武王革命，一举推翻殷王朝，同时也彻底摧毁了这个繁华的都城，到汉朝时，殷都已是一片废墟。因此，汉武帝时的史学家司马迁在《史记》里把它叫作"殷墟"。

历经沧桑之变的殷墟位于洹水之滨，即今河南省安阳市西北郊的小屯村一带。清朝末年，小屯村一带的农民在翻耕土地时，常常刨出一些有字或无字的甲骨片来。当地传统认为这是"龙骨"，把它研成粉末，治疗刀创。当地的"龙骨"都拿到药店去卖，药店也以"龙骨"之名收购，却一直没有发现它的真正价值。1899 年，"龙骨"引起了一些古董商们的兴趣。他们猜测这些龙骨上的文字，很可能是古代的契刻文字，就拿给当时著名的金石学家王懿荣看，请他鉴定。王懿荣经过精心研究和考证，断定这是商代用于占卜的龟、兽甲骨，上面的文字是我国最早期的文字。

1903 年，《老残游记》的作者刘鹗把自己所藏的甲骨片汇拓出版，公诸于世，题名为《铁云藏龟》。在书的自序里，他第一次提出：甲骨片上所刻的文字是"殷代人的刀笔文字"。这种刀笔文字，因为是契刻的，出于殷墟，所以有人把它叫作殷墟书契，简称殷契。然而，它最通行的名称是甲骨文，这是就书契材料而言的。所谓的"甲"指乌龟的背甲和腹甲，所谓的"骨"指牛、猪、鹿、人的骨头，其中大量的是牛的肩胛骨。

文字是语言的记录符号，是人们在社会生活中为了把自己的思想感情和知识经验传至后世而创造的，最初的文字是对客观事物形象的描绘，这个观点真实地反映了汉字的最初形态。"文字权舆，始于图像"，人们把这种"随体诘诎，画成其物"的文字称为象形文字。象形字"全如作绘"，尽管能使人"视而可察"，但它毕竟是和文字的本质属性相矛盾的。文字作为符号，不可能如绘画般去惟妙惟肖地刻画对象外貌，必须省易和整饬，才能符合发展。甲骨文的发现，它不仅是象形文字，而且有许多会意字，同时开始向着指事、形声、转注、假借的完整汉字体系过渡，所以甲骨文的发现，使古文字学进入了一个新的时期。

甲骨文拓片及释字

蒸骨已
其其□
□尽册
于册王
东□
□喜
喜陟
陟告
告

甲骨文 祭祀狩猎涂朱牛骨刻辞

甲骨文自1899年出土以来，共收十万片，五千多个单字，其中可识的有2000字左右，很多字还不可识，有待于人们去研究、探索。

甲骨文从文字学上看，许多字已基本定型，甲骨文的字体结构已基本与后世的"六书"构字法相合。从现有的甲骨文字来看，商代早期的甲骨文字象形成分较多，商代晚期，尤其是帝乙、帝辛时代，象形字比例逐渐减少，形声字的比例逐渐增多，虽然有些字的结构还不太规范化，但多数文字已趋向定形。如果用后来的金文、小篆乃至今天使用的楷书形体与甲骨文相比较，可以看出基本是一脉相承，逐渐发展而来。从书法上讲，甲骨文书写风格是他特有的，又因书刻者的年代及技巧不同，而形成不同时代的不同风格。古文字学家董作宾先生对甲骨文进行了多年潜心研究，取得了很大成就。他把甲骨文从书法风格上划分为五个时期：毕庚至武丁为第一时期，以武丁时的最多，其文字大的气势磅礴，小的秀丽端庄。祖庚、祖甲为第二时期，其书体工整凝重，温润静穆。廪辛、康丁为第三时期，书风趋向颓靡草率，常有颠倒错讹。武乙、文丁为第四时期，书风粗犷峭峻、欹侧多姿。帝乙、帝辛为第五时期，书写得规整严肃，大字峻伟豪放，小字隽秀莹丽。甲骨文书法，是商王朝中的"贞人"刻定的，"贞人"是当时卜辞契刻的巫吏，贞人主持占卜仪式，解释占卜结果，他们是甲骨文的书契者，因此也是当时的书法家。殷商甲骨文有200多年的历史，可以稽考的贞人书法家达120多人，他们各不相同的个性表现在书契上，有很大差异。郭沫若先生在《殷契粹编》中感叹说：甲骨文书法"其契之精而字之美，每令吾辈数千载后人神往……凡此均非精于其技者绝不能为，技欲其精，而练之须熟，今世用笔墨者犹然，何况用刀骨耶？……足知现存契文，实一代书法。而书之契之者，乃殷世之钟王、颜柳也"。

甲骨文书法与后来的字体书风相比，有两个特征。第一是结体繁复，字形带有较重的象形意味，书写同一字时，或"微具匡廓"，或"以偏概全"，异体字很多，造型变化很大。第二是线条单纯，没有装饰，真情实感完全通过一根大致相等的线条的律动来加以体现极其朴素自然。在甲骨文作品中，大部分是用刀直接契刻的，也有一小部分是先用毛笔蘸朱墨书写后，再用刀刻的，此外，在一些甲骨文中只有朱书或墨书，并没有雕刻。其运笔有轻有重，有徐有疾，线条有粗有细，转折圆润自然，含蓄而有力。

甲骨文的发现，不仅在我国，而且在世界文字史上都有着重大的意义。甲骨文作为一种记录汉语的书写符号对扩大汉语的交际范围和交流作用，对人类文明与进步都曾作出极其卓越的贡献。甲骨文书法的形成，为灿烂的中国书法揭开崭新的第一页，并为汉字系统的形成发奠定了坚实的基础。

卜 贞
已 阱
曰 燕 今
从   齿

### ③钟鼎文

当殷王朝由盛转衰，进而由周代殷，我国的文字也进入了由"钟鼎文"替代甲骨文的全盛时期。钟鼎文，是指商周时期所铸造的钟、鼎、彝器上的文字。我国的钟、鼎种类虽多，但一般可以分为礼器和乐器两个大类，其中礼器以鼎为主，乐器以钟居多，由于有着这个缘故，因此"钟鼎文"的范畴，也就自然包括一切铜器铭文了。因为周以前把铜也叫金，后世的学者们通常把这些文字称为"钟鼎文"或"金文"。这是先秦时期的古文字，在书法上属篆书系统。钟鼎文，是继甲骨文之后汉字比较系统的第二种字体，也是书法演变的第二个阶段。

钟鼎文应用的年代，上自商代的早期，下至秦灭六国，约 1200 多年。钟鼎文的字数，据容庚《金文编》第四版载，已识的字共 2420 个，未识的字 1352 个，共计 3722 个。这个数字虽然不一定准确，但与实际情况不会相差太远。由于商代的青铜器并不比甲骨文晚，而且制作铜器的范模质地松软，在上面文字的笔划粗细形态可以随意掌握，所以钟鼎文中的有些字体比甲骨文更形象，或者可能更接近最早的原始文字，这对研究汉字的产生不无帮助。和甲骨文相比钟鼎文的时间跨度要长得多，形体的结构变化也大。甲骨文的象形性强，繁简不一等特点钟鼎文也有，不过钟鼎文也有自己的特点，早期和晚期有着明显的不同，早期钟鼎文比甲骨文更象形，更保守，后期钟鼎文出现了美术化的倾向：合体字基本消失，字形大小趋于一致，形态趋向美化，行列趋向整齐，给人以秩序美感。文字的结字结构进一步完善和系统化，线条更趋艺术性和创造性。

在书写上，甲骨文笔画方折、单调而缺乏韵味。钟鼎文不是用刀在质地坚硬的甲骨上刻出来的，而是在模具上刻好铸成的，模具质地松软，笔道粗细直弯可以随意掌握，添以很多圆笔，体现了圆润自然美，在布白上有疏有密，比甲骨文更耐人寻味。

由于书写工具、书写材料及书写者的不同，产生了不同形体不同风格的钟鼎文书法。从商周及春秋时期留下的钟鼎文看，文字的笔画都比

散氏盘及其拓片

较圆润均匀，起笔、收笔转折都用圆笔，结体也紧密平正，给人以疏朗开阔的感觉。金文书法对以后的篆书、隶书、楷书、行书、草书的形成和发展都产生巨大的影响。

铜器上的铭文，字数多少不等，内容也很不相同，铭文字数少的只有一个字，就是族徽，有的铭文是用来祭祀自己的祖先的，如司母戊鼎就是商代晚期某王祭其母"戊"的。有的铭文内容由单纯记名发展为记事，字数也由几个字发展为几百个字，著名的大盂鼎有 291 个字，毛公鼎有 497 个字，简直是长篇大作了。金文，作为一种字体，它始于商代，盛行于西周。最著名的钟鼎文有：《大盂鼎》《毛公鼎》《墙盘》、《散氏盘》《颂鼎》《克钟》《大克鼎》等，这些都有较高的文字学和书法艺术价值。金文书法也发展到了更趋风格多样的纷呈之美。

西周 墙盘

西周墙盘体形巨大，腹和圈足分别饰凤纹和兽体卷曲纹，雷纹填地。该盘内底有铭文284字，铭文前段颂扬西周文、武、成、康、昭、穆时七代周王的功绩，后段记叙微氏家族高祖、烈祖、乙祖、亚祖、文考和做本盘者自身六代的事迹，是研究西周历史的重要资料。

#### ④籀文

籀文又称大篆，出自《史籀篇》。史籀是周宣王时期的史官，当时称为籀。他当时编写了不少书籍，其中《史籀篇》就是他编写的一部文字教材。其文字书体是当时流行的标准字体，因此被后人称为大篆书体。但《史籀篇》早已佚亡。《汉书·艺文志》载《史籀十五篇》，自注说："周宣王太史作大篆十五篇，建武时亡六篇矣。"魏晋以后此书全部亡佚，幸亏许慎在《说文解字》中收有籀文二百二十余字，作为异体附在正文之后使我们至今可以看到籀文的大概面貌。

对《史籀篇》，段玉裁推测"其书必四言成文，教学童诵之，《仓颉》、《爰历》、《博学》实仿其体"。王国维把《说文》中的收籀文辑出加以解释，作《史籀篇疏证》，认为籀文"作法大抵左右均一，稍涉繁复，象形象事之意少，而规旋矩拆之意多。"这与西周晚期铜器铭文出现的字体方正，行款整齐，偏旁结构固定的新书体相近，而被秦国长期使用。从文字学角度讲，籀文属于西周晚期文字。唐兰先生在《中国文字学》一书中说：籀文"是尽量繁复的一种文字，和西周厉王、宣王文字一样，与春秋到战国初期的铜器文字也很接近。"裘锡圭先生在《文字学概要》中认为："籀文的字形并非全都具有繁复的特点。有些籀文比后来的小篆更为简单"。

从书法角度来看,籀文的构造与商代和西周的文字相合,它作为一种独特的书体,在书法史上占有着很重要的一页。秦代李斯创小篆书体就是在此基础上加以省改,删繁就简而蜕化出来的。史籀大篆字体的特点:字的线条已达到完全成熟的程度,均匀而婉约,字体结构整齐,多取方势,为方块汉字字形打下基础,只是笔画较繁书写起来不够方便。

### ⑤石鼓文

唐代初年在天兴县(今陕西省凤翔县)发现了十个石碣,样子像高脚馒头,又有些像鼓,遂名"石鼓"。每个石鼓上都刻着一首六七十字的四言诗,其内容主要是歌颂田原之美和游猎之盛。据专家考证,这些石鼓是春秋末年到战国初年的东西。其诗是歌颂秦王的,石鼓文是现存最早的石刻文字。由于年代久远,很多文字已残泐不清,其中一鼓的文字早已磨灭,能辨认的文字大约有300多个,这些石鼓现在保存在北京故宫博物院。石鼓文,有很多学者称之为"籀文大篆",其字体类似西周的铭文,结体繁复,其笔道粗细比较均匀似小篆。从文字演变的角度看,石鼓文还是秦系文字的正统字体。从书法上看,石鼓文可以称之为小篆的祖先,在书法史上有着承前启后的重要地位。石鼓文的书法,是典型的秦国书风,结体方正匀整,舒展大方,线条饱满圆润,笔意浓厚绵长。由于石鼓文是刻石文字,加上时代又比甲骨文、金文为近,所以在书法布局上,始的结字渐质朴自从原然,转向有应规入矩、纵横列的整

石鼓文

齐上来。石鼓文的书写者在线条的控制、字形结构和各部分组合规律方面都达到很高的技巧和艺术水平。

从艺术角度,对石鼓文的评价,唐代张怀瓘《书断》上讲得最有权威:"(籀文)体象卓然,殊今异古。落落珠玉,飘飘缨组。仓颉之嗣,小篆之祖。以名称书,遗迹石鼓"。韩愈在所作《石鼓歌》中称誉:"鸾翔凤翥众仙下,珊瑚碧树交枝柯,金绳铁索锁钮壮,古鼎跃水龙腾梭。"可谓讲尽石鼓文线条的纵横遒劲以及结体的飘逸灵动。杜甫、苏东坡也有颂石鼓文诗篇。许多书法家和书法理论家,如欧阳询、虞世南、张怀瓘、康有为都十分推崇石鼓文的书法。尤其是一些篆书大家如杨沂孙、吴昌硕、邓石如、吴大澂等都得力于石鼓文。

## ⑥诅楚文

北宋时发现了三块刻字石头,文字内容是秦王诅咒楚王,后称"诅楚文"。这些原石和拓片都已亡佚,现在能见到的只有摹刻本。对"诅楚文"的具体年代,专家说法不一,但都认为是战国晚期的秦国文字。

诅楚文

籀文、石鼓文、诅楚文和部分秦国金文，都属同一字体，统称籀文或大篆。

### ⑦六国古文

汉武帝末年，鲁恭王要扩大他的宅第，在拆毁孔子的故宅时，在夹墙壁中发现了一批用古文抄写的儒家经典《春秋左氏传》《尚书》《礼记》、《论语》、《孝经》等。这些书用的古文字与当时通用的隶书大不相同，汉朝人认为这是最早的文字，称之为"古文"，这些典籍称为"古文经"。其实这些书是战国时期抄录的，所用的字是战国时期齐鲁地区的文字。战国时代，生产力急速发展，科学文化非常繁荣，使用文字的人数越来越多，由于地理及政治的原因，当时的关东六国使用的文字与秦国使用的文字有很大差别，文字学界便把六国使用的文字称之为六国古文。保留六国古文的有《说文解字》，《三体石经》，及湖南、湖北、河南出土的大批战国竹简。《说文解字》保留六国古文500多个，《三体石经》是曹魏正始年间的《正始石经》，当时政府下令竖立石碑，把《尚书》、《春秋》两部经书用古文，小篆，隶书三种字体刻在碑上供人们学习。 这就是著名的《正始石经》，或称《三体石经》。《三体石经》保存的文字不多，刻写时离战国已400多年，字体难免走样；《说文解字》经2000多年的辗转传抄，字体难免失真；最可靠的还是后世出土的战国陶器、兵器、钱币、锦帛和竹简。六国古文最显著的特点是俗体的流行，其中最常见的便是简体。由于六国古文中文字异形的现象十分严重，不利于各国的交流，到秦统一中国后把六国古文"不与秦文合者"统统罢掉。六国古文对后世影响不大。

# 春秋战国时期的文字载体

春秋战国时期,除了"纸"未出现外,文字的载体已相当完备。有历史之遗留陶器,有永垂后世的铜器与石碑,有日常实用的竹木简,作凭信的玺印,流传生活的货币,还有奢侈品缣帛。汉字早早便运用到了生活的各个领域之中。

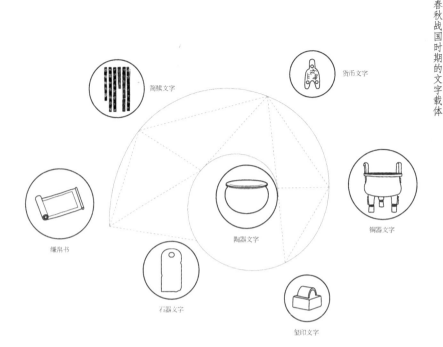

铜器文字,一般是指铸刻在铜器上的文字,在西周时期以礼器和乐器为主,到春秋战国时期所包含的要广泛一些,包含铜权文字、符节铭文、兵器文字、车马铜器铭文(铸造在车马铜器的小器具上)等大类。春秋战国时的铜器铭文用于歌功颂德的逐渐减少,到战国中期以后"物勒工名"铭文的器物增多,铭文也比较短。比较有代表意义的有中山王三器、商鞅方升、秦公簋、越王勾践剑,另外还有一些零星铜器。

石器文字,石器包括玉器和石器,通常所说的石刻文字也包括在内。石器文字主要出现于战国时期,包括石刻铭文和盟书。石刻铭文早在商代的石磬、石簋上就有出现。其中比较著名的石刻文字如陕西凤翔出土的记载秦王狩猎的《石鼓文》(刻在十块圆形石鼓上的铭文,主要记载了秦王狩猎的场景,因此又被称之为《猎碣》,碣,是指圆形的石头)、秦公大墓石磬刻字、传世的《诅楚文》(内容讲的是战国时期秦楚交兵,秦国诅咒楚国的檄文,原石已经不存在,仅能看到前人留下的拓片),还有出土于中山国的《守丘刻石》(文字镌刻在天然的卵形石上,铭文与墓葬有关并且比较简短)。另外还有记录诸侯大夫之间盟誓信物的盟书,盟书又叫载书,主要是朱书或墨书在玉片、石片上的文字,其中以圭形为多。

货币文字，传世的带有铭文的货币以战国为多。货币的铸造除楚国曾用金质外，整体上以铜质为主。从材质上来分，货币铭文应该归为铜器文字，但是根据它用途广泛，所载文字数量较多，成为研究战国时期文字的重要材料。春秋战国时期，因为"礼崩乐坏"，各国使用的货币异乎不同，根据形制，大概可将时用的货币分为布币、刀币、圆钱、贝币四种。春秋战国货币的形质比较复杂，币文多为地名或币值。

布币造型呈铲形，主要流行于宗周三晋（韩、赵、魏），燕国也有少量出现，文字多铸有"禾"、"京"、"东周"、"甘丹（邯郸）"、"晋阳"、"阴晋一釿"等字；刀币呈刀削的形状，主要流行于齐、燕，赵、中山也少量使用。形态多样，一般分为三类，齐刀、明刀、直刀。多铸有"齐近邦法化"、"吉"、"鱼"等字样。圆钱造型像玉璧的形状，出现比较晚，有圆孔圆钱、方空圆钱等。到战国后期，几乎各国都流行圆钱，其中以秦国圆钱为代表。多铸有"半两"、"两甾"字样。贝币形状像贝壳，主要流行于当时的楚国，旧称"蚁鼻钱"或"鬼脸钱"，多铸有"巽"字样，除此之外，楚国还流行有金币，币文为"郢爯"。

玺印文字，玺印和兵符多用于政治、军事之上，与符节一样是作为凭证的重要信物。玺印使用较早，根据考古发现，至迟在春秋时代就已经出现，并且在秦始皇统一中国以前，一般人的印也被称作玺。根据玺印的用途可以分为官印、私印，其内容多为官职、姓名、吉祥用语、成语等。从玺（鈢）的构字来看，可知当时玺印的材质主要是玉和金属。除此之外，还有钤有玺印文字土块的封泥（用来封缄简牍）。玺印文字是春秋战国文字的一大宗。

陶器文字，陶器作为文字载体历史已久，早在新石器时代的大汶口文化中就已有发现。而存在于春秋战国时的陶文，多依附于玺印文字，除此之外还有契刻、墨书于陶器之上的铭文。根据考古发现，当时各国的旧址均有陶文出土。依据陶文内容，我们可将陶文分为官陶、私陶、记事陶文三类。陶器在春秋战国时并不是重要的书写载体，主要的书写载体已被简牍、缣帛所替代。

简牍文字，现在我们常常将"简"和"牍"合称。其实简和牍并非一样东西。简的材质主要是竹子，而牍则是木质。根据《尚书·多士》记载："惟殷先人，有册有典"，"册"字在甲骨文中已经出现。"册"是用绳皮将竹简、木牍编起来的书籍形式。由此可以推断，早在殷商时期，册已作为文字的载体出现，但由于简牍容易腐烂，现存最早的只到战国时期。目前发现战国时期的简牍比较少，且多在楚、秦两地。在历史上对于简牍的发掘根据古书也曾有过记载，比如"壁中书"和"汲冢书"的发掘。由于简牍本身的特质，使用和便利条件均比其他载体灵活、方便，故而简牍文字成了春秋战国时的主要书写载体。

缣帛书与简牍书写条件有异曲同工之妙。但由于缣帛书之类的丝织品更不容易保存，从目前出土实物中看，20世纪40年代于湖南长沙子弹库出土的《帛书》是极为珍贵的。《帛书》载有墨书九百余字，这是目前所发现战国文字中一份罕见的完整而又系统的资料。

从各类载体的文字而言，文字构造原理依然遵循了后人所总结的"六书"原理。其变化最主要的原因是因载体本体、书写材质、契刻方式不同，文字在依其旧形的基础上，为了在现有载体上能够书写或契刻潇洒自如，势必在一定程度上改变文字原有形态或在不同载体上表现出不同的风格，因此造成了春秋战国时期文字的多样性。除此之外，由于各地民俗、民风的差异，同一载体上不同地域所表现出的书法风格和文字形态也有所差异。

## 春秋战国各国文字风格

春秋战国时期，随着氏族宗法制的崩解，各地域之间格局在本土宗族的基础上均有各自发展的趋势。文字上的表现则是各地域"言语异声、文字异形"现象。这种差异主要源于整个东周时代，各路诸侯强盛不甘于周王室的统治，各地交往减少和周王室地位的降低，文字统一力度的削弱，在这种背景下各地域文化风俗民情的不同之处显现了出来。

春秋战国文字的分域问题，早在民国时王国维先生就根据春秋战国时的文字传承和文献中所记载的文字名称，并依据战国文字形体，将战国文字分为东土文字和西土文字两个系统，其中西土文字主要是以秦系文字为主，而东土文字以东方六国文字为主，其观点见于《战国时

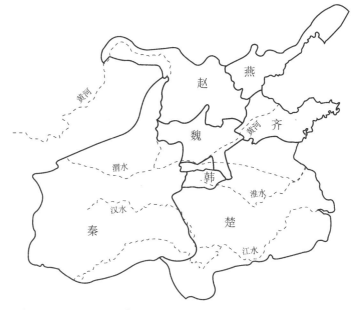

齐　陈曼簠

秦用籀文六国用古文说》一文。后来在李学勤先生《战国题铭概述》一文中，将战国文字分为五个大系：秦、楚、齐、三晋、燕。构建出了战国文字的分域研究，这种分域扩展一些来看，可以运用于整个春秋战国文字分域研究，现在对于春秋战国文字的分域多依于此。

## 齐

以齐国为中心的齐文化圈是在春秋中叶逐渐形成的，包括鲁、倪、薛、邾、莒、纪、杞、祝、任、滕等国，逐渐形成颇具特色的文字书写风格，被称为齐系文字。齐系文字较宗周文字形体差距较远，而自己的地域风格趋向成熟，以《齐侯盂》《陈曼簠》为代表，主要表现在字体修长、线条平行、笔力刚健、笔画舒展。这种风格的形成无疑与当时齐鲁浓厚的地域文化有关。齐鲁地势距周王室较远，鲁国为周公后裔，重视礼仪，以现在曲阜为中心。而齐国则是西周开国功臣姜尚的后裔，地处沿海地区，因为地理位置的关系，齐国崇尚神仙方术，加上齐桓公时任用管仲变革之法，从而为齐国在经济上打下了坚实的基础。这也是齐系文字表现出瑰美秀丽的文字风格的原因。

## 楚

楚国是春秋战国时代南方霸主，在五系文字体系中，楚国文字风格地域性最为凸显。以楚国为中心下受楚国影响的国家有吴、越、徐、蔡、宋、许、黄、曾、胡、番等国。楚系文字表现出的反叛性和革新性，与宗周文字大不相同,更加瑰丽、奇崛、体态修长、婉转多姿,且富有极强的修饰意味。楚系书风以《曾侯乙编钟》与《越王勾践剑》为代表,铭文纵向取势,线条屈铁盘丝,圆转飞动;《越王勾践剑》则采用鸟虫篆法,极富装饰味道,最突出地体现了书法、纹饰与形制三位一体的青铜文化。而出土于楚地的战国末期简牍文字,体态宽博,笔意率真,其中所表现出故意修饰的状态,纵向线条夸大拉长与屈曲摆动,更加表现出一种瑰丽文化下的新面貌。楚国本是祝融之后,古代"荆蛮"之地,熊绎在周成王的时候被封在楚蛮,立楚为国号。也正是楚地的地理环境,川泽山林之饶,造就了楚国独特的文化特征,有着宏妙的哲理、奇瑰的文学以及精湛的手工艺。这也可以更好地理解拥有奇瑰符箓的道家为何于此发祥,屈原的文学作品为何如此瑰丽,文字何以呈现如此奇瑰的书写风格。

楚简 春秋左氏传

## 燕

燕国在战国七雄中国势比较弱,然而其疆域却比较辽阔。燕国长期安于北方,与中原各国少有来往,不像中原诸国一样频于战事,国家局势相对稳定,从而使燕系文字呈现出北方特有的风格。在燕国各种文字载体中,以货币和兵器铭文出土最多,因此货币铭文和兵器铭文是研究燕系文字的重要资料。燕系书风以《郾公匜》、《郾侯载簋》为代表,其文字书写风格以短直挺健的线条为主,结构外形方正,构形较为稳定。正是这种稳定的政治局面下,燕国文字的变化也不大。而这种政治局面直到战国中后期,随着各种战事的兴起,燕国才逐渐登上历史的舞台。

燕 郾侯载簋

## 三晋

从春秋初期的晋国到战国时期的赵、魏、韩。可以将其分为两个阶段,分水岭即为公元前 403 年三家分晋开始(也是春秋战国的分水岭)。晋国在春秋时是中原大国,至晋文公重耳称霸之后逐渐衰败,直到权力归于"六卿"。虽然三家分晋之后,国家权力一分为三,但是其文化、制度一直是继承晋国时的。晋系文字包括的内涵相当广泛,不仅仅包括韩赵魏三国,同时周围的一些小国也深受其影响,诸如郑、卫、毛、虢、中山、芮等。其文字书法风格大致在继承周王室的基础上有所变异,尤其是晚期的《栾书缶》、《侯马盟书》,甚至中山国的《中山王器》(处于齐、晋间,风格与两者有些相似),落笔重而收笔轻,笔法多变而形

晋 侯马盟书

体自然，有连带意识，可谓"草篆"。均在此基础上加了些许装饰符号，形体修长。但从整体来说，由于晋国处于中原地带，与其他各国交通较多，其地理和文化决定晋系文字的多样性和不固定性，虽然身为中原的大国，但是很难有其自己固定的风貌，所包含的内容也比较杂。

## 秦

秦国的祖先本是游牧民族，在西周时期僻居西隅，替周王室养马。直至宣王时才崭露头角，到西周末年，申侯联合西戎攻镐京，西周灭亡，秦襄公派兵护送周平王迁都洛邑有功，赐西属之地，封为诸侯。因为秦国地处偏远，并且临近西戎，坐落于周原地带，其地人烟稀薄，秦穆公时以百里奚为相进行变革，从而为秦国的强盛奠定了基础，直至秦王政时统一六国。由于西周末年秦国才与周王室关系密切，当时经济比较落后，在文化制度上容易受周王室的影响，因此表现出对西周文字正统的继承，相对比较保守稳定。这也奠定了秦国的风土民情和古朴宗周的文字书写风格。秦国文字在风格上是春秋战国时期与西周文字变化最小的一系。从西周宣王时期的金文到秦国的《石鼓文》再到小篆，甚至到里耶秦简，直到汉隶，可以看出其演进是一脉相承的。一些秦国文字器物如《秦公簋》、《商鞅方升》、《新郪虎符》均表现出秦系文字朴实无华的文字特征。

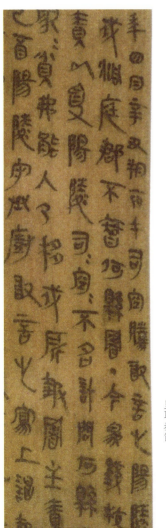

里耶秦简

从各地域的文字形体来看，唯独秦系文字与西周文字出入不大，其他各国文字书写风格上与西周大有不同。归其原因，与当时大的社会背景及各地的地域文化特征有关，从而导致春秋战国时"言语异声、文字异形"文字现象的形成。但是反过来讲，在杂乱无章的各文字体系中，各国文字在构字原理上还是依据于西周时传承下来或说后人总结出的"六书"原理，也就是说根本的字根或构字原理不变，只是形体上所表现的出来的面貌不同而已，这种不同面貌也是在原有文字的基础上对笔画的增减、用字的分化或美术装饰化所造成的结果。

# 秦书八体

秦书八体中实际可分为两大类：大篆、小篆、虫书及隶书，属于字体的流变和书体的范畴；而刻符、摹印、署书、殳书则指字体或书体在不同场合载体中的不同运用。

秦书八体分类

```
变体                    书体
刻符 — 符              隶书
殳书 — 殳              虫书
署书 — 扁              小篆
摹印 — 玺              大篆
```

秦书八体指的是秦代所流行的八种字体。许慎《说文解字·叙》云"自尔秦书有八体，一曰大篆，二曰小篆，三曰刻符，四曰虫书，五曰摹印，六曰署书，七曰殳书，八曰隶书。"

这八体俱来源于篆书变体衍生，在《中国书法大辞典》在"篆书"的大类下，列出"杂体篆"一类，表示篆书衍生出很多书体，其中就包含了秦书八体中的"殳书"与"刻符"。陈振濂主编的《大学书法篆书临摹教程》中认为，"秦书八体"中实际可分为两大类：大篆、小篆、虫书及隶书，属于字体的流变和书体的范畴；而刻符、摹印、署书、殳书则指字体或书体在不同场合载体中的不同运用。

## ① 大篆

许慎的《说文解字·竹部》对"篆"的解释："篆.引书也。"又《说文·丨部》"丨，上下通也。引而上行读若囟，引而下行读若退"。可见"引"是划道、划线。

《周礼·春官宗伯》下："孤卿夏篆"，《郑注》："五彩画毂约也。"可见"篆"

又指古代车毂约上画的花纹。《周礼·冬官考工记》下:"钟带谓之篆"。故又指钟带上的花纹。

《考工记》下:"王瑑圭璋八寸"。又说:"瑑琮八寸"。《郑注》:"瑑,文饰也。"在训诂当中"瑑"是圆形的榱,"缘"则表示边缘、围绕、缠绕等义。

这些都是因"彖"而得声的字,由此启功在《古代字体论稿》认为:"可得"篆"至少有两方面的基本含义:一是形状是圆的,二是用途是庄重的。"相应地,篆书的外貌可见一斑。

秦统一六国后,保留着秦以前的某些金文和籀文大篆的书体。《石鼓文》、《诅楚文》都是大篆书体,《石鼓文》更是历来被人们称为大篆的楷模。

大篆是小篆得以产生的基础,二者同属于古文字系统。商至西周早期的甲骨文、金文中已可见早期大篆的影子。金文书法发展到战国时代,形成三大流派:西面的秦国浑厚开张,东南面的楚国婀娜流美,东北面的齐国劲挺遒丽。因秦承袭的是西周的故地,籀文是西周时十分流行的一种字体,秦国书法继承籀书传统成了必然的事。籀书又称大篆,在书法上是甲骨文之后的一次文字变革,有着承前启后的作用。秦始皇统一六国后继续保留了大篆书体。在文字的书写风格上,《秦公簋铭》、《秦公钟》、《石鼓文》、《诅楚文》与周宣王时代的籀书和《虢季子白盘》、《史颂壶》等金文一脉相承,只是结体更加方整,气度更加恢宏而已。

② 小篆

秦始皇统一六国后,着手实行思想文化的统一政策。由于春秋战国的长期分治,各国文字受到实用的需要不断简化,另一方面受到装饰书风的影响,文字中常常添加"羡画",结果文字异形,讹体歧出。《说文解字·叙》曰:"至孔子书六经,左丘明述春秋传,皆以古文,厥意可得而说。其后诸侯力政,不统于王,……言语异声,文字异形。秦始皇帝初兼天下,丞相李斯乃奏同之,罢其不与秦文合者。斯作《仓颉篇》,中东府令赵高作《爰历篇》,太史令胡毋敬作《博学篇》,皆取史籀大篆,或颇省改,所谓小篆者是也"。小篆,又一名秦篆,为秦统

峄山刻石

一文字树立了标准正统的字体。它被推行全国,传世和出土的秦金石文字——大到皇家巨制的刻石,小至虎符、兵器上的款识——多属此类。是可证小篆其时确是使用范围极广、频率极高的书体。

汉字发展到了小篆,已经实现了线条化、符号化和规律化。所谓的线条化,就是把甲骨文、金文、史籀里的圆点、团块、尖笔和粗细不同的笔道统一成粗细一样的线条。这种变化在籀文里已经改革了,但到小篆里可以说是完成了。符号化,就是把结构复杂的图简化为简单的符号。规律化,就是确定某个字的偏旁组成,确定基本写法。籀文发展到了小篆是汉字的一大进步,小篆是古文字和近代文字沟通的桥梁。

### ③虫书

春秋战国和秦汉时代,一些青铜器上的铭文,往往在篆书的基础上回环盘曲,添加羡画,在这种铭文里面,制作的、工艺的审美原则代替了表现的、即兴的书写,从本质上说,属于金文的美术字。它们以鸟装饰,有的以虫装饰,有的以鱼装饰,秦始皇时代把这种文字叫作"虫书"。自新莽时代起,人们又把它叫作鸟虫书。《说文解字·叙》云:"及亡新居摄,时有六书,其六曰鸟虫书"。

文字美化是鸟虫书的特点,它兴起的春秋战国时期西周传统正体字形受到了猛烈冲击,形式多变,俗体、异体流行,地域色彩纷呈,而且呈现明显的重视字体装饰和美化的倾向。文字不再是纯粹记录语言的符号,而逐渐演变成兼具装饰作用的艺术品。它常用于书写幡,就是写在旗帜上起装饰作用,文字书写得象虫象鸟,是因鸟能飞翔,借以象征旗帜在飞扬,取吉祥之意象。唐玄度《论十体书》说:"鸟书,……以此书题幡考,取其飞腾轻疾也"。

在鸟虫篆文字中,把一些笔画简单的字以鸟、虫、鱼的形象加以繁复修饰,来丰富和填补画面的空间。有的鸟虫篆文字的外框平正方直,而中间的笔画写成类似动物的形状,或直接用动物形象巧妙地代替点画,从而产生绘画的意趣和情调。

郭沫若先生在《周代彝铭进化观》一文中,曾对这种现象的成因做过分析:

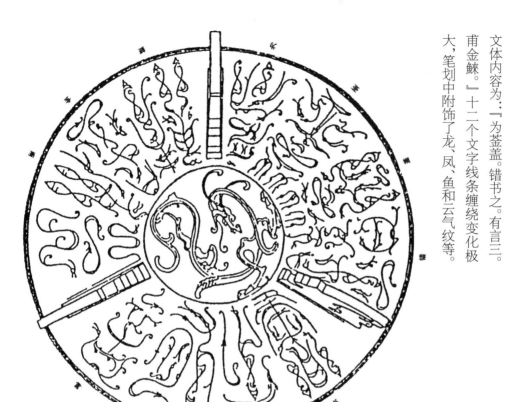

满城汉墓 错金银鸟虫书铜壶 壶盖铭文

文体内容为:"为荃盖。错书之。有言三。甫金鮱。"十二个文字线条缠绕变化极大,笔划中附饰了龙、凤、鱼和云气纹等。

"有周而后,书史之性质变而为文饰……以规整之款式镂刻于器表,其字体亦多作波折而有意求工。又如……凡此均于审美意识之下所施文饰也,其效用与花纹同。中国以文字为装饰品之习尚当自此始。"❶

鸟、龙、鱼等动物一直在民俗中是瑞祥之物,而古人对汉字又抱有一种神而明之的崇拜心理。"天雨粟,鬼夜哭",更给文字平添了某种超自然的神秘色彩。鸟虫篆线条绸缪缭绕、结构饱满丰茂的特点,满足了人们求美求奇的需求。而虽然鸟虫文字的笔画盘绕屈伸,具有极大的自由性,但其并没有离谱自行其是,它固有的汉字属性始终没有改变。

与同期其他文字相比,鸟虫书对文字作艺术表现的审美追求非常明确。而且,从鸟虫书的构成方式、表现手法和不断地改善变化的发展过程来看,春秋战国时期的鸟虫书自成一定规模。鸟虫书最初只是篆书的一种装饰书体,但其表现手法和本身可贵的美的品质,有些成分为后来一些书体的艺术表达所借鉴、吸收、融合。虫书以其自由灵活、调

❶ 郭沫若. 青铜时代[M]. 北京:新文艺出版社,1951:317.

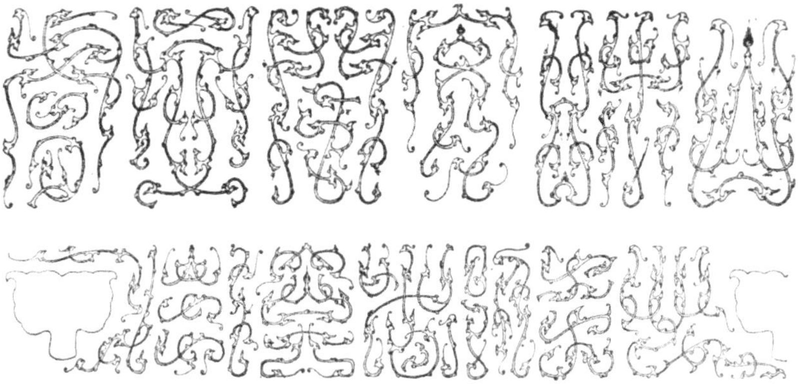

满城汉墓 错金银鸟虫书铜壶 壶身铭文 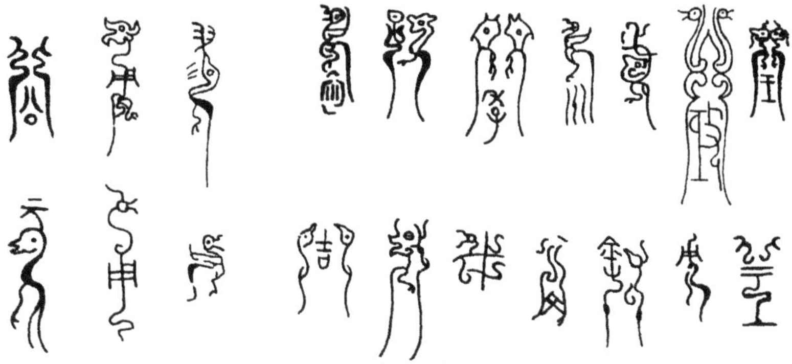 春秋战国时期的鸟虫书

适性强的优点一直延续到汉晋时期，并能适时而变，发展出新的形式，如现在民间的花鸟字也是新样式中的一种。

这种文字的图形美化伴随着我国文字的行程、发展而不断演变，他是古代人民文字美化观念的一种具体表现样式，它直接影响了后世的意匠文字，乃至近现代的美术字亦可从中接取灵感。鸟虫篆对文字的艺术化加工，使文字的实用功能与艺术性完美结合，这种亦字亦画，"字中有画""画中见字"的美化特征，寄托着人们对美的追求及对事物的美好愿望。

④ 隶书

这里指的是秦代通行于公府的字体。秦始皇扫六合，履至尊之后，采取了同文政策。秦公文统一用篆书，篆书圆曲繁复，很不易于书写，篆书草写盛行。卫恒《四体书势》记载："……或曰下杜人程邈为衙吏，得罪始皇，幽系云阳十年，从狱中改大篆，少者增益，多者减损，方者使圆，圆者使方，奏之始皇，始皇善之，出为御史，使定书，或曰程邈所定乃隶字也"。下官程邈为便于文字的书写，对篆草字体进行潜心研究，将篆书变形快写，创造了一种便于书写的字体。秦为什么要将草体叫作隶书?因程邈是徒役,又因这种字体在小吏中很是时兴,所以称之为隶书。秦代的隶书称为"古隶",而汉代的隶书是在此基础上发展起来的称为"今隶"。

## ⑤ 刻符

刻符。《说文解字·竹部》云:"信也。汉制以竹长六寸,分而相合。"《初学记》又云:"施与符传也。"可以想见,符是作为一种信物,常用在古代派遣使者或调兵时用作凭证。一般用竹、木、石、铜、金等制成。符分两半,两半合体为一整符。用时一半交给外任的官员或出征的将士,另一半保留朝廷。朝廷有事,可派使者持一半符去,与外任官员的另一半勘对相合,以验真伪。在军中,将帅与下官联络也用此方法,符代表着权力,如虎符等。秦刻符作品仅见三件铜兵符:《新郪虎符》、《杜虎符》和《阳陵虎符》。刻符文字与一般书写文字不同,因刻在不同的材质上,代表着某种权力和象征,刻符文字虽也属于篆书,但不像小篆那么规范,文字结构略作修正,工整,严肃。

## ⑥ 殳书

是刻在干戈上的文字。殳,是一种兵器的名称,这里不单指一种兵器,凡是刻在兵器上的文字,都称为"殳书"。用以纹饰兵器的"殳书"有很强的装饰效果,"殳书"实是篆书的一种手写体,在书写时稍作装饰美化成为一种花体,就如今日的美术花体字。"殳书"类似虫书,实则不同,它没有虫书的明确鸟虫特征,也没有虫书的强烈图案装饰化,

湖南龙山里耶秦简

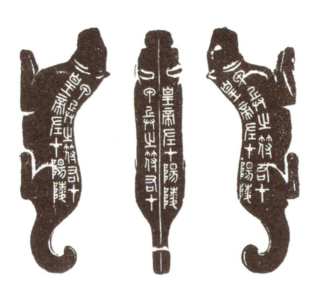

阳陵虎符拓片

殳书是一种篆书的花体书体。汉代的避邪用的佩物刚卯,上面的文字也属殳书一类。

⑦ **署书**

也叫榜书,是题写门匾按碑石布置来书写的大字。后世亭台楼阁,上有匾额,皆有题字,都属于这一类署书。

⑧ **摹印**

摹印,也叫缪篆。是书写在印玺上的一种篆书。摹,是规范之意;印是印章、印玺;摹印指根据玺印本身的大小形制用观摹的方法对拟刻划文字进行安排处理。摹印字体是在篆的基础上进行布局,同时参有隶意,字划匀称,笔画联结屈绕,以防奸伪,以佐信用,后人称"摹印篆"。

综上所述,秦书八体各有所用,书体的风格也可以分为两类,一是主流的书写字体如篆书、隶书。篆书作为官方正统书体,用以书写典籍;隶书则用于小吏和百姓之间和一些公文。二是装饰书体,刻符、虫书、殳书最为典型,此类文字流行于公式化的物勒工名和吉祥语,有着很强的装饰特征,逐渐淡化或丧失了记录社会和生活的作用。

「冀丞之印」
「贾疕」
「范匈奴」
「张龙」
「大夫阴」
「千招印」
「西乡」
「蠡」

## 字体沿革

| 甲骨文 | 金文 | 小篆 | 隶书 | 楷书 | 草书 | 行书 |

汉字字体演变图

### ①汉代隶书

隶书，历史上也称为"左书"、"史书"、"八分"等。因这种书体在一些小吏中流行，用以处理文书，故称"隶书"或"徒隶"；但又因隶书书写简便快捷，可以辅助篆书，又叫"左书"；同时又被公府专管编写史书的官吏或称史所用，因而又把隶书称为"史书"，这是指秦代的隶书。汉代的隶书，从体势上看左右相背，很像八字分开，故八与分两字的意义完全相同，《说文解字》都训作"别也"。八分之名由此，所以汉隶又称"八分"。

隶书，古传程邈所创，实则非程邈一人所为。隶书书体在战国后期的秦国已经出现，并逐渐流行开来，《汉书·艺文志》说，隶书的产生是"起于官狱多事，苟趋省易，施之于徒隶"。实际上是民间早已通行的字体，官狱事繁，而采用罢了。程邈创隶只是在流行的隶书雏形方面作了一番整理和加工，使隶书更加规范和美观。

隶书经过整理，应用更加广泛，到了西汉初期，逐步取代了篆文。隶书广泛使用中，笔势也不断变化。西汉中期以前使用的隶书称秦隶，字形方正，杂有竖长形，篆意尚存。西汉中期以后使用的隶书称汉隶，字形横宽竖短，波势突出。东汉中期出现的新体称为八分，形体方正，笔画匀称，波挑工整。隶书虽始于秦代，而盛行于两汉，是汉代官方的正统书体。汉代也是我国书法艺术发展光辉灿烂的时期，成就最高的汉隶，上承前代隶书之规则，下启魏晋南北朝及隋唐书法之风范。根据帛书材料来研究，发现隶书的萌芽可以上溯到马王堆帛书中写于秦汉之交的《五十二病方》，其书法横画平正舒展，排列整齐，略有波磔，竖画也常向左右两边挑出，字形化圆为方，转折处多断开重新起笔。写于公元前195年左右的《战国纵横家书》，在《五十二病方》的基础上，主要横画的收笔都下顿蓄力，然后略向右上挑出，形成波势，左右斜下的笔画也长而婉约，挑法更明显了。再以简牍材料看，马王堆三号汉墓中的《十问》写于汉文帝十二年之前，强调横画排列整齐，起笔和收笔略有蚕头雁尾的波磔，结体平正，竖画向左右两边斜出，粗而且长，极富装饰味，在大量的汉简中，最有代表性的是"居延汉简"、"武威汉简"和"敦煌汉简"。"居延汉简"发现于甘肃和内蒙古两地的额济纳河两岸等地。在书法上，主要表现了汉隶简书的洗尽篆意，全出新颜的艺术特色。用笔舒展而富弹性，起落精到，波挑丰腴；用墨枯润相间，自成节律。"武威汉简"，出土于甘肃武威地区的汉墓中，有西汉简，也有东汉简，从中可以看到隶书由西汉拖着小尾巴的古隶，逐渐向东汉成熟的新隶过渡。

从《石鼓文》到《泰山刻石》、《琅琊台刻石》、《峄山刻石》和《会稽刻石》可以看出秦始皇时期留给后人的篆书作品不是铜器铭文，而是碑碣刻石。汉代，工整的铜器铭文极少，石刻也屈指可数，多数刻石线条回环圆曲，篆书意味较浓，直至天凤二年的石刻，字形趋简，横直相交，基本消除了篆书痕迹，字体上已有点画的波尾，与西汉初年的无点画波尾显然不同。到了东汉中期，石刻渐多，如和帝永元年间的刻石，点画波尾更为明显，已经将篆书的形态完全脱尽，变为纯粹的汉隶了。到了桓帝、灵帝时，隶书日趋精巧，达到了汉隶字体的极盛时期。这个时期为后世留下不少汉隶优秀刻石。

我国两汉隶书的辉煌成就，集中体现在碑碣刻石上，尤以东汉诸碑为集其大成，"汉碑"的辉煌，指的就是东汉隶书诸碑。如《封龙山颂》、《石门颂》、《乙瑛碑》、《礼器碑》、《郑固碑》、《张景碑》、《孔庙碑》、《西岳华山庙碑》、《衡方碑》、《史晨碑》、《夏承碑》、《西狭碑》、《嗌阁颂》、

（《汉鲁相韩敕造孔庙礼器碑》（局部））

《杨淮表记》、《鲁峻碑》、《熹平石经残碑》、《娄寿碑》、《曹全碑》、《张迁碑》等都是垂范千古的杰作。

矗立在山东曲阜孔庙的《乙瑛碑》、《礼器碑》和《史晨碑》一向有"孔庙三碑"的讲法，书法上极大程度上代表了东汉隶书的创作水平。汉代的隶碑达到很高艺术成就，真可谓"各出一奇，莫有同者"。《石门颂》劲挺有致，《郑固碑》端整古秀。《杨淮表记》润泽如玉，《孔庙碑》、《曹全碑》风神逸宕，《石门颂》、《西狭颂》点画严谨，体态动人，《张迁碑》、《衡方碑》厚重古朴。汉代碑碣，洋洋洒洒，皆是后世之人习隶的楷模。

②楷书

楷书的点画和结体形式是从隶书草体中逐渐产生的，它保存了书的结构，去掉了隶书的波挑，字体端庄。楷书的起源可以上溯到汉末，从汉末到了魏晋时代逐渐成熟。楷书又称正书，或称真书，因正和楷都有标准的含义。所以有人干脆把它叫作正楷。楷书的特点是字的笔画横平竖直，结构紧凑，形体优美。楷书发展到了唐代，成为官方的正统书体。宋以后，"楷书"这个名称成为一种书体的专称了。最早的楷书书法家是三国时魏国的钟繇，我们所能见到的最早的楷书是钟繇所写的《宣示表》，楷书从汉末的雏形经三国至魏晋南北朝阶段，这个时期还出现了一些半隶半楷的书体，如《左传》、《爨宝子碑》等，钟繇开风气之先，促进了楷书的成熟，

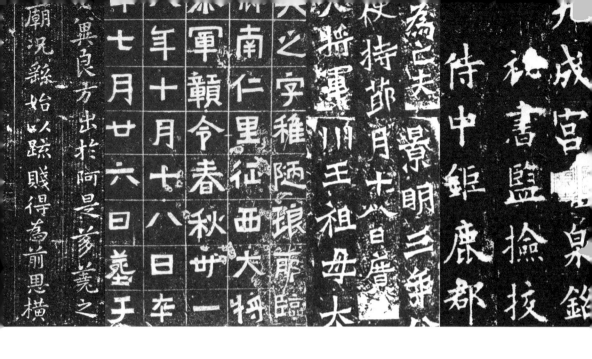

唐 欧阳询《九成官醴泉铭》（局部）
魏碑《龙门造像铭》（局部）
东晋 王兴之墓志（局部）
三国（魏）钟繇《宣示表》（局部）

而后东晋王羲之在继承钟繇楷法的基础上，把古朴的楷书变得形体更加优美，他所书楷书有《黄庭经》、《乐毅论》。王羲之的儿子在楷书方面同样有创造性，他的楷书《洛神赋》历来被书家们推崇和临习。

魏晋南北朝是楷书的发展期，当时的楷书初具规模，涌现许多名家，留下无数杰作，这一时期的楷书作品分五种类型：抄经，墓志，碑阙，摩崖和造像记。

抄经因为是一种功德，出于礼佛的虔敬心态，抄写得毕恭毕敬，因为恭恭敬敬地反复抄写，极大地促进了楷书的发展。成熟的楷书抄经如《金刚般若波罗蜜》、《佛经佛名经卷》，等等。墓志作品有《成晃碑》、《王丹虎墓志》、《刘怀墓志》、《刘岱墓志》、《张玄墓志》等。碑阙作品有《枳阳神道阙》、《爨宝子碑》、《爨龙颜碑》、《广武将军碑》、《张猛龙碑》、《高贞碑》、《大代华岳庙碑》、《西岳华山庙碑》，等等。摩崖是刊刻在山崖石壁上的书法作品，在山崖上刻字，一是"金石难灭，托以高山，永留不绝"，二是"就其地以刻石纪事，省伐山采石之劳。"著名的作品有《石门颂》《西狭颂》《嘁阁颂》《郑羲碑》、《泰山金刚经》、《石门铭》、《云峰诸山刻石》、《四山摩崖刻石》，等等。造像记指一般人做什么事，发什么愿，有能力和有条件的，都要建佛龛，凿佛像，同时在龛像的周边刻上一段文字，写明建造时间、造像者和造像原因。造像题记比较讲究，文辞长而书法精，闻名于世的如《龙门十二品》，其中《郑长猷造像记》结体章法不拘常规，朴拙天真。《解伯达造像记》笔力方峻，气势雄强。《始平公造像记》以罕见的阳文镌刻，气象博大，极意峻宕。《龙门十二品》是北魏时期最有代表性的楷书作品，世称魏碑。魏碑方硬，颇具风格，也许是在制作时增加了些许雕刻的细节，或是原字如此，它的风格与现在的黑体字极为接近。直到南北朝时期，钟、王的书法对这个时期产生了巨大的冲击和推动。南朝齐梁时代的碑刻，墓志的楷书就受钟、王的影响很大，书体已向钟、王靠拢，如《高归彦造像记》。

楷书的发展至唐代已达到鼎盛，唐代著名书法家欧阳询对楷书的结体和笔法进行了较大的改造，使楷书点画，笔笔皆有法度，书写达至成熟。楷书艺术在唐代得到极大发展，因而唐代出现许多对后世影响极大的书法家。欧阳询、虞世南、褚遂良被称为"初唐书坛巨头"，三人皆以楷书作为自己的看家本领，欧阳询的《九成宫》更是楷书登峰造极的佳作。"三巨头"以外，初唐书法家中还有一个薛稷，也十分引人注目，欧、虞、褚加上薛稷人称"初唐四家"。颜真卿是盛中唐时期著名书法家，在书法上颜真卿从褚遂良、张旭那里接过笔法，然后加以改造后独创筋肉丰满骨骼雄秀的"颜体"。在颜真卿以后的中唐书坛上，柳公权是异军突起的一位，"颜筋柳骨"是对颜真卿、柳公权二人书法的肯定，二人在书坛上建立的丰碑，深深地影响着后人。

楷书比隶书好写，比草书好认，所以从魏晋以后就取代了隶书，成为通用字体，直至现在，楷书一直保持着正统的地位。楷书发展到了宋代，由于印刷术的出现，在楷书的基础上又逐渐形成一种专供印刷用的大小一致，粗细均匀的字体，后来称为仿宋体。

### ③行书

行书是介于草书与楷书之间或是介于草书和隶书之间的一种书体。人们在书写不很重要的东西时，在保持正体字的形体基础上写得自由一些，草率一些，这就是行书。唐代著名的书法理论家张怀瓘在他的《书断》中解释："行书，即正书之小伪，务以简易，相间流行，故谓之行书"。行书比楷书好写，比草书好认，具有较大实用价值和较高艺术价值。

行书的特点是在保持楷书形体前提下，适当运用连笔、省减笔画。在书写时楷书成分多，草书成分少称作行楷。楷书成分少，草书成分多称为行草,行书很难有严格的规范。有人说:"楷如立,行如趋(快走),草如走(跑)",行书的行字界定就是行走的意思。

行书,相传是后汉时期刘德所创,据说汉魏著名书法家钟繇、胡昭都跟刘德学过行书。刘氏行书"虽以草创,亦半妍美,风流婉约,独步当时",只可惜刘德的行书没有流传下来,现在能够见到最早的行书作品,是钟繇的《墓田丙舍帖》。魏晋时期有不少文字的书体介于隶书和楷书之间,显得十分活泼,笔画的写法和文字的结体呈现出独特的书体风格,早期行书已经创立,如曹魏晚期的《景元四年简》中的字体就是早期的行书。东汉后熹平元年陶瓶上的文字,带有隶草笔意,呈献出新书体风格,也是早期的行书。早期的行书,有着独特的风格,以后行书发展到了东晋时期,王羲之将之提高到了一个新的水平。

在传世的行书精品中,王羲之的《兰亭序》历来被书家称为"天下第

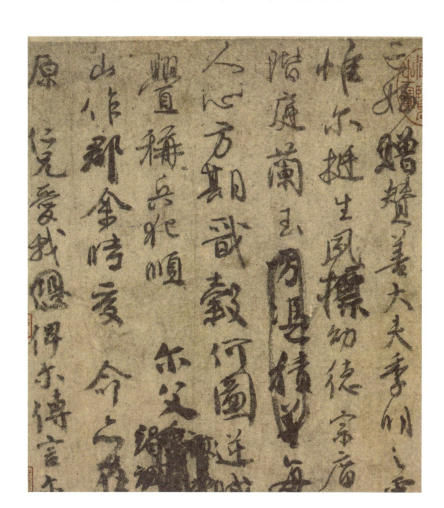

唐 颜真卿 祭侄文稿(局部)

一行书"。颜真卿的《祭侄文稿》苍劲挺拔,被书家称为"天下第二行书"。宋代蔡襄、苏东坡、黄庭坚、米芾各自以自己特有的书法气势和神韵,把行书创作推到另一高峰,被合称为"宋四家"。清代乾隆皇帝酷爱书法,将王羲之的《快雪时晴帖》和王献之的《中秋帖》及王珣的《伯远帖》珍藏在一起,称为"三希堂"。独具体态,灵活多变,书写便捷的行书,以旺盛的生命力,上下一千多年来一直流传至今。

### ④草书

草书是汉字急剧简化的一种字体,草书的"草"字是草率,潦草的书写之意。

草书的形成可追溯至秦朝,它是秦隶的草率写法发展而来的。广义上讲凡是写得草率的字都可以算是草书,从狭义上讲是一种特定的书体,而这种特定的书体的形成大约是在西汉中期开始,至东汉时草书广泛流行。《说文解字·叙》说:"汉兴,有草书"。在汉代的简牍中可以看到那个时期的草书,如《居延汉简》的"纪年简"、宣帝时代的《神爵二年简》、元帝时代的《永光元年简》等,其中的字体已有浓厚的草书意味了。

梁武帝《草书状》里记载蔡邕的话说:"昔秦之时,诸侯争长,简檄相传,望烽发驿,以篆隶之难不能救速,遂作赴急之书,盖今之草书是也"。隶书的便于书写,只是相对篆书而言的,就隶书的本身,字形工整,波势挑法严格,书写的速度还是有限,于是产生了隶书的草书,直至产生草书。早期的草书还带有隶书意味,被称为章草。汉元帝时的史游,用草书体写了《急救篇》,这是一本字书,因它有三十一个章节,所以后人称之为"章草"。东汉后期到魏晋时期,草书脱去了隶书的笔画痕迹,大量使用连笔,偏旁多混用假借,字体韵秀宛转,体势格调变化丰富,这种书体被称为今草,今草书写起来比章草更加方便简洁。到了唐代草书进一步发展成为奔放不羁,气象万千的狂草。狂草书体龙飞凤舞,普通人很难辨认。

传世的章草碑帖有皇象的《急就章》、隋人的《出师颂》、唐代无名氏的《月仪帖》等。今草的著名碑名碑帖有:王羲之的《十七帖》;智永的《真草千字文》;孙过庭的《书谱》等。狂草有:张旭的《古诗四帖》;怀素的《自叙帖》等。

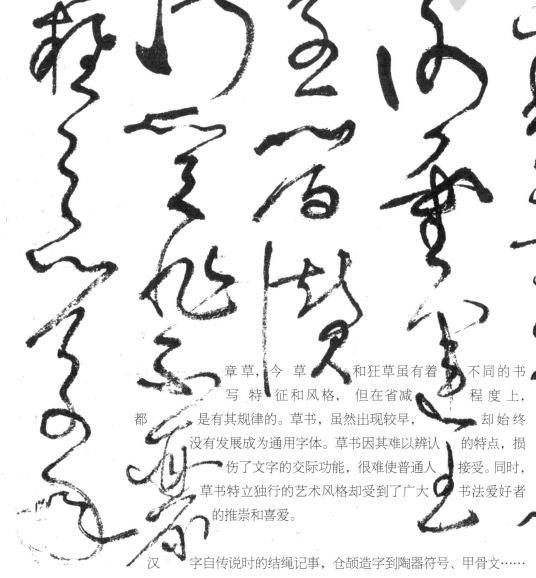

章草、今草和狂草虽有着不同的书写特征和风格,但在省减程度上,都是有其规律的。草书,虽然出现较早,却始终没有发展成为通用字体。草书因其难以辨认的特点,损伤了文字的交际功能,很难使普通人接受。同时,草书特立独行的艺术风格却受到了广大书法爱好者的推崇和喜爱。

汉字自传说时的结绳记事,仓颉造字到陶器符号、甲骨文……直到汉字的行书、草书的产生。汉字的历代沿革完成了汉字博大的体系风格。汉字形体的历史演变为现代的汉字创意设计提供了一定的方法和依据,同时极大地丰富了汉字设计的创作空间。

## 汉字形体的起源和发展

汉字图形的产生和汉字的起源、发展有着密不可分的关系。汉字的产生初期,已经有了图画,图画和文字进行结合产生了图画文字即汉字图形,可以说汉字图形构成了文字形态。

人类社会早期,生存条件极为恶劣,原始人不仅常受饥饿的困扰,还

唐 张旭 古诗四贴 局部

受到猛兽、疾病、天灾所带来的威胁。他们除了采用积极的方法抵御外来威胁，还产生了人与自然、现实与理想等良好的愿望，原始的动力驱动人们之间进行交流、沟通。在文字产生以前，图画的方法就是其中一个好的手段。人类在幼年时期对许多自然现象无法解释，在强大的自然力面前他们束手无策，于是人们将自然物象神、人格化，并赋予其神性与超自然的力量加以顶礼膜拜，例如太阳，原始人认为太阳像人一样有灵魂，有喜怒哀乐，从而形成太阳有灵观念，便逐渐人格化，视之为日神。原始的陶器符号中可以看到许多太阳符号的描画。除了太阳，原始人类最初认知世界中的鱼、鸟、蛙都有形象的描摹。从原始社会出土的陶器中刻画了许多符号，有些符号图画特征很强，有些符号简化有着早期文字的特征。图画与文字相容并存着，自甲骨文字的产生，汉字图形的概念也已经形成。

汉字的产生及发展时期，汉字图形观念一直融合在汉字的发展中，图画是一种可以用于较大范围又能传递较多信息的手段，所以图画用于传递信息是文字的源头。但是仅凭写真的图画，很难使收信者明白写信者的真正意图，只有这些图画被生活强化，并被不断重复使用，使某一绘形与某物建立了单一的固定的联系，形意关系有了约定关系，才能成为图画文字。图画文字与宗教信仰、图腾崇拜、吉祥观念、生产生活有着紧密的联系。

殷商时青铜器上的纹饰有一类是自然界中常见的牛、羊、鹿、象、猪、马、兔、鸟、蛇、龟、蛙、鱼等，另一类是凭主观想像创造的动物如饕餮、夔、

麟书　龟篆

虹及龙、凤等；春秋战国时龙、凤图形已很普遍，龙神奇威武，凤艳丽美妙，恰恰构成了人们意念中美好与祥瑞的生动组合，龙、凤等吉祥的实物象征性，逐渐地被固定而成为一种习俗了。如"龙凤呈祥""成龙成凤"。至秦汉时形成许多约定俗成的吉语，如铸在铜器上的铭文有"益福延寿""长宜子孙""大吉羊"等；刻在瓦当上的如"长乐未央""千秋万世""长生无极""延年益寿""飞鸿延年""长乐富贵""富贵毋央"等。以约定俗成的吉语吉句传世很多，很多已形成了单图表意，有的形成以字组图，它们都是文字图画，被用来表达抽象概念的象征性图像。

在文字产生之前，有很长时间是处于图画、图画文字共存的时代，而这一时代正是产生汉字图形的必经阶段，随着汉字的产生，汉字图形与汉字相辅相融中，不断地按自己的足迹而发展起来了。

## 合体时期

在产生的最初阶段，汉字与图形基本是不可分的，文字有着强烈的图画特征。从新石器时代我们可以窥到一些文字起源的信息，在发现大量刻符和彩陶中有些装饰华美的图案，这些图案符号形象生动，同时还具备着文字的符号特征，现在虽然专家们还不能肯定这些符号就是文字，但这些符号与甲骨文有着许多非常相似的特征，至少为文字早期的形态。早期的刻符、陶器符号到一些甲骨文，几乎都是一种优美的装饰。直到以后的甲骨文及金文，这些图案化的形象一直存在，图

商周时代，汉字与汉字图形是并存的、混同的。字即是纹（文），即是装饰。并且由于贵族祭司维持神秘性的需要，汉字对外常保持着复杂的形态。

兵器上的铭文装饰

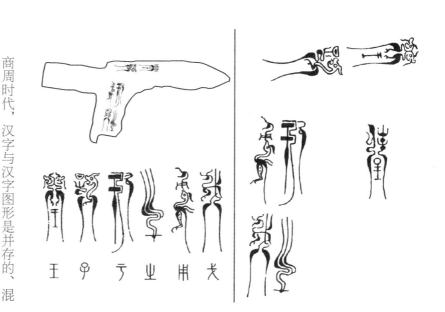

形与汉字的并存说明汉字的最初图形化特质，商周时代，汉字与汉字图形是并存的，几乎是不可分割的。

商代的铜器上，常常有一些图像是作为征伐的标志的，只要人们看到这一标志就知道这与征伐有关，这些标志并没有固定与哪句话和哪个词有联系，因此它不属于文字，只属于文字画与图画文字阶段。在图画文字发展为象形文字的过程中，原始的图案纹饰是远古时代约定符号的来源，因此汉字产生的初期，没有摆脱图画的影响。汉字的开始经常是用以记录祭祀、卜算的过程，汉字的产生不仅仅要为人认同，还要为鬼神认同，这就使汉字在书写时要美观、虔诚，以示恭敬。另外，汉字最初是掌握在统治者手中，为了表现出宫廷的威严与神秘，不断强调汉字的神秘性，书写时尽可能保留汉字的繁复性和辨认的复杂性。种种原因，汉字的最初形态，总是在使用的前提下尽可能符号化和视觉美观化，汉字就如一个图形符号。合体时期，汉字与汉字图形相依相辅，呈现出神秘、美化的特性。

## 分流时期

夏商以来，汉字与汉字图形相融相生呈现出繁荣的景象。至周、春秋战国时代，诸侯争霸，百家争鸣，社会文化、经济、生产都达到鼎盛时期，诸侯各国为了各自争夺霸主的地位，在经济、文化上都力图改革，由于汉字的特殊和神秘性的功能，诸侯各国纷纷利用汉字来塑造自己的权威，汉字的图画功能和信息功能各有发展而且地域的差异越来越大。特定的需求使汉字的发展也多元化了，当时宽松的文字应用环境与广泛的文字应用途径使汉字书写风格产生变革。信息化的目的，使文字摆脱了装饰、图形的形象，简约生动，更趋符号化。神秘美观的需求，使文字的装饰性得以强化，装饰功能迅猛提升，甚至异化为远离文字语言交际本质的装饰图案化文字。这一时期文字发展到了成熟阶段，功能与需求的界定使文字的风格体系产生了变化，无语言信息化交流的文字——汉字图形在这一时期已经成熟，并独成体系。

战国时期，诸侯各国力倡改革，经济、文化、政治都呈现新的面貌，诸侯争霸，百家争鸣，各种思想、著作都在这一时期达到空前繁荣，文字的传播越来越重要了。同时诸子百家的著书立说，都需要使用文字，

东汉简书 候粟君所责寇恩事

文字的书写者也越来越多。大量的人开始使用文字，使文字最初为统治者所用的现象已经改变，对文字的禁锢也一起消失，大量的著作学说需交流传播，文字的书写者面临着巨大的压力，书者们再也无心雕饰，文字的信息符号化特征得以加强，书写的速度和效率越来越高，文字变成了多数学者掌握的工具。同时因为文字的大量使用，文字的作用影响着国家的发展，文字的书写材料也因此而大大丰富。文字不仅在龟甲、布帛上出现，而在货币、玺印、砖瓦等新的材料上出现，而这些新的材料有些是用来代表国家的。

文字的信息化功能得以强化，装饰化的功能也得到大力发展。诸侯各国为了表示自己的权威，在祭祀、战争等场合则利用汉字的神秘性大量使用装饰化文字，装饰文字成为另外一种重要功用，这一时期的装饰文字对汉字图形的发展产生了深远影响。文字变化的高潮为汉字图形创造了一个契机，但是汉字图形的出现还是不能离开原始的文字画和原始风俗的影响。受文字画的影响，汉字的形体本身蕴藏丰富的图形装饰影子。汉字最初的形态既有信息传递，也有美化功用，两种不同的功能融合在最初的汉字中。但随着汉字使用的不断广泛，两种功能越来越明确，分流已有可能，图形文字的装饰性不再随着信息化文字的发展主流而行进了，汉字分流时期已经到来。分流时期的汉字就功能分成的两类，一类是信息化汉字，趋简趋势明显，讲究书写快捷及信息传递的简约。另一类是汉字图形，讲究装饰性及美观性，传递的多是图形的象征性，有汉字的结体，但非信息符号化。

**成熟的独立艺术门类**

秦始皇统一中国，大一统的时代已经到来。经历了500多年的文字异形，书体多样，文字呈现出繁荣多样的面貌，而秦王朝的统一，书体多样的汉字却是王政思想发展的障碍。秦初，秦书八体样貌纷呈，李斯省改大篆初创小篆统一了文字，信息化的书体字走向了一条成熟稳定之路。汉字图形在免去信息化功能之后，装饰化的体系也趋成熟，正由于其装饰美化的功能，汉字图形逐渐走向民间服务大众，融入千家万户的生活之中，生活化的特征趋于明显。汉字图形独成体系后，逐渐确定了自身特点，自秦汉至魏晋南北朝等历代的发展，汉字图形的装饰风格越来越丰富，文学、绘画、书法、风俗等各类艺术形态都在汉字图形中有所体现。

漢字流變

卷三

# 书法艺术——艺道之美

灵动、感受自己、表达情绪

中国是个有着五千年文化历史的文明古国，在其漫长的发展过程中汉字起着非常重要的作用，历代经史、论集、诗歌词赋的形成和传播无一不是汉字文化的功劳。最初汉字的创造和传播无一不是通过书写而做到的，书写是最初文字信息传播时的唯一手段。

世界上将书写作为一种艺术门类的唯有汉字文化圈，这不得不说是非常独特的事情。汉以前，书法就叫作"书"，它的意义既表示书写动作，又表示所书的作品。书法是何时成为一种艺术的呢？东汉蔡邕的《笔论》说："书者，散也"，《九势》说："夫书肇乎自然"都将书法称为"书"。所以最迟在东汉后期，书法就已被认为是一种高深的才能和道艺，《全后汉文》卷二十五载班固《与弟超书》曰："得伯章书，稿势殊工，知识读之，莫不叹息。实亦艺由人立，名自人成。"因此，"书"开始后缀"艺"字，称为"书艺"。

中国书法是通过汉字书写来表现情感意象的艺术，从书写的情感和意象上考虑，任何一种字体，其点画和结构经过不同的处理，都可表现不同的境界，它所包含的内容丰富而博大。书法艺术是中国独有的一种艺术形式，它运用一种特殊的书写工具和载体，将一件最简单的事情，变成了一种特殊的艺术。对中国历史上广大的文士阶层来说，"诗书画"是一种共同的精神的寄托和情感宣泄。书法艺术追时代变迁，随人情推移，不同的审美观念注入期间，它的形态和思想不断突破上升到了近哲学的境界，它同时深深影响着中国其他艺术形式的思想。书法是汉字分流大类中最具艺术化的一类。

## 文化影响

为什么书法在中国会成为一门独立的艺术，而在西方只能被认为是技术性的书写，这是一个值得思考的问题。除了中国文字本身所包含的艺术性，即那种为我们普遍认为的汉字点线和结构的美感外，它还有构成书法作为艺术的另一维原因——中国文化的参与。如果没有这种文化的参与，书法很可能就不会成为一门艺术，或者说，不会成为文人士大夫的艺术。

书法艺术不管是文字理论上的，还是书法理论上，都与中国文化之源《周易》有着密切的联系，不管是对文字的起源还是较为纯粹的书法论述，都建立在《周易》的理论模式上。就如同《周易》对整个中国文化的影响一样，《周易》也培养了中国书法的艺术观念。

在我国原始文化中，出现得比文字更早的是图画性符号或卦象性的符号。卦象带有更多的理性色彩，它的基本构成沉积了许多彩陶纹饰中形成的审美规律，它的基本思想反映出许多彩陶纹饰造型表述的基本概念。如果我们不联想到周易"卦象"中乾（☰）、坤（☷）等并排的三列短划及最初导致"三生万物"这一哲学思想产生的那种观念力量，我们就很难体会到为什么后来的中国文字中，山是三座山峰（⛰），水是三条水（𣲺），草是三根茎叶（丫），木是三条根叶（木），雨是三行水滴（⾬），等等。

易卦与汉字、书法的共通点在于，用抽象的线反映万物。这一理论溉灌了书艺，一方面稳定了书法作为线的艺术的基本特征，另一方面又将书法深化成显幽探微的抽象的艺术。书法吸收了《周易》的形式原理以及表现内在生命的精神。易卦是以有限的稳定的符号反映天地万物，书法却以无限多样的形式来反映生命之无限变化。易卦反映万物

卦象所指与汉字

是通过符号内部的复杂关系来完成，符号本身不发生变化，书法不仅注意到线条内部的复杂组合，同时线条自身也因时因人而变。

与诗、画园林等比，书法又多了一些玄奥的成分，它是所有中国艺术中最为抽象的、无色可类、无音可寻、无象可成的艺术。中国古代的书法家也不把书法视为一种简单的艺术，而认为它与天地宇宙相通，是道化玄妙的显现，是宇宙大化的符号。故书道玄妙，通于大道。唐孙过庭说："同自然之妙有"。张怀瓘则声称"书道则大玄妙"，能如大易一样，"浑天地之窈冥，秘鬼神之变化"，它可以"弥纶乎天地，错综乎四时，究极人神，盛德之大业也"。这可以称为中国书学的形而上学，将书法的源头溯之于道，将书法的功能判为载道，如此思路，亦是受到中国传统哲学的影响。

中国哲学认为，大化流行，旁通弥贯，然究其本极，则根源于道，万物万化，只是一道。《老子》说，"道生一，一生二，二生三，三生万物。"天下一切事理情均缘此而生，所谓"玄之又玄，众妙之门"是也。于是书法变成了一种"道之艺"，是那洞察变异之理、大自然背后生生不息的生命精神,那永恒变化的宇宙运行节奏,那造成一切有形表象运动的创化之轴。氤氲之气、运演之节、自然之韵的艺术,洞视

正如虞世南所云:"书道玄妙,必资神遇,不可以力求也。机巧必须心悟,不可以自取。"取道论就包涵着一份重视生命体验的精神。在由"象形"到"艺术形象"这一漫长的历史嬗变中,书法接受了中国历代思想家、学者、书法家们的无数次的思考与实践,被注入无穷无尽的智慧与玄妙之道,成为一种抽象的自由表现的艺术形式。如林语堂先生所言:"谈论中国艺术而不懂书法及其艺术的灵感是不可能的"❶。

无物可象的书法,只能由抽象的线条与空灵的结构去创造"形式美"。这种美是东方的,是东方哲学精神培养起来的。从最初造字时的"依类象形"到"唯观神采,不见字形"时的"弃形",书法凝聚了中华民族最多的精神智慧与文化基因。

## 神采之美

不同于汉字图形与印刷文字的造型美,书法除了贵法象,取其意态、形势,更重要的是须取其神采。僧虔在《笔意赞》中篇首警策之言便是:"书之妙道,神采为上,形质次之。"神采,可以理解为精神的美,与物质的造型"形"美相对应——自然是高层次的对立面而存在的。

王僧虔的神采为上说是对卫夫人、王羲之的尚意美学的进一步深化。卫、王论书重意,然则意存何处?存乎点画使转之间;点画何所存?乃是通过点画形式所产生的神采中显现的。不同于简单的绘画般在一撇中寻找一把刀的形象,一点中寻找一块石头的形象,点画产生的神采在于有所发想。唐代张怀瓘解释说:

"深识书者,惟观神采,不见字形……仆今所制,不师古法,探文墨之妙有,索万物之元精,以筋骨立形,以神情润色,虽迹在尘壤,而志出云霄,灵变无常,务于飞动。"❷

此文中的"神采""神情",即是张怀瓘心目中"神"的所指。历代书家

❶ 林语堂. 吾国吾民[M]. 郝志东,沈益洪译. 杭州:浙江人民出版社,1988.

❷ 唐 张怀瓘. 文字论. 上海书画出版社,1979. 历代书法论文选,209.

讲究两者兼得统一，无形质，神采无所寓，无所显；形质未全，神采也不能飞扬，而张历；形质虽全，整秩完好，但一如泥塑木雕，神情痴，也是缺乏神采。与形质相比，神采为主之意在于书法的艺术追求——察象见意，察"抽象的线条"而见"一全新世界"。而要构建这种让人醉心的精神世界，书法便要成为人抒发性灵的东西，构成自身的形象世界和价值世界。书法于是成为一种脱离纯粹的形式而归为人之性灵神采的写照。古人常常以形质与性情论书法，"形质浅而性情见"（包世臣语），便是如此。

形质出于手，性情发于心，意味就存于形式之中，好的艺术品，是心手合一，是情感与形式的交融。书法的表象美，是指贯注于抽象构筑中的气韵，而这种气韵，是蕴存在于宇宙万物中的生命的机趣。书法虽不能创造出具体的生命之物，不能"显形"山水、花鸟、木石，但在其"抽象形"之中，却更集中、最直接地体现了这种根本的精神。

### 生命的律动

书法的形象是一种生命的形式，书法艺术可以通过它独特的形式结构展示飞动流转、沉着痛快、雍容含蓄、潇洒飘逸、淡远萧疏、刚强雄奇等多种生命内容。如同音乐艺术一般，书法线条蕴含着书家浚发内心的独特的生命律动。

书法在文字的笔画内部显示出了

坚持意象，就会始终拘泥于形象，一旦抛弃了形象，就只剩下运动。只有一挥而就。

张旭 肚痛贴「非冷哉」

生命的节奏和丰富的变化。所谓运笔必有一凛凛之势在，没有这种势，笔虽相连，实为断线残珠，了不相属。孙过庭说："一画之间，变起伏于锋杪；一点之内，殊衄挫于毫芒。"黄山谷云："书中有笔，如禅句中有眼。"古代书论中讲笔势之说，先有蔡邕的《九势》、传卫夫人所作《笔阵图》、王羲之《笔势论》，唐智永所作《永字八法》等等。诸笔势之论，虽人言言殊，各出妙绪，但都要寻求生命内在的冲突，直来横去，本为一笔而过，但却有意于相联之笔画中寻其不联处，一波有三折之过，一点有数转之功，一横见往来顺逆之味，一垂如万岁枯藤，顿挫有致，所谓无垂不缩，无往不收，伏脉龙蛇，势通万里。变联而不联，自此不联中，则可见出线条内部生命往复回环、一气蝉联之趣，从而组成一个融通一体又寓有节奏的生命单元。

苏东坡说："书必有神、气、骨、肉、血，五者阙一，不为成书也。"都把生命之神韵作为书法的最高境界，萧衍评王僧虔书"凛凛皆有一种风流气魄"❸，袁昂评右军书"爽爽有一种风气"，都是以人作比，重在生命的韵味。书艺体现的是一种生命运动，然而它又富有节奏、充满盎然趣味。书法只是一些质实的、静止线条的组合，但通过这种组合却要再现有机体的生命特征，变静止为动态，变死物为活物，

❸ 南北朝 萧衍《古今书人优劣评》

(一) 唐 颜真卿 颜勤礼碑
(二) 唐 欧阳询 玄秘塔碑

变幽蝉的冲动为一种有序的冲动、有序的张力形式。因此，书法的内在生命运动是非机械性的，通过有序的排列而显现为节奏化的生命整体，体现出音乐的境界，时空合一，线条内部相互激荡、渗透等，俨然为一生命空间。"象八音之迭起"，孙过庭一语可说道尽书法的奥秘。书法通过空间的组合展示时间的流动，在造型艺术中体现出音乐这一时间艺术的特点。中国书法就是通过它的音乐特质展示生命特有的意趣。

书法不仅取法人身，也取法外在自然，大自然充满着无所不在的生命运动，担夫争路，曲项鹅歌，山峦对峙，长河快溜，漏水滴痕，浪拍沙堤等等，都能给书家无尽的启迪。

张怀瓘说："资运动于风神，颐浩然于润色。"书法家捕捉着大自然于无所不在的运动中显现出风神气度，运动与风神一体相融。如柳色依依固然可观，然仅仅局限于此，还不能得其真韵。书法家观察着柳叶在春风流宕中，在山岚腾挪中，在微波轻拂中，在燕翼差池中，及其广者，在春阳沐浴中，在周围景观的映照中，将出落为格外的风臻。柳树在空间组合中，在人的独特心灵的发现中，被节奏化、境界化了，书法之生命动态要的就是这般风致。

而在书评中，我们也不难发现大量使用生命的喻象佐证。唐太宗评王献之："观其字势疏瘦，如隆冬之枯树。"④太宗在献之书迹中体味出独特的荒寒境界。袁昂评钟繇草书云："若飞鸿戏海，舞鹤游天。"⑤寒塘鸿影，淡宕缥缈，飞鹤灭没，渐远渐无，直有禅家妙境。在一定程度上，使用生命喻象实际上是去复原被书法线条所凝固了的生命世界，把隐在形式背后的生命原相请到前台来，而书道玄妙，只能用逻辑之外的神韵描述才可以表达这一抽象心境。

④ 唐・李世民，王羲之传论，历代书法论文选第122页。

⑤ 南朝・袁昂，古今书评，历代书法论文选第75页，上海书画出版社，1979年版。

上海书画出版社，1979年版。

# 篆刻艺术

石与文字的发生
一方石
亦为信物
亦为雅玩
文字挪腾其中
可越千年

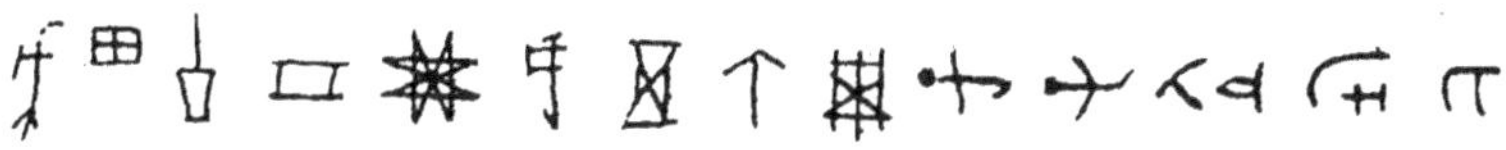

良渚文化刻画符号

蚌埠双墩新石器时代刻画符号

安阳出图之铜玺一、二、三

古代篆刻

**印章的起源**

印章的起源可以追溯到以下两个方面：一方面是可以追溯到陶纹的"绘画"之源，另一方面是可以追溯到商玺的"玺印"之源。

我国各地出土的大量远古时代陶器往往刻画或彩绘着不同的符号，这正是篆刻艺术刻画之源的资料和汉字起源的新的解释依据。这些远古的刻符中，从由简单的横、直、斜线条到多种线条的结合，由单纯的方或圆到方圆的结合，揭示了这种刻画的发展与篆刻的刻画的渊源关系。这些刻符既是文字的前身，也是最早的留下个人信息的刻画行为。

现在已知的最古印章，是三枚出土于安阳的铜制古玺实物。它们的文字排列讲求对称、图案化；它们的"亚"字形的边栏、"田"字形的界格，与后来玺印的形式，颇有胎息之处。它们已是玺印定型的实体，不妨作为印章实体之源的追溯。

一般学者研究认为印章产生的社会原因是国家的出现，百官的产生，就有印章作为权利的象征物。"至于三王（夏商周），俗化雕文，诈伪渐兴，始有印玺，以检奸萌"《后汉书·祭祀志》。《毛公鼎》铭文中也有"用印邵皇天"句。这是有关夏、商、周三代印章产生、使用的记录。日后印章功能逐渐扩大，人民群众也因社交需求将印章作为凭信物使用。

## 古代的玺印

### 战国古玺

战国时代，列强各据一方导致文字不统一。秦国使用籀文，六国用古文。普遍与战国铜器铭文结合的玺印文字使专家难以分辨所属国别，通判定为战国古玺。文字的大小、长短、伸缩、挪让、方圆和合文存在于战国玺印中，使人感受到错落参差、和谐自如的美。

这个时期印章统称"玺"，写作"鉢""鍂""（土尔）"，或简写为"尔"。分为官玺和私玺。形制上分为白文、朱文、朱白相间；有的是纯图画印，有的图文相配。大小上没有严格规定，形式多样。朱文都出于铸造，白文有铸有凿。

官私玺多有带小孔的方便佩戴的鼻钮。私玺有人形钮、眠钮、柱钮、辟邪钮、亭钮等各种钮式，也有在带钩、戒指等的物体上制上一个玺等其他作用的玺。

玺的面积大小约为2.5厘米见方，正方形，偶有不正方的，或圆形的。印文外多加边栏，或中间加一直隔线，或加一「＋」字隔线。

连尹之玺

工师之印

易鄘邑圣濾盟之玺

官玺 白文

鄘邯都右司马

左中军司马

将军之玺

䌓关

大麿

朱文官玺的面积大多约1.5厘米见方。

官玺 朱文

左邑余子眚夫

石城疆司冠

武队大夫

郵埜

缘虡

东埜賕

白文私玺多有边栏，少数『田』字格，有的在姓氏下加动物或鸟类图案，形式甚多。朱文则线条很细，多用铜，间有银铸造。

私玺 白文

尚口玺

羊逳

矦史

乘马童

夾民

私玺 朱文

成语玺

成语玺又称吉语玺，如「行吉」「正行」「得志」「敬事」等，表示一种吉利或自勉的意思。

画印

内容多为形象人物、鸟兽、车骑、四灵（青龙、白虎、朱雀、玄武）、驼、羊、雁等。

## 秦玺印

秦统一后,丞相李斯等人整理文字。李斯等整理了以籀文为基础的六国文字,制定了统一的文字"小篆"。因此我国的文字得到了结构定形,偏旁定位,趋向规整,便于使用。但小篆的字体偏圆转,印章为方形,运用时要以圆适方加以变通,这种特殊性的功能变化,在当时被称为"摹印",为秦书八体之一。融合了隶书成分的小篆看似是篆非隶,却篆隶相融,浑穆端凝。秦代印章的变化有着划时代的意义,过渡了战国古玺,开启了汉代印章发展的新局面。

官印  法左丘尉  中行羞府  菅里

私印  南庐  赵部考 茅熙  江去疾

秦代,皇帝的印称作"玺"("玺"不用古代写法),一般人的称作"印"。秦印比战国玺印更易于辨认,字形由参差向规整发展。汉印比秦印更加规整,排版紧密,秦印有着独特自然的书写风貌。

## 汉印

汉代玺印的发展程度空前,使用范围更广,体制、文字的形式也发生了巨大的转变。汉代的印章以秦代的摹印篆为基础有了进一步的发展,更趋严整,庄重堂皇,展现了汉代的繁荣昌盛。

文字变革导致汉代实用文字趋向隶书,摹印篆"变小篆之形式""近隶之结体",使普通民众更易辨识。汉印从篆刻艺术的角度改变了人们关于印章文字艺术的美学观点,方体字的美以横直线条来凸显,而非象形和奇古,不求文字的"怪",在于平实;而在平实中又有变化万千,如方中有圆,有粗有细,有小有大,有屈有伸,有挪有让,有呼有应等等。结构位置的变化也仍在方形之内,这是一种印章文字艺术性的深入。

宜禁春丞

邦侯

渭城令印

平东将军章

李鼂

李岑

史宜成印

侯弟孺

卫嘉

畀狼

### 西汉官印

西汉官印形制一般为 2.5 厘米见方，多雕刻蛇钮，半通印雕刻鱼钮，后来多龟钮、瓦钮。

### 西汉私印

西汉私印多白文，多凿成，大小约 1 厘米见方，中期渐大。除铜质外，还有玉质、银质。印钮有鼻钮、坛钮、桥钮、龟钮。其中缪篆印是摹印篆的发展，文字线条曲折延伸，迂回婉转。

缪篆印
杨㫃私印 

公乘舜印

鸟虫书印
夷吾 

新成甲

图画印

蒙阴宰之印

康武男家丞

昌威德男家丞

新莽官印

杜嵩之印信

姚丰之印信

新莽私印

琅邪相印章

东汉私印

东汉私印形式多样，有方、长方、柿蒂形的，有姓名外加『四灵』装饰、加吉语、籍贯、表字。钮有鼻钮、瓦钮、桥钮、坛钮、龟钮、虎钮，还有两面印、套印。质地有铜、金、银、玉、牙、琥珀、玛瑙。

朱母伤印

药始光

徐咸妃徐仁

弁弘之印

蠡国吾相

东汉官印

东汉官印在文字上放宽了严谨，颇有写意性。质地包括金、银、铜、玉。

闵喜

北乡

李长见

日入千万

魏季君

河华记印

宜子孙

玺印的名称在汉武帝时期已形成了等级体系，例如规定名称：诸侯王叫"玺"，列侯叫"印"；承相、大将军叫"章"；御史大夫、匈奴单于也叫"章"；御史、二千石叫"章"；千石、六百石、四百石叫"印"。质料、绶色、纽制等方面也有等级规定。

在中国文化史上，汉代印章以其浓缩于方寸之间的博大恢宏以及别具一格的金石韵趣，而与东晋书法、唐宋诗词具有同样突出的成就和地位。作为中国篆刻艺术的载体和典范，汉印更以其丰厚的文化积淀，为明清以来流派篆刻艺术的萌起和完善，提供了取之不尽、汲之不竭的艺术宝藏。

## 曹魏印

曹魏印继承了汉代印章的特征，文字的点画比秦篆简洁、明畅，结构与现代楷书相近，与秦篆的长形和汉隶的扁形不同，文字形体多呈方形。布局方正平直，无板滞、乖缪、纤巧的习气。

曹魏官印沿袭汉制，字画趋向瘦挺、天然、参差，别出机杼。变汉印庄重典雅为峻利劲挺。曹魏官印的布局开创了多字印和谐相融的先河。曹魏私印颇具独特的书法意味，有的书体类似《三体石经》中的篆书，也有部分源自《天发神谶碑》。分为套印和六面印。

明代篆刻家朱简在《印经》中黑说："印肪于商、周、秦，盛于汉，滥于六朝，而沦于唐宋"具体地说，春秋、战国时代的古玺，秦以外的其他各国都用籀文并自成系列，秦用籀文。这些古玺文字错落参差，布局精巧，极其灵动绚烂。直到秦代文字变革催生印章划时代的转变。

广武将军章

武猛校尉

曹魏印

樊缋

冯泰

纪广字兄

汉初，承秦制；后世进一步创新发展，以平正方直的体制，树立了官私印庄重堂皇的雄伟规模，汉印系统被沿袭至南北朝，长达七百多年。其中汉代在"方整"之中，深入文字的艺术创造，产生浑厚的光辉，最广泛地受到人们的喜爱；魏晋虽渐趋单薄感，但显示书意，不无特色。长期来看，所谓"印宗秦汉"，实际上就是指以上两种玺印。

魏晋以降，南齐朱文官印的影响作用扩大到隋唐，造成官印与私印的分离，篆法衰微。不过，隋唐官印的文字婉转尚有自然之趣，到宋以后，官印渐趋僵化，失去了艺术价值，渐渐沦于庸常。

**古代玺印的用途**

古代玺印一般是为了实际功能需求而制作，艺术性是它的副产品，只有少数的私玺（印）和图画印是具有观赏性的。

1. 官私玺。官玺（印）是一种统治权力的凭信，从皇帝到各级官吏，都掌有玺印；私玺（印）是个人信用的凭信。
2. 用于赠送兄弟民族。这是古代团结少数民族的凭信。
3. 用以馈赠邻邦。下印是东汉建武中元二年（公元57年）倭奴国王派遣使者奉贡朝贺汉朝，光武帝所增赐的印。1782年2月于日本志贺岛出土，蛇钮金印。这不仅是最早的中日友好的标志，也是汉王朝国际地位的表现。
4. 用于封泥。古代运送的物件、文书（放入木匣）要用绳子系缚，并于打结的位置粘置特质泥块，印上玺印以防偷拆，成为"封泥"。后用于文书递送中。
5. 用于殉葬。官私印并存，有大量为殉葬专门制作的官印。
6. 用于制造器物记名的。
7. 用于器物名称图记。
8. 用于金币、纸币。
9. 用于佩带，消除不详。
10. 用于烙马。
11. 用于烙木。

除用于殉葬、器物、钱币、烙马和大型官印外，大多数古玺印都可以佩带，兼具实用性和观赏性，其中私印等图画印的观赏性更强。

古玺印的艺术魅力，吸引着后世历代的欣赏者。

我国文字具有形美的特征，尤以古代篆字为甚；由于战国各国文字各异，官私玺无严格规定，玺的形式缤纷，异彩纷呈。后世秦汉文字有了趋于方正的转变，但经过加工处理的印中文字仍千变万化，具有很强的艺术性。

另外，当时篆玺的人具有高度的文字处理水平，因为当时国家铸印设有专门机构，如"汉有符印御史，赵尧曾任此职。"❻ "请御史刻宰衡印章"❼，"少府属官有兰台令史，六百石。"本注："掌奏印工、文书"❽。依据上述记载，可以看出国家通过选拔任命篆印人员，这些人把控文字的水平比较高，处理文字的能力比较强。在铸铜工艺发达的条件下，具有高超技艺的熟练铸造工匠被选拔到国家铸印机构中。进而在古代玺印的材料多是金属的情况下保证工艺品的精致度。

古玺印吸引着人们去欣赏，诱导后人去探究它的文字构成和演变，归纳出字法和篆法；探寻它的文字的排列配伍，归纳出章法；又从文字的线条与篆刻的关联中，悟出了刀法，日益积累，为后世形成篆刻技法奠定基础。古玺印所表现出来雄浑、混穆、质朴等风格，又形成了明清文人篆刻艺术的审美观。

❻《汉书》卷二七四「赵尧传」
❼《汉书·王莽传》
❽《后汉百官志》

## 文人的明清篆刻

### 明代

文人篆刻艺术兴起于明代中期。用花乳石治印始于元代王冕,以石制印,易于奏刀,不像金银玉牙质印材坚硬难刻,使难以镌刻的问题得以解决,致使直接参与治印的文人与日俱增。在对宋、元、明初芜杂靡弱的印风予以拨乱反正的前提下,以明代文彭为代表的篆刻家于明代正德、嘉靖年间开始树坛立帜。到明清中叶,文人篆刻在中国篆刻艺术发展史上迎来了第二次高潮,进入明清时代的印章兴盛时期。

《集古印谱》问世可以作为文人篆刻艺术开拓发展的标志。武陵(今上海)顾从德,把家藏及少量好友所蓄古印,委托罗王常精选古玉印一百五十余方,铜印一千六百余方,毕数年之功,用原印蘸朱砂钤出,辑成《集古印谱》六卷,于1572年问世。此前的古印印谱,有的木刻翻版,有的钩摹,不免形神隔膜。《集古印谱》精准再现了秦汉印的原本面目,正如当时篆刻家甘旸所说:"印章之荒,自此破矣。"后又在此基础上发行一本《印薮》,尽管《印薮》形近似而神尽失,但在当时的条件下,仍然是难能可贵的。

篆刻家赵宧光说:"顾氏谱流通遐迩,尔时家至户到手一编,于是当代印家,望汉有顶。"❾ 在文彭提倡学汉印的时期,人们难以一睹汉印真容。《印薮》虽失真,但里面各式各样的汉印让人一饱眼福。这两部印谱对当时印坛影响深远。祝世禄曾经总结了当时的情况,他说:"主臣(何震)虽从迹入,性自神解。"❿ 可见当时的有心之士在心领神会了汉印之后,开始这"性自神解"的求变的创作过程。

❾《金一甫印谱序》
❿《梁千秋印隽序》

明代初期文人所用的印章

休于山,美可茹,钓于水,鲜可食。

紫霞碧月翁

篆刻艺术从明万历丁酉年（1597年）朱简编辑《印品》至明朝灭亡达到了高潮时期。文人篆刻队伍扩大，数量空前，几乎是"无不人人斯籀，字字秦汉，猗欤盛哉！"（朱简语），然而，当时的篆刻队伍实际上是，"今之人不能辨古书帖，识周秦彝鼎，而思名列博雅，则托于印章之好者，亦十而九。""好者博名，而习者博糈（依靠这刻印取得粮食）；好者以耳食（听别人人云亦云），而习者以目论（停留在眼前所看到的作品就事论事，不疏渊源）。至使一丁不识之夫，取象玉金珉，信手切割；又使一丁不识之夫，椟而藏之，奉为天宝。"⑪ 这一时期的篆刻名家和普通篆刻者都需要进一步的提升。因此篆刻现状分析和优劣鉴别必不可少，为提升提出原则、标准、方法等等。由此，朱简于1597年开始编写《印品》，历14年，改写为《印经》。

受当时的文学影响，尤其是诗歌创作思潮的影响，此时的篆刻家们探索创新，力求一变。周亮工在《印人传》中曾经提到："明诗数变，而印章从之。"明弘治年间，李梦阳倡导诗歌复古创作，强调诗必宗盛唐。到了万历年间，出现了袁宏道等人的"公安派"，诗以清新俊逸为尚，但戏谑嘲笑，间杂俚语，流于空疏。后来，钟惺、谭元春等人的"竟陵派"出现，力矫空疏，一变而为幽深孤峭。在篆刻家中，许多人也是诗人，把这种思潮带进了篆刻的创作思想中来，以求变化。

明代在印学史上有着承上启下的作用。它开拓了文人篆刻艺术，确立了篆刻艺术石质加工的表现形式。使篆刻艺术进一步普及，形成流派。明代的篆刻家开拓了我国的文人篆刻，为清代篆刻艺术的发展奠定了良好的基础。

## 明代部分名家

### 文彭

文彭（1498～1573年），字寿承，号三桥，江苏苏州人，文彭是篆刻史上明代流派的先驱。周亮工《印人传》卷一《书文国博印章后》云"……印之一道自国博开之，后人奉为金科玉律，初遍天下"。文彭去世后，篆刻艺术风靡长达四百多年，他可谓四百年印学第一人。

周亮工的《即人传》中有文彭治印的记录，开始使用牙章，自篆其文，请别人奏刀。文彭在南京国子监时偶然得到四筐灯光冻石，原本是用

文彭之印　文寿承氏

作雕刻装饰品的，从此不作牙章印，使用灯光石冻石刻印，始见于世，名满天下。后世大量使用石质印料刻印始于文彭，推动篆刻艺术进一步发展。文彭治印大多继承汉印和拟元朱文印，风格则受元代篆刻影响较大，呈现一种清丽隽永的美感。他主动参考、追求汉代古铜印的古朴、残缺、斑驳的天然之风。在印章侧面使用双刀制作行书边款是文彭创造的新形式，点画类似书法，圆润俊美，不见刻凿的痕迹，有古代行书碑帖的风范。从此印章具款始传后世。

文彭刻印有独特的创作思想，并长于归纳总结技巧理论。例如："刻朱文须流利，令如春花舞雪；刻汉文需沉凝，令如寒山积雪；落手处要大胆，令如壮士舞剑；收拾处要小心，令如美女抮针。"他的这些经验形成了明代"吴门派"篆刻艺术流派的刻印大旨。"吴门派"又以文彭的号为别名"三桥派"。他的风格堪称经典，被当代、后世竞相效仿。如：李流芳、徐仲和、归昌世、顾苓西、陈万言、璩之僕等人，形成了中国篆刻史上第一个篆刻艺术流派。

## 何震

《印人传》载："遍历诸边塞，大将军以下皆以得一印为荣，橐金且满。"何震刀法上的艺术成就最高，切刀法是他创造的新方法，富金石味，苍劲朴厚，工稳匀称，可见其制印之严谨。

何震"紫门深处"、"云中白鹤"、"听鹂深处"、"青松白云处"等印，可以看出用刀稳健，线条平直拙朴，冲刀畅快猛利。他的印章边款独创单刀、切刀刻款法，一刀一笔，刚爽而有金石味，独辟蹊径，为后世篆刻所效法。

何震在理论研究方面也有所建树，著有《续学古编》。他作为印学一代宗师，世称为新安印派。也叫黄山派、徽派、皖派。皖宗是印学史上两大派系之一（其一为西泠印派）。

 无功氏
 兰雪堂
何震篆刻

 俞安期印

 登之小雅
 听鹂深处

 涨灞私印
 张灏印章
苏宣篆刻

 深得酒仙三昧
 影庚
 苏宣之印

## 苏宣

苏宣（1553～约1626年后），字尔宣，又字啸民，号泗水，又号朗公，安徽新安（今歙县）人。他的篆刻师从文彭，又被何震影响，是当时仿汉印热潮中涌现出来的杰出篆刻家。苏宣刻印章冲、切刀法结合，刻风气势雄强、沉着凝练，作为那一时期仿汉印的代表人物，他的作品广为流传。上海、苏州、嘉兴地区受他影响很大，后世称为"泗水派"，"泗水派"与文彭、何震被公认为明代万历年间印坛三大主流派。万历丁巳四十五年（1617年）著《苏氏印略》四册，这是苏宣的专谱。

## 朱简

朱简，字修能，号畸臣，后改名闻。安徽休宁人，生卒年不详。对印学有深刻研究，提出的观点多有创见。

朱简的《印品》，被陈继儒称为"周秦以后一部散易"。他的篆刻批评也被誉为"六书董狐"[12]。 是"得其所集，不下万余，于是涤心刮目"之作。《印品》的编写目的很明确，他说："欲使作者心腕，昭然于沿习讹舛之后，要以还之古初。"他一方面是"当于古者著为法则"，一方面又是适应时代，对篆刻的审美趋向、品评标准、刀字技法等提出了理论的开拓见解。

"刀法浑融，无迹可寻，神品也；有笔无刀，妙品也；有刀无笔，能品也；刀笔之外而有别趣，逸品也。"又指出："有刀锋而以锯牙、燕尾，外道也；无刀锋而似墨猪、铁线，庸工也。"[13]

朱简在印学理论上出类拔萃，在篆刻创作上也是一名伟大先驱，他将理论与实践相结合，颇有成效。他一方面是"不喜习俗师尚"，另一方面专心查阅、鉴别、考证、研究大量古玺印，达到了"涤心刮目"的成效。[14]清代董洵称朱简篆刻为"真有明第一作手"。

## 汪关

汪关，字尹子，原名东阳，字杲叔，因得汉"汪关"铜印而改名，安徽歙县人，寓（江苏）娄县，生卒年不详。他的汉印基本功深厚，刀法朴茂稳实，风格渊静工致，章法和谐。周亮工论印曾说："以猛利参者何雪渔（震），至苏泗水（宣）而猛利尽矣；以和平参者汪尹子，至

朱简篆刻

 半日村

 汪道昆印

 钱谦益印

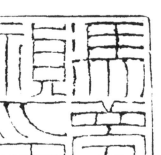 冯梦祯印

 范允临印

汪关篆刻

 子孙非我有委蜕而已矣

 徐汧私印

 徐汧私印

顾元方、邱令和而和平尽矣。"⑮ 可见汪关的创作颇具影响力,著有《宝印斋印式》二卷。

## 文字与印章的不同流向

我国文字演变和印章字体发展流向清晰地体现在古代玺印和明代文人篆刻中。

我国的文字演变史沿着实用途径发展变化的。简而言之,它是由篆书到隶书,再到楷书(含行书),到如今的简化汉字。文字的简化是为了便于书写和提高效率。

与文字相反,印章用字沿着艺术途径发展变化,详细地说,战国时代的古玺,秦使用籀文,六国使用古文,这时艺术性尚微弱;秦统一六国后,规定印章使用专门的摹印篆;汉代发展为缪篆和鸟虫篆,魏私印有《正始石经》体;六朝印章一直承汉制。元、明文人发展的篆刻艺术的印中用字,除古玺文字还有古代钟鼎、兵器、镜币、权量、碑额、碑瓦等文字,晚清又加入了甲骨文,可谓兼容并包。

这两条流向,泾渭分明,前者是实用系列,后者是艺术系列。这表明篆刻印章用字不适用文字沿实用途径演变的规律,大多数的主体是篆书,但也不排斥其他文字。作为欣赏艺术的篆刻对文字形式有着多样的需求,篆书具有极强的可塑性,它可方可圆,可长可短,可伸可缩,极为灵活,是篆刻的丰富材料。另外,《说文解字》以小篆为标准,但这是秦代的实用字,当时篆的形体为迎合印章的特殊性,以圆适方,已制定为摹印篆。汉代为了在印章章法上可以填满充实,又在摹印篆的基础上加以屈曲伸展,形成缪篆;乃至在字上增添鸟头虫鱼的鸟虫篆,这都是以增加趣味。这表明印章文字的发展方向是艺术化,篆刻是文字的形式在方寸石上表现的艺术。

# 清代

## 复苏时期

明代万历年间，是篆刻艺术的黄金时代，当篆刻艺术蒸蒸日上即将翻开新篇章时，国内暴动频繁，明王朝岌岌可危。明亡后，遍地狼烟，篆刻艺术备受摧残。全国知名的篆刻家，如江苏扬州的梁褱，于战乱中死于归途；浙江嘉兴的丁元公、江苏徐州的万寿祺、安徽桐城的方以智、浙江桐乡的吕留良等，都先后削发出家；江苏昆山的归昌世、浙江绍兴的祁豸佳等隐居不仕；浙江杭州的独立和尚东渡到日本……见微知著，可见当时篆刻队伍发生巨变。面临这样的背景条件，篆刻创作必然停滞不前，不计其数的印章实物、印谱资料遭到毁坏。

但篆刻艺术的生命力非常顽强，这正如高阜所言："夫斯、邈之书，可以峙山岳者，难充案之娱；李、杜之篇，可以挥烟云者，难舒指掌之细。约千言于数字，缩寻丈于半圭，不越径寸之中，而尽乎碑版铭勋、赋诗乐志之胜，则惟图章为然。"❶ 篆刻细小之胜、轻巧之趣的艺术特点散发出独特的艺术魅力，它根植于爱好者的心田，逢适当的气候便萌生新芽，茁壮成长。

例如浙江嘉兴篆刻家徐东彦，1643年（明代灭亡之年）李自成攻破潼关，他就刻了"妓逢红拂，客遇虬髯"一印送给要去请战从戎的朋友，印中使用了两个历史典故，以壮行色。如周亮工说："余生平性酷嗜此，

❶《赖古堂藏印序》

程邃之印

郑重之印

程邃篆刻

少壮三好音律书酒

蟫藻阁

不啻如南宫（米芾）之爱石。尝语篆刻之妙处津津不置口,若天下尤好之伦,如美女时花,异香名酒,俱无以易兹酣适者。"❼ 可谓如痴如醉。就连清代康熙皇帝、满洲人也喜爱篆刻印章,可见篆刻艺术的无穷魅力。

明代遗老篆刻家胡正言编写的《印存初集》自刻印谱在清皇朝立国的第四年（顺治丁亥年）问世,可谓清代篆刻艺术复兴的标志。这个时期,明代遗民篆刻家沈世和、程邃、黄经、丁元公、戴本孝等,仍在重整旗鼓,重现篆刻艺术的繁盛。周亮工发挥自身才智,从事罗络各印人,搜集印章,编撰《印人传》,千古流芳。

印坛新帜

程邃是清初印坛上最具影响力的篆刻家,作为明代遗民是"硕果仅有"之一。他生于1602年,卒于1691年,字穆倩,号垢区、垢道人、清溪朽民、野全道者、江东布衣。安徽歙县人。在南京居住十余年,明亡后移居扬州。他与万寿祺同师事陈继儒,生平很重节气,与黄道周往来密切。他成功的创新在清初的印坛上树起了首面旗帜,标志着清代篆刻艺术的承上启下,他的篆刻对后世的邓石如影响巨大。印谱已失传,乡人程芝华在《古蜗篆居印述》第一册中摹刻他的作品五十九方,虽非真迹,亦可透过其形想象其概貌。如今只能从少数的遗作中举其例,其诗稿《萧然吟遗》在清代遭禁毁。

蒲阳鹤田林皋之印

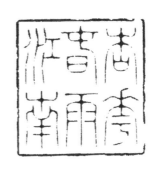

杏花春雨江南

林皋之印

案有黄庭尊有酒

清代早期印坛除了与程邃一道的沈世和、丁元公等明朝遗老，也涌现了诸多后起之秀，如：林皋、吴先声、许容等。这些篆刻家，在风格上可以划分两路：程邃是放的一路，其他人是工的一路。对日后篆刻的发展都有着"割不断"的影响。

纸窗竹屋灯火青荧

## 《印人传》的诞生

周亮工编写的《印人传》在我国历史文学上有着开创性的意义。周亮工（1612～1672年），字元亮，号栎园，又有陶庵、减斋，督公，缄斋、适园、谅工、栎下生、栎下先生等别号。祥符（今河南开封）人，移居南京。明崇祯庚辰（1640年）进士。他学问鸿博，爱好广泛。他人生的60年跨越了两个朝代，32年是在明代度过的，28年是在清代度过的。他仕途动荡，曾两次论死，又获赦免，大落大起，不同寻常。周亮工工诗文，精鉴赏，藏图书、字画、砚、墨、铜器甚富，尤爱收藏印章，偶亦刻印。他把收集到的印蜕合为一谱，添加序跋，积帙成册。他的儿子在浚、在延在他过世后将此订为《赖古堂别集印人传》三卷行世，包含65个篇章，包含了明代中叶至清代初叶的一些篆刻家，附有61位印人的姓名。日后纳入了《四库全书》，简称《印人传》。

《印人传》首先勾画了当时印坛的侧影，把所见、所闻、所感作了记述；还摄收了印人群像，从他们的学术成果、境遇、往来等不同方面记录了印人们的实况；重点在于这本书对印人们的评价和对印坛的观点。《印人传》是研究印学的重要文献。另一方面，周亮工的行为使当时的篆刻家广泛交流、联系，对篆刻艺术发展有很大助力。他的著作还有《赖古堂文集》《尺牍新抄》《栎园谈画录》《赖古堂藏印》等。

 放情物外

 冰木

 遗世独立

**播篆刻种子于日本**

明末清初时，浙江的两位和尚将篆刻艺术传入日本。两位和尚一位叫独立，一位叫心越。

独立（1569～1672年），俗姓戴，名笠，字曼公，杭州人。他青年时期，天资聪慧，勤奋苦学，除诗文之外还兼修医药，长于篆刻。他早期曾在西湖等地放纵过活。明亡后，年已半百的他东渡日本，拜隐元为师，皈依佛门，改名为独立，号天外一闲人。他在参禅闲时广交大量文化界的友人，传授篆刻艺术。他晚年的生活与世无争，四处周游并为当地人民诊疗施药，深受他们的爱戴。宽文十二年十一月六日圆寂于豊前广寿山，享年77岁。著有《天外老人集》十七卷。

心越（1639～1695年），名兴俦，别号东皋鹭野樵、越道人，书画上常署名越杜多，俗姓蒋，浙江浦江县人。他八岁遁入空门。十三岁开始云游江浙。康熙十五年（1676年）八月，他应避在日本避难的澄一法师之邀请东渡日本。那一时期的日本藩王德川光圀注重中国文化，对中国禅师以礼相待。光禄五年，心越被水户义公聘，居于天德寺，修缮后该寺更名寿昌山祇园寺，心越由此开辟了日本禅宗寿昌派。

如今的日本篆刻盛放如樱，独立和心越两位播种者，名列日本《印人传》之首。

# 全盛时期

## 书画促进了篆刻

清代中期是篆刻艺术的黄金时期。书画的用印与鉴藏的用印,促进了篆刻发展。例如:知名画家八大山人朱耷(1624年或1626～1705年),作为明皇裔在明灭亡后削发为僧。他的印章如"八大山人"四字融为一体,匠心独具,与画和谐相融,令人神往,让人回味无穷,启迪了篆刻创作。清代中叶,康熙、雍正、乾隆以来社稷相对安定,商品经济初步发展,如扬州一带,尤其是盐业的发展,出现了一些豪商巨贾,他们在文化上争相附庸风雅,使书画艺术得到空前发展,又进而推动篆刻艺术的发展,集结了扬州的高凤翰、沈凤、金农、高凤冈、潘西凤以及汪巢林等人,他们有着画家和篆刻家的双重角色,但不属同派。他们的篆刻,高凤翰苍茫老辣、大气磅礴,沈凤疏朗工整,高翔严谨冲淡,潘西凤敦朴婉转,汪士慎曲致有情,可说是各具个性。

仁者寿

沈凤私印 沈凤篆刻

高凤翰印

左军将司马 高凤翰篆刻

八大山人

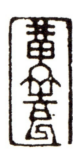

黄竹园 朱耷篆刻

## 名家与流派

### 丁敬和浙派

丁敬（1695~1765年），字敬身，号砚林、钝丁、梅农、丁居士、龙泓山人、孤云石叟、砚林外史、孤云石叟等，浙江杭州人。自幼家贫好学，生平远仕途而致力研习书画、刻篆，精诗文，好收藏，善鉴别，竭尽全力探究金石碑版。他初期受皖派篆刻影响，对印坛沿袭旧制、远离秦汉的现象有自己的观点，在他十六七岁时，写有这样一首诗：

古人篆刻思离群，舒卷浑同岭上云。看到六朝唐宋妙，何曾墨守汉家文。

诗的前两句，表面上称颂古人，实际上是表达了"篆刻思离群"的艺术思想和理想，展现了胆敢独创的精神，他探求秦汉印章风气的切刀法开启了一代印风。以质朴清刚、古拗峭折之风，在篆法、章法、刀法诸多方面具有独特的艺术语言，自成一家，另辟蹊径。孔云白著《篆刻入门》载："当徽派盛行之际，有西泠丁敬突起，乃夺印坛盟主之席，开千五百年印学之奇秘，世称浙派之初祖也。"千五百年不无夸张，但他的篆刻对浙派影响非常深远。

丁敬篆刻

相人氏

丁敬刀法轻重相间，方中见圆，钝拙见胜，印文的线条具有极强的节奏感，为浙派篆刻艺术风格奠基。他对入印文字很有研究，曾提出"《说文》篆刻自分驰"（丁敬诗）的见地，认为篆刻用字不要被《说文解字》限制，篆刻隶属艺术，《说文解字》作为论文字起源的书，其中的文字不能直接使用在印章上，反对故步自封，他的这一思想为篆刻入印文

丁敬身印

龙泓馆印

龙泓外史丁敬身印记

丁敬篆刻

砚林亦石

两湖三竺万壑千岩

徐观海印

一不为少

苏米斋

黄易篆刻

三摩

磨兜坚室

蒋仁篆刻

南官第一　声仲父

陈鸿寿篆刻

字提供了新范围，对篆刻家的印章布局的思路、创作手法有很大的拓展作用。另外，他还继承了何震单刀刻款的方法，运用在刻边款上，相比前人有所发展，奏刀前不起稿，以刀为笔，天然简捷。陈豫钟说："至丁砚竹（敬）先生则不书而刻，结体古茂，闻其法，斜握其刀，使石旋，以就锋之所向。"他的方法对后人而言有很大的启发作用。

丁敬还注重印外求印，兼顾金石考证、研究禅理、书画、诗词等，他的篆刻有着奇古典雅、神流韵闲、苍劲纯拙、清刚朴茂的特点，力挽时俗矫揉妩媚之态，丁敬篆刻艺术的兴盛强烈地影响了清代中叶篆刻。丁敬是明清以来篆刻艺术的巨大开创者，他还被尊为浙派的祖师。后人黄易、蒋仁、奚冈学习丁敬，加以发展，形成了浙派，随后又有不断发展，从而涌现了以丁敬为首的"西泠八家"。浙派是篆刻史上的大派，历经两百多年，地域也已跨出浙江，人数众多，名家辈出。之所以浙派能壮大如斯，离不开丁敬提倡的艺术个性、追求创造力，离不开他"思离群"的艺术思想。丁敬著有《武林金石录》、《龙泓山人印谱》。

"西泠八家"中属钱松的篆刻最能突破浙派藩篱，章法时出新意，刀法切中带削，富有立体感，成就最大。钱松（1818～1860年），本名松如，字叔盖，号耐青，别号铁庐、西郊、耐清、秦大夫、未道士、西郊外史、云和山人、老盖，晚号西郭外史，浙江钱塘（杭州）人。章法大胆，时出新意；赵之谦曾誉为"丁、黄后一人。"为西泠八家之一，著有《铁庐印谱》。

徽派
邓散木的《篆刻学》中记载："传程（邃）氏之学者为巴慰祖、胡唐、汪肇漋，与邃同称歙四子。"按年龄排序，应是：汪肇漋（1722～1780年），

虎帐红灯鸳帐酒

范守知印

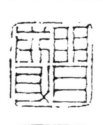
明月前身

稚禾手摹

唯道集虚

仲水金石

汪荼滮篆刻　巴慰祖篆刻　胡唐篆刻

尚书郎印

董洵之钵

董洵

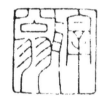
聱翁

树谷

字稚川；巴慰祖（1744～1795年）字予藉，一字子安，号隽堂、晋堂、莲舫；胡唐（1759～1826年），一名长庚，字咏陶、子西、西甫，号聱翁、木雁居士（巴慰祖的外甥），都是安徽歙县人。

很多书将"徽派"、"皖派"、"歙派"一概而论，虽然他们同属安徽，风格不甚相同。明代还没有"安徽省"，只有"江南省"，到清代康熙六年（即1667年）才析置江苏、安徽两省。明代所说的"徽"只是徽州地区。

云间派
王睿章，字贞六、曾麓，号雪岑，上海奉贤人。篆刻工稳，有些作品刀法取飞白之趣，有的模仿许容。著《印言》。

王玉如，字声振，号研山，篆刻承其父睿章。曾为叶锦刻《澄怀堂印谱》，著有《研山印草》。

鞠履厚，字坤皋，号樵霞，别号一草主人，上海奉贤人。表兄弟是王玉如，篆刻规整秀气。著有《坤皋铁笔》、《印文考略》。

他们的作品，都构思奇巧，追求创新，汲取黄经、林皋、许容等人的一些创新风格，世称"云间派"，但他们的创新都未成功，遂成昙花一现。

蜨庵

小桥流水人家

晴窗一日几回看

松菊犹存

### 邓石如派

当蒋仁、黄易、奚冈持"浙派"大旗，称霸印坛，欣欣向荣时，邓石如在长江以北自成一家。他以前所未有的光芒撼动全印坛。若说浙派以"方拙"为特征获得了"立异"，邓石如则以"圆劲"为特色，达成了"标新"，他们似南北两株高峰屹立于中国，是清代中期的篆刻艺术的代表。

邓石如（1743～1805年），原名琰，字石如，更字顽伯，号完白山人，又有完白、古浣、古浣子、游笈道人、凤水渔长、龙山樵长等别署，安徽怀宁（安庆）人，是清代杰出书法家和印学家。其最开始得其父传，初期篆刻被明代文、何、苏、汪等人影响较大。

他最初学习何震、梁袠，后将自己书法的用笔和结体运用于篆刻，在印章上使用篆书上龙精虎猛、变化无穷的姿态。这是前所未有的，尤其是朱文印，光气刿刿，不可直视，很具创造性，刚健挺俊、流动多姿，毫无唐以来拘谨之态。魏稼孙论他的书法和篆刻时说："书从印入，印从书出。"他重视章法对比，讲求布局，提出了"计白当黑"、"疏处可使走马，密处不使漏风"的独特见地。邓石如刻印，用刀猛利流畅并辅已披刀，作品爽利洒脱，苍劲浑厚，凝重流畅，刚柔相济，方圆并举。以"铁、钩、锁"来论其刻印，是谓要旨。"铁"：指刀法，铁笔就是以刀代笔，要使刀刚健有力；"钩"：指笔法，字要圆润遒劲，爽利流畅；"锁"：指章法，字之间紧凑相连，具整体感，宛若天成。邓石如

侯云松字荫莱
 惠言
 两地青碨

邓石如篆刻

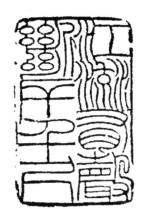 江流有声断岸千尺
 石户之农

篆刻边款展现了他的书法之长,内容颇具文学性。

邓石如的篆刻艺术在明清印坛上举足轻重,后人极为推许,对清代中后叶的印坛有很深的影响。故后世印人称之为"邓派",又称"完派"或者称"新徽派"、"后徽派"。受他影响涌现的名家有吴熙载、吴咨、赵之谦、徐三庚、吴昌硕、黄牧甫。同治年间辑有《完白山人印谱》及《完白山人篆刻偶存》等。

最能传邓派衣钵的是吴熙载。吴熙载(1799~1870年)原名廷,字熙载,避同治帝之讳,50岁后更字让之,亦作攘之,别号让翁、晚学生、晚学居士、方竹丈人、言庵、言甫等,江苏仪征人。

吴熙载出自包世臣之门,是邓石如的徒孙,善画,工篆书,擅篆刻。篆书纯用邓法,挥毫落笔,舒卷自如,虽刚健少逊,而绰约多姿,风格独特。吴熙载一生刻印上万,破前人藩篱而自成面目;印文方中寓圆,刚柔相济,粗细相间,婀娜多姿,气象骏迈,发前人所未发。他作为晚清卓绝的印家之一,对后世印学发展的影响是巨大的。著有《吴让之印谱》、《晋铜鼓斋印存》、《师慎轩印谱》、《吴让之自评印稿》等。

 生气远出

 安雅

 画梅乞米

 砚山

## 徐三庚

徐三庚（1826~1890年），字辛榖，一字袖海，上虞县城外有金罍山，传为汉代魏伯阳修炼之所，旁有丹井，晋太康时浚井获金罍而得名，因号金罍、井罍，又署诜郭、金罍野逸、金罍道士、金罍道人、西庄山民等。以"徐"字切音为"似鱼"，因而名其室曰似鱼。

徐三庚早年背井离乡，在杭州以及周围各县间往来，多次沿途卖艺到苏州，将上海作为驻地，长期保持着与书画界的联系。1872年他从上海搭外轮到香港，折回广州，再回宁波。他的游历，既扩充了眼界，

 子宽

 黄建芜印

 耐寒庐主

 新安西岩

 江澄印信

圆鉴斋

也广交了艺坛朋友。

徐三庚初期模仿元、明，后攻汉印，学习浙派，对丁敬、黄易，特别是陈鸿寿、赵之琛颇有钻研，也学邓石如、吴让之。到40岁左右，参以汉碑篆额及《天发神谶碑》，有了独特的风格。他的创新不易，浙派已徽于前，吴让之又创于后，赵之谦快马加鞭，他要在关联中找到突破。他的突破关键在篆法上，即借文学上的"夸张"手法，徐三庚把篆书的结体，采取紧一紧、疏一疏，突出虚实对比，展现灵动的气势。因此他能以"飘然思不群"，称誉于世，自成一家。另外，他的篆刻对日本也影响巨大。

**高熟时期**

晚清篆刻艺术高度成熟，大家辈出，其中成就最高的当属赵之谦、黄牧甫和吴昌硕。

## 赵之谦

赵之谦（1829～1884年），字益甫、𢡡叔，号冷君、憨寮、子欠、悲庵、悲翁、无闷，浙江绍兴人。赵之谦幼年家道清贫。他天资聪慧，履历读书，除诗文外，喜绘画山水、花卉；书法各体兼修；尤为喜爱篆刻，具有扎实基础。日后他又致力于文字训诂和金石考据之学，学识渐深。20岁那年，他开始了12年的浪游生活，卖画为生，以文会友。31岁中举。35岁到北京谋出路，与胡澍、魏锡曾、沈树镛等人搜集研究金石文字，鉴赏碑帖书画，大大提升了自身艺术修养。1872年（44岁），被朋友

益甫手段

赵之谦印

虚寿花馆

二金蝶堂

赵之谦篆刻

推荐到江西主修《江西通志》。后在鄱阳、奉新、南城三县当知县,前后近12年,卒于南城任所,年56岁,著有《悲盦居士文存》、《悲盦居士文存诗賸》、《国朝汉学师承续记》、《补寰宇访碑录》、《二金蝶堂印谱》等。

赵之谦开创了新的摹汉印道路。明清以来篆刻家的创作都以汉印为归。如何学习汉印,继承传统,浙派的探索颇具创造性,成果显著。他悟出了汉印之妙在于"浑厚"而非"斑驳",钻研"浑厚"和"茂"字,才探索出了有个性面目的汉印。

赵之谦还开拓了印章文字宽阔的前景。他在文字取材上放胆地吸取汉镜、钱币、权诏、汉器铭文、砖瓦,以及难以入印的《天发神谶碑》、《祀三公山碑》等文字入印,扩展了印章文字选用的范围,使篆刻艺术更丰富了金石的内涵。古代钱币、砖瓦等文字都是由劳动人民来写,向来为文人不屑,赵之谦此举有着特殊的意义。

赵之谦还放胆研究了边栏的艺术。印章的边栏是篆刻艺术的一个组成部分。朱文印的边栏形式在常见的残破外,有的似铜印年久变形的弯曲状;有的一边全缺;有的似有似无,都与文字的布局相呼应。甚至边款也用上了边栏隔线,别具特色。这对以后的吴昌硕有很大的影响。

黄牧甫

黄士陵(1849~1908年),字牧甫,亦作穆甫、穆父,晚年别署黟山人、

时审定印　赵之谦同　锡曾会稽　镛仁和魏　川沙沈树　绩谿胡澍

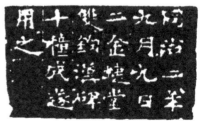

倦叟、倦游巢主，安徽黟县人。幼承家学，八九岁时就喜爱刻印。14岁时，家庭被战火破坏，父母双亡，就到江西南昌学做照相生意并刻印以谋生计，度过了十多年。33岁到广州，被荐举到北京国子监肄业，致力于金石学，得到了名家王懿荣、吴大澂等的指教，并参加重摹原宋本《石鼓文》的工作，大大提高了自身艺术修养。回广州参加广雅书局校书堂工作，协助吴大澂编纂金石书籍。工暇，鬻书卖印，悉心研究篆刻，探索创新，留下了大量印作。55岁归隐黟县。

因为他长期从事古文字工作，基础扎实，经过长期的创作磨炼，不间断的沉心探索，篆刻成就与时偕行。他作品的前期和后期，两种面目，判若两人所作。前期作品多取法邓石如、陈曼生、吴让之，水平已经很高；后期的作品，平易正直，是全新的自己面目。他的印是从光洁中求古朴，他认为"汉印剥蚀，年久使然"，仿汉印要"法而不囿"。他的朱文印采用文字来源广泛，例如彝鼎、权量、泉币、镜铭、古匋、

黄牧甫篆刻

婺原俞旦收集金石书画

美意延年

祇雅楼印

但视其字知其人

家在扬州二十四桥

砖瓦以及周秦汉魏石刻，无所不收。特别值得注意的是，因为很多原因，过去的篆刻家很少创作古玺，直到黄牧甫才开始古玺领域的创作，临摹中不乏个性。他后期的作品独树一帜，后人称为"黟山派"，对广东、香港一带影响很大，著有《心经印谱》、《续说文古籀补》、《黄牧甫印谱》等。

吴昌硕

吴昌硕（1844~1927年），初名剑侯、俊，又名俊卿，字昌硕，又署仓石、苍石，号缶庐、缶翁、老缶、缶道人、苦铁、破荷、大聋、酸寒尉、芜菁亭长等，浙江安吉人。我国近代杰出的金石书画家。

他从浙派入手，后专攻汉印，也曾被邓石如、吴让之、钱松、赵之谦等人的影响。31岁后，移居苏州，在江浙间往复，观看大量金石碑版、玺印、字画，开阔了眼界。后定居上海，广收博采，诗书画印兼修；晚年风格别具，成为一代宗师。他的篆刻艺术成就在中国篆刻艺术史上有着划时代的意义，标志了我国篆刻艺术已进入了诗、书、画、印相融的新时期。早在明代，篆刻理论家周公谨就有远见地提出："文也、诗也、画也，与印一也"的理论。⑱但实践落后于理论，他在创作实践和理论上提出："诗文书画有真意，贵在深造求其通"。这个理论也开创了篆刻艺术的新境界，在中国篆刻史上举足轻重。

吴昌硕曾在为其弟子徐新周《耦花盦印存》序中说："夫刻印本不难，而难于字体之纯一，配置之疏密，朱白之分布，方圆之互异。""纯一"、"疏密"、"分布"、"互异"理论上不难，而一旦运用起来，便会有高低之分，雅俗之别。而如果仅从技法上下功夫，是无力破解的。

吴昌硕在《刻印》诗中透露过他篆刻创作的奥秘，他说："兴来湖海不可遏，冥搜万象游洪濛"，"时作古篆寄遐想，雄浑秀整差弥缝"。这个"冥搜万象"的"遐想"是起着成功的决定作用的。殊知思无界，那些篆刻的"纯一"、"疏密"、"分布"、"互异"之"难"，都只有从"冥搜万象"之中才能获得解决。

"冥搜万象"是一种出于作者主观的东西，不是依赖于别人的。他刻有"爱已之钩"一印，边款上刻着："不爱江汉之珠，而爱已之钩。"

这是《淮南子》上的话,高诱注曰:"江汉虽有美珠,不为已有,故不爱;钩可以得鱼,故爱之。"吴昌硕把篆刻的创作喻为用自己的"钩"去得鱼,不是去慕"江汉之珠"。因此他批判那些"爱江汉之珠"的人:"天下几人学秦汉,但索形似成疲癃",此即他成功的另一枢纽。那么,他是怎样去"得鱼",用的是什么"钩"呢?这就是"诗文书画有真意,贵能深造求其通"了。印学不单是印学,将诗书画等它类艺术成就贯通,便能够融于篆刻的艺术。在高度上,艺术是相通的。

吴昌硕的篆刻是近代中国篆刻的一个新的硕果,当它瓜熟蒂落之时,国内的印坛都为之倾倒,竞相学习,至今不衰。齐白石对他的全面成就曾写诗说:"青藤雪个远凡胎,老缶衰年别有才;我欲九原为走狗,三家门下转轮来。"

泰山残石楼

甓禅

染于苍

破荷亭

海日楼

## 民国时期的篆刻艺术

清晚期篆刻艺术高度发达后,民国初期篆刻紧接其后,在全新的历史阶段有着比较高的立脚点,黄牧甫离世为时不远,已成熟的吴昌硕篆刻独领印坛风骚。创作兴盛,名家多如牛毛,可谓群星灿灿。但无人超越吴昌硕,又可谓囿于困境。直至20世纪20年代,齐白石才开拓了新时代。民国时期为时不长,印坛情况却很复杂。

民国时期的篆刻家约有两种,一种是"遵大路觅新径"。由于民国时期紧接着清代篆刻的高熟时期,大师未远,于是有许多人在研习大师道路的基础上,寻觅新的路径。具体地说,有启发岭南篆刻艺术的"黄牧甫之路";正值高度成熟并启发更为深沉的艺术思想的"吴昌硕之路";根基厚重名家辈出的"浙派之路";勤于授徒勉于教育的"赵时㭎之路";以及一些多师或无师的知识分子参与的创作之路,有李叔同、闻一多、张大千等人。

第二种是"起异军举新旗"。1919年五四运动的一声惊雷撼动了整个文化艺术界。印坛上,一方面是在孕育新"变";另一方面,又认为掘秦搜汉、百径千蹊都已被篆刻探索者们踏遍,"山重水复疑无路",况且吴昌硕正矍然健在,风流未歇?名家代出,平分秋色,在此形势下,齐白石老年变法,竖起独特的旗帜,开创了全新的现代篆刻艺术。

齐白石(1864~1957年),名璜,字白石,号濒生、阿芝、借山吟馆主者、寄萍老人等,湖南湘潭人。他在青少年时曾为木工。27岁开始读书、写字、学画,后来学刻印,长期的刻苦自学,使其成为现代著名书画、篆刻大家。他约37岁开始学篆刻,开始较晚,以浙派的丁敬、黄易的印谱入门;后又转向学赵之谦,又学汉印,奠定了夯实的基础。这一阶段他的篆刻学习还是中规中矩的。1920年,56岁的他前往北平,沉心于"老年变法",十年磨一剑,终于"十载关门始变革",有了令人称奇的创作。他取《祀三公山碑》的沉着痛快,参以秦汉权量、诏版的瘦硬与纵横平直,创造了方体,写意、个性特强的篆书,以篆法作为契机创作篆刻;又配合以《天发神谶碑》来创新刀法,表现纵横奇峰,虚实相间,字画相融,以严密的结构,与破损的边栏相结合,既显露又含蓄,创造了一种全新的面容,一扫几千年来旧有的陈规戒律,开创现代篆刻的新阶段,恰似他诗中的"与世相违我辈能"、"快剑断蛟成死物"。这种气魄与"五四"精神相统一,展示了极强的时代感。

若把吴昌硕的篆刻比作古典诗词,精简、储蓄,情景相融,意境深远,极富内蕴;齐白石的篆刻则可比作白话诗,用词明朗,直抒胸臆,淋漓尽致。吴昌硕着重整理篆刻艺术的精粹,集之大成;而齐白石偏重创新。前者深入,后者浅出。无全面的文学艺术修养的人无法领会吴昌硕篆刻的境界;齐白石则适用于普通青年学者创新形式。但因齐白石的篆刻仅有"方"而无"圆",太过显露,形式上源自汉印,不见古玺精粹,因而风格单一,内涵尚薄。

纵观民国篆刻,由于其起步较高,艺术水平在总体上超过清代篆刻的一般水准。并且由于考古学的发展,以大篆和甲骨文入印的数量渐渐变多。并且许多高层次的新知识分子参与了创作,思潮的变化,致使篆刻艺术理论发展趋向于专业化、学科化,引起了篆刻家一系列"巧拙"之辩等由表象讨论到本质,各抒己见,畅所欲言的艺术议论。民国篆刻开辟了现代篆刻艺术的新境。

湘州寄隐

齐白石

齐白石篆刻

甑屋

三百石印富翁

| 李尹桑篆刻 | 新会黎民 | 海山之玺 | 新会陈坤培 |
| --- | --- | --- | --- |

| 陈师曾篆刻 | 宴池 | 溯画源 |
| --- | --- | --- |
| | 文渊植支 | 夕红楼 |

| 罗叔重篆刻 | 仆本恨人 | 文学世家 |
| --- | --- | --- |

| 赵石篆刻 | 慧业盦 | 竹庐 | 斗间 |
| --- | --- | --- | --- |

| 陈巨来篆刻 | 出山小草 | 下里巴人 | 沈尹默印 |
| --- | --- | --- | --- |

苦篁斋　　　张爰　　　方介堪篆刻

大厂居士孺　古溪主书　无尽藏　易大厂篆刻

弘一　大慈　弘斋　李叔同篆刻

一多之印　吴晗　田省三印　闻一多篆刻

阳刚　　　晋庐　　　宁斧成篆刻

大千无止　千千　　　张大千篆刻

# 汉字图形

## 形式多样、生命旺盛、普罗——多彩之美

具[魁星踢斗]形象的镇宅符

任何文明的原始的文字都产生于象形绘画，绘画是早于文字的。文字产生后与绘画分野，但作为留存到现在的象形文字汉字，图形与文字互相表现的关系始终延续到现在，它们的关系比任何艺术形式都要来得久远。

汉字是中国通用的文字，为将近四分之一的人类所使用，它更具有独特的民族文化特征。在五千多年的演进历程中，汉字字形不断变化，具有很强的象形因素，在漫长的历史发展中逐渐形成以形表意，以意传情的字体构成，形与意相互结合。随着人们的文化观念、视觉心理、应用及审美的需求而不断发展，在象形的基础上，发展成为具有高度符号化、图像化的方块字，可以说，早期文字的审美要求就是图像化的，这些都是汉字图形的存在基础。

汉字图形的概念包含了中国传统重图画的意匠文字与近代引入图形概念的美术字，是它们内涵的现代拓展。汉字图形利用汉字的基本笔画通过添加、组合、变形、取舍等多种装饰手法进行组合构成，它既强调汉字的装饰美感和象征寓意，又合乎汉字的间架结构组合和基本形态，是汉字

视觉表现中的一种重要形式。以汉字为装饰对象的图形艺术具有独特的艺术价值和魅力，它似书法但又区别于书法单纯的形式美感和欣赏价值，似绘画却又遵循汉字的基本构成形态，它既可独立，也可附加于汉字形态之上，在合乎汉字的间架结构和基本形态的同时，又不局限于汉字的可读性和识别性。它是中国装饰艺术和书法艺术演变组成，其内涵丰富、形式多样、手法多变，是中国除了书法篆刻之外最具有独特艺术价值的文字艺术之一。

**形式多变**

从汉字图形的装饰来看，由于受造型艺术特别是装饰艺术的影响，以及传统民间文化观念、审美观念、吉祥观念等其他多种因素的影响，所以，汉字图形的形式不仅仅在文字本身的形态，而是大量结合了相关的文化形式，尤其是造型艺术的内容和手法。汉字图形根据所装饰的器物、建筑构件、民俗用品呈现出了及其多变的形象。

汉字图形仅在先秦就已适合应用于古钱币、铜镜、印玺、牌匾、印章等多种装饰。随着物质文化的丰富，乃至于发展到后期的民间剪纸、年画、皮影、春联、器具、刺绣、家具、招幌、版刻、民居的砖木石雕，甚至地面砖石镶嵌、溶糖浇画、撒米等多种形式的民间艺术品和姿态万千的生活方式之中。汉字图形的形式因为材质、工艺、技术等的不同具有各自不同的特点，难以归类。

汉字图形的信息又具有传达和解读的优势，以汉字出现或汉字与特定的符号结合时通常有着更多的寓意，这又大大丰富了其形式。对汉字进行符号排列的

「百福团圆」

有暗八仙、八吉祥、吉祥如意、龙凤呈祥、盘长结、文房四宝以及福字、禄字、寿字、禧字、春字、财字、忍为高、精气神、回纹、万字、钱纹、龟背纹、曲水纹、山石、海水、祥云、如意；文字组合的如招财进宝、黄金万两、唯吾知足、日日有见财、福禄寿喜、喜气满堂等。汉字图形还多与文化故事结合，以祥禽瑞兽、花卉果木、人物神祇以及传说故事等为主题，呈现出丰富多彩的故事性，如老来难、老来福、魁星踢斗、南无阿弥陀佛、葫芦消寒图、不吃牛、孝行图等等。

当面对一些较纯粹的文字符号时，汉字图形又转以注重其形式结构的装饰性，增添文字符号的形式美感。随着一些历史上流传下来的约定俗成的符号被赋予了特殊的意义，经过装饰变形的一些文字变体，虽本身不是文字，却在改造之中被纳入了现有文字形式之中。汉字图形的整体信息主要是由汉字和图形两种符号表达出来的，这两种相互融合、互为补充的符号，使汉字图形具有丰富多彩的汉字意义和图形意义的双重视觉表意特征。

## 生命旺盛

汉字的最初形态是人类记录事物的记号或图案，华夏先民经历了结绳时代、刻锲时代、画卦时代、作图时代，过渡到甲骨、金文时期逐步简化、规范而形成象形符号，经进一步发展才成为现代的汉字。从象形开始汉字的造型特征有龙书、穗书、鸟迹篆、蝌蚪文、龟书、花鸟字等，这些早期的象形文字中绘画、文字互相交织，汉字图形可以说与文字的生命历史一样长久。

文字与图形交融的印迹，可说在人类文明的发展中时刻保持着。汉字图形参与了古老的象形文字的一并生长，随着文字装饰的瓦当、图画表达的吉语图像转移到了各载体上，又在多种装饰情形中保持了其文字性，汉字图形深深地融入了中国社会的留影中。在近代美术字的领域中，它又很好地吸收了西方抽象化的艺术理论，与时俱进地融入了图形特点，以新鲜的形式与文字结合，顺利地完成了在新时代的转身，迸发出了汉字图形在近代的高峰。可以说，汉字图形总能在相应的时代中融入自身的内涵，与时代同变，不仅丰富了时代的期许，还丰富了各个时代的视觉形式。汉字图形因此具有极端旺盛的生命力。

汉字图形设计总是能合理地利用汉字的造型结构，结合了汉字的表意特征，表现出了自己形神兼备、构思巧妙的一面。它在发展的过程中，始终保持着一部分文字性，没有完全走入装饰化的范畴，文字性保证了其寓意的文化信息，保证了它和悠远历史的关系，而图像化相比文字更有情感，更具有感染力。因而，不论是何种形式的创作或设计，汉字图形始终能够既与本民族的文化艺术结合，更因为图像的超语言性，在普遍识字率不高的古代始终能与人的情感心灵产生共鸣。在从形成后逐步符号化与规范化的文字进程中，走出了一条不断发展多样性的道路。

汉字图形在现代字体设计中依然生命旺盛，近代兴起的美术字即是绝好范例。从古代的意匠文字转变到近代的美术字的过程中并没有经历太大的阻力和难点，结合当时的社会情况来说，甚至是民众喜闻乐见，时尚而受欢迎的。西方现代主义的图形理论归根结底，仍是图，保持汉字不变，那便有吸收结合的地方。从中我们可以看见汉字图形强盛的生命力。中国汉字图形种类繁多，内涵丰富、文化底蕴雄厚，即使放眼世界，它也是世界文明艺术宝库中的巨大财富。

## 超越阶级的普罗性

汉字具有巨大的生命力和感染力，其结构具有强烈的视觉图形韵味，不仅可以"读"，而且可以"看"。汉字图形更具有强烈的印象和明确的视觉理解性，因而不受地域和文化背景的限制。用图形化的视觉语言对汉字进行创意设计，可以使汉字的"形"与"意"紧密地结合在一起，让汉字具有图形语言与文字语言的双重功能，从而最大限度地发挥汉字在信息传达方面的魅力。在中国古代封建社会，无论是上至帝王将相，还是下至贩夫走卒，他们几乎都热衷于文字装饰。范围广，包容性强，才造成了汉字图形领域多姿多彩的局面。对汉字装饰美化的心理可以说是绝大多数中国人的追求。

古代的汉字图形以意匠文字为主，有属于贵胄堂皇范畴的麟龙凤，有属于文人清玩的文字游戏，也有属于民间风情的"喜上眉梢"。对意匠文字来说，载体材料无贵贱之别，审美情趣雅俗共赏，每个阶级对汉字装饰美化的需求都是平等而和谐的。有出于祥瑞的目的，如《五十六种书》一记载的龙书、凤书、麟书等；有出于艺术情趣的目的，如将汉字与色彩与龙凤等形象加以组合的花鸟字、文人清玩的漩矶图、案头竹刻等；也有出于吉祥的理念，如老人的百寿衣、倒贴的福字；也有出于文化品位的目的，如文化景观的匾额、楹联、刻石等。意匠文字摆在文人家里、穿在贵胄身上、用在人民手里，乃至佛道人士，广大阶层对此都是喜之不厌、乐之不疲。扩而广之，到了无所不包的程度。

在百姓生活里，求吉心理是所有大众艺术的相同主题。吉祥故事、本

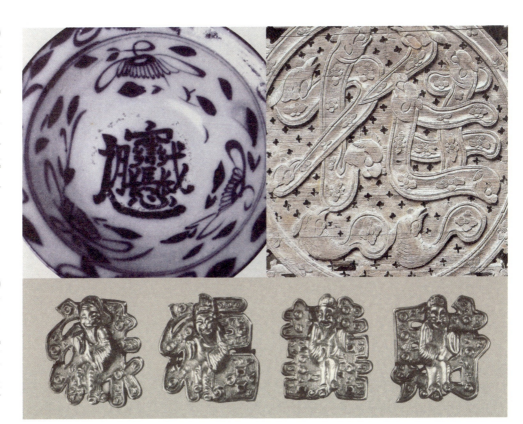

（一）陕西民间青花瓷字谜碗

（二）木雕花窗「渔樵耕读」之「樵」

（三）银制帽饰「财喜福禄」

身含有吉祥寓意的文字与构字法则三者的重新组合，形成了民间以求吉为主题的意匠文字。意匠文字在民间的应用十分广泛，在如喜寿帐、寿衣、儿童鞋帽、鞋垫、枕顶、香囊、门帘中颇为多见，其内容与子嗣繁衍、升官发财、男女爱情、读书识礼、鱼樵耕读等紧密相连。历史上意匠文字在民间织绣中的运用也十分久远。留存于世的东汉"万事如意锦"色调厚重，锦面织有卷云纹和"万事如意"四字图案，同时期的作品还有"阳"字锦、"孙"字锦等。唐宋织物装饰也多用一些吉祥文字图案。发展到明清，衣饰鞋帽、中堂画与对联中的意匠文字在题材和技艺上都有了新的突破。

这类意匠文字又可以转而流行于宫廷士大夫阶层，在帐幔装饰，节日、庆典、婚俗等服饰用品的装饰刺绣中十分常见，其内容也是典型地运用吉语图案、花卉、故事、祥物组成。这些汉字绣品造型规律、构成样式、色彩调配，都与民间的求吉心理保持着继承关系。意匠文字以其语义信息增加了喜庆的氛围和令人欢快愉悦的感受。

在文人的审美情趣中，意匠文字也是他们乐此不疲的主题。中国古代文人是一群热衷创造文化的人，汉字设计如诗文书画一样，是文人寄寓高妙情思的一种方式。古代的文人雅士喜欢聚集一起谈诗做赋，讲究字句的对仗与押韵，还乐得将趣味性融合进诗句，集娱乐性和观赏性于一身，通过文字表现个人的价值观、生活理想与价值取向，通过图形体现个人独有的审美情趣。文人们在设计、装饰、美化的过程中，体现了智慧的灵性，倾注了他们的思想和情趣。其中十分有名的有：

文人的花押签名：花押也作画押、押记、花书、五朵云、花字，是类似签名的一种签署样式，通过连笔速写、交叠相错等手法将名中一到二字一气呵成，酌情加入一些符号，因此，形态万千，具有独特的趣味性和艺术观赏性。据说，早先的花押是更加草化的草书，但由于其不如文字易读和易识别只作为一种私人化的象征。但不论如何，这种私人化的符号已成为文人信手拈来的具有装饰美感的花样文字，并且已渐渐从实用功能转向审美功能。

神智体："长亭短景无人画"一诗广为流传被视为典型的文人戏作，文人运用汉字长短、大小、曲直的变化巧妙构思出一首耐人寻味的诗。

清代 屈大均 《广东新语》「肇鉴图」

这篇谜象诗相传为苏东坡所作,用以"以意境作画写字,悟人悟己。"这就是著名的"神智体"。

漩矶图:"璇玑图"与"神智体"可谓异曲同工。璇玑图为前秦女子之作,其妙在多端变化,别有洞天,无论反读、横读、斜读、退一字读、叠一字读、交互读,"璇玑图"皆成诗章。璇玑图读法被历代探新,诗数亦持续添加,相传一诗可作千首诗,是中国历史上的一桩美谈。

甚至在佛道人士之中,文字能够被誉为有一种超凡入圣的能力。汉字结体、笔意等艺术特征常常受到"意向表现"、"形神兼备"特征的影响。大凡宗教,只要涉及这一类的文字,大意基本上都是如此。虽然我们不太相信这些被誉为拥有神力的文字,却曾经得到信徒们的无比崇敬,正因为如此,这些文字上才凝聚了无比的虔诚和灵性,在我们看来,才如此不同寻常。佛道人士所作的拥有灵性的文字,仿佛能够在深邃的文化空间和历史背景中来回传递着许许多多内心的呼唤。而佛道人士所作的意匠文字,更表现了他们的虔诚之心。

到了美术字时代,其更是民国工商业发展的重要组成部分。美术字作为民国时代的商标、标语、广告、封面而存在,商品经济依靠着它的广告作用,它也伴随着商业发展进入了各个阶层,千家万户,广为风靡。它包含了新的印刷技术、美学理论、商业模式、工商发展,美术字甚至成为中国近现代的代表物。

《肇鉴图》是以字铭为鉴的意思。是唐代已降流传的,可做回环旋读的字铭。图中共一百九十二字,八枝上的文字可做回环旋读,左旋读自「篇」字起,至「词」字止,右旋自「词」字起,至「篇」字止,皆四字一句。

八大山人之花押

亨也利者義之和也貞者事之幹也君子體仁足
人嘉會足以合禮利物足以和義貞固足以幹事
行此四德者故曰乾元亨利貞一陰一陽之謂道繼之者善也則乾爲道
行貞爲善成其善者德也以德趨時而不同一者事也故文之
德有順其所生之序者有因於物者有因於性者有合於
者元者善之長也此所生之序也長幼者天倫也元爲長
繪惡之亞於善也周以宗伯長三官則亨之相繼而通利
止貞之在東北而爲少男亦善之仲叔季也亨者嘉之會
於物也嘉者美之至也而會者集衆嘉之辭也天地之大
善是也以可欲故也天地有大美而不言則嘉是也以萬
離其充實之至故也亨爲會嘉元者嘉之出利者嘉之成
物之入也利者義之和也此則因於性也元亨利貞者天也
者人也人而不足於天則其爲義也有我而已利則有剛
柔以調之雖以肅殺爲功而以收斂成實爲利利爲義之
仁之出也貞者禮之節也貞者智之正也若夫合其所同

乾巨章章下化所謂証也乎彼乃能復遇此方其未至則以反彼三言乃及其已至也則之自三以至于也則反之已至也復遇之未至也則終于九三則反之已矣至則不足以為其所故其終也以道者也若及以伊周公復而道者也若反而道理无道也非至反而道者也若反而伊周公復而道者也若理无道故所得為德所行為道道有變德所能知至之所知也至之於之者若子之所能有常知終有道故所得為德所行為道道有變德有常知所知也至之於之者若子之行道有或躍或能有所疑而欲速則答笑或咸進无答也疑故進无答无所疑而欲速則答矣飛造進无答也九四以或躍能有所亢龍有悔盈不可以也或躍造也而其類至亢者大人造也而已矣故賢人在下位而无辅賢者盈不可而有悔不可以人矣而居之以其故大人以其類至亢者者盈不可以敢食之庸命中亦以卷下勤而咨需也物不及中則虛虛則益過過物不及中則虛虛則益過過不可為道首也行止莫不首之者道也且道制變以始萬物首中而不可高者德也故

# 印刷文字

## 实用性 专业精神 气质美 ——实效之美

谈起印刷文字，自然与印刷术离不开关系。印刷术的出现，是汉字发展的一个转折点，在此之前，汉字传达的主流形式仍是手书，手中的笔是主流工具；而印刷术出现后，汉字信息传达的形式逐步转变为印刷所用的印版，运用工具的复制是占据了主流。印刷术被马克思喻为"人类文明的杠杆"，它为文化传播的大众化发展提供了可能和基础。随着印刷术的成熟发展和普及，各类印刷字体也开始产生了。

雕版印刷术、活字印刷术、信息化时代的激光照排汉字印刷技术，楷体字、宋体字、仿宋体、黑体字，印刷文字的造型与技术的革新、信息的传播速率呈现紧密的联系，印刷文字与物质技术的进步紧密相关。印刷字体是实用而开放的，当一款字体出现后，所有人都可以根据自己的需求选用，用后并没有任何差异，同一款字体呈现给所有人看也都是一样的，这便是它的特性，与书法和汉字图形不同之处。

## 实用性

印刷字体是对文字按照一定的视觉规律加以整体精心安排的产物。它不同于看重性情艺术表达的书法，实用性是它最重要的一大特点。

自汉字印刷体的出现，便标志着汉字的两种分流：以精神表达为主的艺术表现形式，和以信息传达为主的功能表现形式。例如，对于书法，一个字也可以成立，单字的书法作品；但对于印刷体，单个字是没有意义的。印刷字需要重复制作，只有排版排起来，才是印刷字的意义所在。印刷文字根本上被用于排版、印刷的信息传达文字，最终的目的是为人所阅读，印刷文字更强调传达中的实用性。

"字体"者，重于体，所谓体者，态势也。造字须防其旁逸斜出，如修花裁木，实用为先，于工处见匠心独运，令其整饬以成典范。规范自然是不可少的，因为在使用过程中，每一个印刷字都有可能被拿来直排或是横排，或是跟任何一个字排列在一起，这务必要求规范性。字体还必须有良好的可辨性，每一个字都必须能让人清晰辨识、正确阅读。因为其要求可辨性，再者，字体需要保证它可以程式化处理。印刷文字不会如书法艺术般随意更改，字成时就必须保证其准确性，成为标杆，因为一套字一旦成立后会经过千万次同样的使用，异体字、错别字是不可接受的。

文字是传达信息最重要的手段，不论从字形的易记、字形的可辨识度、字与字之间的辨别度、书写的笔顺是否顺畅、字形的平衡与美感、字形是否符合快速书写的要求、阅读的舒适度等等都是印刷文字改进的理由。印刷文字将使信息的传达更加简便、快速，使阅读更为轻松。因为在实际中，如何"用"是取决于购买了字体的任何使用者，如何让不同汉字结构的字排在一起都非常顺眼，字体设计师便需要考虑字体可以达到最大的可用性、实用性。

同时，我们可以看到在汉字历史演进的过程中，汉字为了达到实用性而做出的发展痕迹，针对其实用性的改造过程也是汉字历史中重大的一部分。

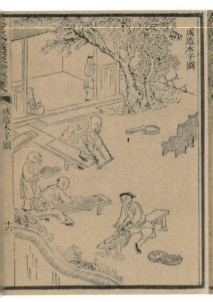

## 专业精神

印刷文字最初的形成是由刻字工匠一个一个雕刻在木版上的，如上文诉，印刷文字务求阅读的准确性与规范性的。这种可读性的再深入要求，就要考虑到阅读时长或阅读时效，就必须细究一套字中的每个字的字面大小、直排重心、横排重心等三者要一致而平衡。当笔画粗细、笔画造型都要搭配和谐，这些因素齐备，才算是一套优良的印刷字体。早期的雕版印刷要求工匠更加精细严谨。在雕版印刷时代，印刷文字是以一整版的雕刻出现的，在雕刻的过程当中如果出现了差错，那么也就意味着这一整块雕版都必须废弃，这无疑要求刻工必须秉持的精益求精的心态来操作。久而久之，印刷文字乃至雕版刻本都共同熏染了一股精益求精的专业精神。在历代的古籍善本市场上，宋刻本就是顶级的一个例子。

在古籍善本市场上，宋刻本无疑是价格上的榜首。在宋版中，每一块版木上都署有工匠的名字，因此一块版木就是一件被刻工打上名誉质量标记的工艺品。宋版书装帧精美，版式设计简洁、美观、大方，早在明朝，宋刻本已有"寸纸寸金"之说，自明代以后，宋刻本更受到学者、藏书家的特别重视。

宋刻本即是指宋代出版、印刷的书，内容包括经史子集各类。宋代成熟的雕版印刷技术已臻成熟，刻印、书写都十分精美，为后代所推崇。明人高濂曾评论宋版书之善说："宋人之书，纸坚刻软，字画如写。格用单边,间多讳字。用墨稀薄,虽着水湿,燥无湮迹。开卷一种书香,自生异味。"寥寥数笔,已将宋版书之美精妙勾画。宋版之美在于其很高的文献价值、文物价值和艺术价值,更因其用材考究、字体俊美、行格疏朗、做工精细、谬误极少而倍显珍贵。

玉不琢,不成器,我国本拥有良好的工匠传统。宋刻本的推崇源于其精美的版式、工艺技术与字体设计,这一切都是出自宋代刻字工匠的双手,出自他们对自己产品精雕细琢、精益求精、追求完美的精神理念。他们对印刷细节高度要求,保持着严谨、耐心、专注,对自己专业抱有极高的自尊,对刻字一丝不苟,对交付的作品有着同自己名誉一样的谨慎要求。专业精神不是简单的工业组织制度与操作流程能造就的,它的传承依靠言传身教,无法通过程序指引,胜过金钱奖励,它是一种对自己事业的自我要求和自尊。印刷字设计需要专业精神,它虽只是排版用的文字,但所有的文字内容,乃至推动世界的思想都需要用它来表达出来。印刷字本身是一个工具,依靠这个工具可以表达人类所有珍贵的思想。

在现代社会中,我们应该保有这种自我肯定的专业精神,其利虽微,却长久造福于世。印刷文字在宋版书的书页中展现了众多古代匠人共同打造的一个个蕴含匠意的文字世界。

## 气质美

当我们拿到一款产品的包装或者登入了一个网站的时候,是否会有意或者无意地留意到属于这个产品的特定的字体设计或者使用,从而影响到你对这个产品最直观的感受。精致、优雅、科幻、古典或者是觉得粗糙难看呢?如果我们将苹果网站上的字体换掉以后,一定会或多或少地察觉到了不一样的地方。不同的字体呈现不同的气质,当字体的气质与产品的气质相合时,这份气质会更加突出,而如果随意换掉的话则会显得错位与不切实际,这就是字体设计的气质美。

林昆范的《汉字印刷字体的形成》中说:"若是回归到阅读的本质进行思考,文字媒体不只是传达或纪录事物的原始记号,更应该成为传达书籍或是文章的气质与品味的视觉媒介。"印刷文字虽然作为一种工具,除了要求笔画清晰、工艺精美之外,字体更是组成印刷品平面视觉的主要因素，体现着印刷品的时代风貌，反映着印刷品艺术风格。这在古代除了需要凭靠工匠的严谨之外，更要靠其匠心后的美意，而在现代，我们依靠设计师。

印刷文字的美呈现在匠心独运的品位上，这一点它很像产品设计。与神韵充沛的明式家具一样，它们起初都是一种实用品，而后才成为一种实用艺术。它们虽不能像书法般直接地挥洒着性情，却独有一种实用品含蓄的气质之美。明式家具造型优美、用材考究、气韵生动，印刷文字的字体也是一样，不主动表达却于处处呈现出美的要求，隐秘地传达出气质与品位，如一杯好茶，入口味淡，再三品尝却经用动人，回味无穷。

字体的这份气质之美，也源自汉字本身。字体与书法有一相合，乃是在汉字的结构上，由几千年书法打磨而成的汉字结体之法精益求精，在印刷文字自然而然产生的时候，拥有极好的大美之源。字体的线条虽然重规范性，有时候如果一个笔画是这样写，那其他字的相同笔画都要统一，设计师需要考虑其整体呈现的效果，但如果不同字的同一个笔画也可以有所不同，将会表现出更细腻的韵味，这将会在设计者更加精细的把握中打造出。

作为传播工具，印刷字体本质是满足人们的需求而很少被观者所关注，好的工具在表达了功能性，不管是简约还是华丽的字形，在使用的情境下还会让你忘却它刻意设计的存在，认为本就应该如此，真正恰到好处又无可替代。印刷字体极简化的形体中隐藏着高超的美。在这一点上，印刷文字值得我们去重新认识，去发现它在技术与艺术的平衡中实现的设计之美，去感受它形体后蕴含的气质。

天地玄黄宇宙洪荒日月盈昃辰宿列张寒来暑往秋收冬藏闰余成岁律吕调阳云腾致雨露结为霜金生丽水玉出昆冈剑号巨阙珠称夜光果珍李柰菜重芥姜海咸河淡鳞潜羽翔龙师火帝鸟官人皇始制文字乃服衣裳推位让国有虞陶唐吊民伐罪周发殷汤坐朝问道垂拱平章爱育黎首臣伏戎羌遐迩一体率宾归王鸣凤在竹白驹食场化被草木赖及万方盖此身发四大五常恭惟鞠养岂敢毁伤女慕贞洁男效才良知过必改得能莫忘罔谈彼短靡恃

## 意匠文字

卷四

汉字图形演进史

└┘100年　　　　　　　　　　　　　　　　商└─┴─┘　　　周└─┴─┘

装饰化文字 　　　　意匠文字

汉  魏晋  唐  宋  元 明  清  民国 今

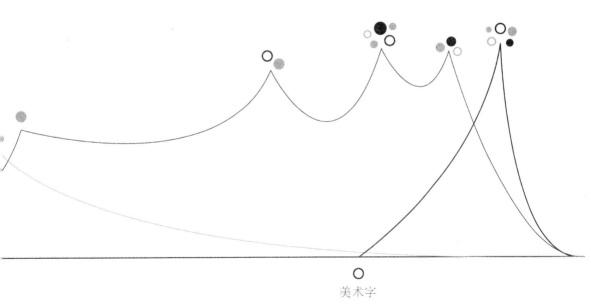

美术字

# 意匠文字的发展由来

意匠文字，广义地讲，它就是文字与图像结合的一种艺术形式。它大量出现在我国传统的各种类型的文物和艺术品之中，其中既有属于国之鸿宝的青铜器，也有建筑堂宇的砖瓦，既有下里巴人的花字、剪纸，也有文人雅士的花押签名、玺印图章等。无论是载体材料的贵贱有别，还是审美情趣的雅俗之分，都有它存在的身影。

## 意匠文字的发展由来

汉字的发展在整个历史长河中是一种动态的呈现，是基于政治的反复变革和文化的日益丰硕的不断演变。纵观汉字发展史，意匠文字直接承接于古老的文字起源时期，而后兴盛的阶段可分为古文字和今文字两个时期。

文字的发源是原始人创造的记事绘图。它是原始人用象形的方式进行信息交流的媒介物，是表现和记录某种事物、事实、事件或活动的图画或图画符号。最初的记事绘图便是由于原始人们在岩洞中进行宗教活动时，为了记录活动和所发生的事件，用以绘画的方式进行了最原始的记录。在之后，这种绘图记事的方式随着人类历史的发展，在实际生活中进一步发掘、拓展，并渐渐演变成一种图形符号。它在发展中也是由简单到复杂，以单体、复合、系列三种形式逐渐壮大成熟。

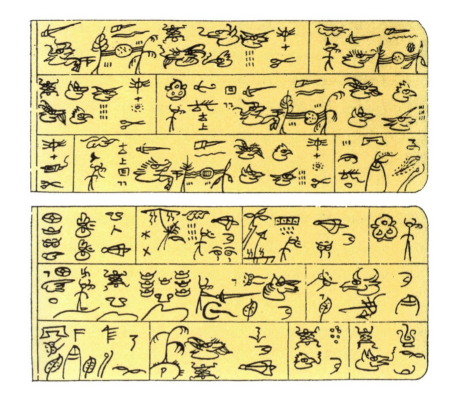

云南纳西族 东巴文 《大祭风》

崇忍利恩一代，兄妹结成了夫妻，污秽了天地，神警告他们水火洪荒将至，经阿普指点他们成了猪皮囊，三天后高山崩裂倒塌，深谷塞满泥石……

单体型是只画一个最具代表的形象用以记录整个事件的记事绘图形式，是最初的象形状态；复合型是以组合形式记录整个事件过程的记事绘图形式图形之间逐渐增强联系性。系列性是以组画的形式带有故事连续性的记事绘图形式，记录了原始史诗的篇章。

记事绘图并非是一般意义的图画，它有很强的象形性，是一种有代表含义的图形符号，呈现了文字的雏形。原始先民在逐渐增加描摹事物的能力，探索抽象符号的智力增长中产生。虽然他并不像文字，能明确记录语言，但从绘图形式的表达及具备传达信息的特点来看，它可以说是文字的前身。

古文字时期主要是指从我国有历史可依的朝代至隶书的出现之前的时期，于形体上有诸多别类，囊括了殷商甲骨文、西周金文、战国文字以及秦代小篆。古文字时期，字画初分，文字尚未完全脱离象形的造字时期，还未达成后世的极度抽象成熟。这时候的文字结体繁多复杂，造型多变，字形有较重的象形意味，异体字也很多，在这样的背景下，便留下了许多驳杂保留了图像性的意匠文字。它更侧重于是一种用于实用的、可阅读的装饰化文字。

今文字时期指的是秦汉以来,以隶书的出现为分水岭往后的历史时期,即是隶书、草书、行书、楷书等书体被广为使用的时期。这一时期的实用文字演化愈为成熟规整,愈趋抽象,而绘画领域也已发展出工笔、写意等多种形态。与最初的字图混同已大为不同,字图相形渐远。正因为如此,在这样一个字图大相径庭的时代,再次字与图画结合为意匠文字时,便更碰撞出极为丰富的形式和有意趣的内涵。今文字时期的意匠文字伴随着宋代、明清时期工商业的成熟而兴盛,其受众也广泛转向了逐渐崛起的市民阶层,寄托了他们生活化、吉祥化的追求。这时候的意匠文字注重的是非实用,图画的欣赏,其图像性强烈的文字艺术形式。

意匠文字翻空出奇,以其独到的图像性特征示人,以汉字基础结构可塑性为基础,结合实际应用中的客观需求进行了装饰性方面的丰富创作。并随着中国政治经济的发展,艺术上以形写意,以意表情的特点,通过增饰、工艺、材质等各种手段,在文字的实用性之外,产生了极多富有情趣的审美特质和装饰效果。像鸟虫篆、竹叶诗、蝌蚪文、花鸟字、板书等既有传世书体,亦有民间艺人的巧妙创造;民间剪纸、木刻版画、皮影、独招晃丹牌匾、家具、器物、砖木石雕等可谓日常生活面面俱到;龙凤麒麟、鸟鱼龟鹤、梅兰竹菊、仙桃仙山又一起构成了吉祥主题的广阔神话、历史、戏剧故事;招财进宝、黄金万两、唯吾知足、福禄寿喜等填满了人们吉祥道喜的愿望。在演变中,初期有各自寓意题材的意匠文字逐步趋向相同的祥瑞吉祥涵义,有些甚至趋向单纯以审美功能为主的装饰艺术品。同日常应用中传播的实用文字和表达主观情愫的书法艺术文字相比较,无论是在功能方面,还是在工艺过程、审美意识方面均存在着差异和各自的精到之处。意匠文字都是汉字历史长河中不可替代的瑰宝。

在汉字的装饰艺术之路上,意匠文字表现形式之广、造型之丰富、主题之驳杂,可说无出其右。无论是古文字时期物象的符号还是今文字时期高度符号化的方块;无论是作为记事绘图的工具还是寄托美好寓意的吉祥图形;无论是承载着信息文化

这幅《竹叶诗》内偃仰交错的竹林中,蕴藏着一首五言诗《关帝诗竹》:「不谢东君意,丹青独立名。莫嫌孤叶淡,终久不凋零。」

汉 重庆奉节白帝城 竹叶诗

的媒介还是给予抒情达意的情感艺术，装饰始终依附着汉字，给予汉字生生不息的生命力。可以说，中国文字的历史有多悠久，意匠文字的历史同样有多悠久。

### 意匠文字—美术字—"汉字图形"艺术

近代的美术字与意匠文字有着近似的内涵共通之处，同样是字与图，意匠文字表现的是字与绘图的结合，它历史悠久，注重故事情节、祈福求吉，倾向于抒情写意，是与中国文字起源一脉相承的文化艺术；而美术字发端于现代，主要受到了西方现代艺术"图形"的概念影响，是西风东渐下的近代新创造，它注重图案化、装饰化、符号化，并因其常作用于宣传传播，更有整齐、醒目且易认的特点。归根结底，二者都是基于文字与图像结合的对生活与审美诉求的发思创造。到了现代，我们可以尝试结合古代的意匠文字和近现代的美术字的概念，扩展两者的现代内涵，把这种包含了文字、绘图、图形的艺术形式统称为"汉字图形"艺术。

"汉字图形"艺术概念包括了新时代中全新的技术、艺术观念、文化氛围的新概念，它标志着意匠文字重新注入的活力，美术字创造的源泉，更符合当代生活的新创造。从古老的文字画到带有现代艺术风格的美术字，字与画、字与图的关系将走入新的阶段。

# 意匠文字生活情怀的转变
## ——从鸟虫字到花鸟字

### 源远流长的鸟虫书

早在先秦以前，一种充斥着象形意味、繁复之美、神秘瑰丽的文字形式便已广泛使用，这便是鸟虫字。那个时候，文字渐趋复杂，青铜工艺成熟，铜器上的铭文的装饰性也逐渐展现，取自然之元素，有的以鸟饰、以虫饰、以鱼饰，绚丽璀璨，鸟虫书可以被称作我国文饰之先河。

鸟虫书最早见于青铜器上的铭文。从现有出土的青铜器铭文来看，鸟虫书主要流行于自然森林资源丰富的地区，例如古代中部、东南部，可以想见，其中的原始文明多有以鸟为图腾的，事实上鸟崇拜在世界各地都存在，例如欧洲的凤凰传说等，而中国的这些地方就成为鸟虫

亥既望分召纯釐擇
乃吉金自欣和其安
以樂鼓之夙暮不貪
焉余子孫萬葉無疆
用之勿相

商 钟铭文

书的发源地。鸟虫书是何时产生的实在难以确切论断，并且也要分为"鸟"和"虫"一分为二地看。或许其实很简单，伴随着鸟崇拜，以及鸟图腾的线条化，有鸟元素的书体随着文字从图画演进线条的过程，始终没有丢失过，又何来溯源呢。而虫体的回环盘绕，天然地具有线性图画文字的某种特质，在"篆隶楷行草"五种书体之首创的篆书，还有用其入印的篆刻中可以看到，这样一种先祖的书体与虫体的线性盘桓十足得相似。我们可以想见，这种特质神秘、具有装饰美、也具有某种心理暗示般"文字感"的虫书，同样与文字的产生和形态关系密切。

鸟虫书也运用于玺印。现存的战国鸟虫书古玺虽然相对较少，且装饰手法较单一，不如后世的汉代鸟虫书印装饰效果丰富，但显然经过了深思熟虑，其构型手法充分考虑到了玺印的特点，为后世的鸟虫篆玺印确立了典范。如秦始皇印玺，"受命于天既寿永昌"，玺上的文字皆为鸟虫书，传承着春秋时期鸟虫书整体字形修长，华丽秀美，并且字中饰以鸟形的特点。同时，又有一秦时期"王莫书"印，是一枚鸟虫书的私印，而"王莫书"三字文又有呈现出一个特征，即字形与鸟形同构，弯曲盘绕，而相较于秦王印玺，整体字形笔画略粗，少了秀丽而多了质朴浑厚，渐趋于汉代的艺术风格。到了汉代，这一古代玺印的巅峰期，也是古代鸟虫篆印章的辉煌期。其发展完善的程度到了兼备具象化和抽象化的表现模式。具象化是具有明显装饰动物图案且无损于原字的结构、笔意、向背，抽象化是线条流畅精炼、盘曲流动填满整个印面。

汉代时鸟虫书开始大量出现在了瓦当、砖壁上。我国古代瓦当具有装饰性和实用性相结合的功

能，汉代文字瓦当就是其中的一个缩影。鸟虫书的瓦当，排列组织匀称和谐，布局讲究。如西汉景帝时期的"千秋万岁"，当面中心为一展翅之鸟，围之以"千秋万岁"四字，尤其以"千秋"两字加饰以鸟形，"千"字更是形态舒展，独具匠心，"万岁"两字虽未出现明显鸟形点缀，但笔画弯曲的特征是以与"千秋"二字相呼应。鸟虫书凭借其独特的字形美感继续发展和广泛应用着。

汉 瓦当「千秋万岁」

## 走向民间的花鸟字

艺人们广泛在铜器、陶器、石刻、玉器、泉刀、瓦当、砖壁、木制品、建筑物等装饰时，字的笔画图案互相借鉴，丰富了鸟虫书的同时也出现了新的变化。文字笔画逐渐被花鸟鱼虫及山水等图案代替，书写工具逐渐变为竹、木、毛等为原料的刷形扁笔。这种书写工具其实早已创制，如泉山板笔，早在春秋战国便已发明。当时泉山一带工匠们，因创造独特鸟虫书体的需要，受漆工板刷的启迪，改良原有的笔画工具，发明出顺应书写的泉山板笔。书写工具的变化意味着笔画线条开始有了明暗化特点，线条也因此丰富起来，增加了字的维度，有了点、线、面的节奏感和层次感。东汉后期，部分名为"鸟虫书"的文字发生了质的变化，"花鸟字"的名称应运而生。

花鸟字初步的发展是一种叫飞白书的书体。魏晋南北朝时期纸张已然发明，行书兴起，绘画艺术也有所发展，相传汉灵帝诏蔡邕作《圣皇篇》来歌颂先帝，后者受一役人扫地扫出的线条的启发，自行研究竹帚扫出之痕迹，结合用笔之势，创造出"飞白书"。这种书法，笔画之中丝丝露白，如同缺少墨水的枯笔写成的模样，别有一番风韵。唐代武则天时期的"升仙太子之碑"亦是典型代表，碑额"升仙太子之碑"六字，巧隐十个鸟形笔划，尤其在"升"字和"仙"字中鸟形最为明显，"升"字中是多笔添饰鸟形，"仙"字更是融鸟形于偏旁部首的笔画之中，鸟代之以笔画，书写中欲竖先横，有抑扬顿挫之势。而这种新形式即是"飞白板书"或者称为"飞帛板书"。

流传至今，花鸟字有多种名字，有"龙凤花鸟字"、"民间板书"、"藏字画"等，流行至今的民间花鸟字是飞帛板书的延续。经过明清时期市民阶级的兴起，民间匠人百姓对于意匠文字的需求大增，花鸟字也是在这个时候得到保留发展的。它颜色绚丽，变幻多彩，依附于各类载体，如年画、版画、刺绣、器物、建筑等，用途十分广泛，但凡良辰佳节、婚庆寿典，均可见民间花鸟字的应用，甚至如今也偶有即兴拼画姓名的艺人以此为生，足见其流传广泛，发展旺盛。

花鸟字以字载画，将自然生活中的花、鸟、草、鱼、虫、山、水等元素巧妙融合，融于笔划抑或是加以添饰，表现出的画面丰富多彩，引申出的内容也极其丰富，常借仙鹤、祥龙寓意理想中的美好生活，借寿星、寿桃形象寓意长寿。花鸟字将具象的事物和抽象的笔划通过画面的形式别具韵味的融合了起来，有强烈的视觉美感和象征意义。

## 从鸟虫书到花鸟字的生活情怀转变

从鸟虫书到花鸟字是一个由简单到复杂的演变过程，花鸟字在继承鸟虫书之上不断推陈出新。鸟虫书形式相对单一，在原始时期受到环境和条件的各种局限，表现形式偏于直观简约，而花鸟字除了简单应用鸟的形态之外，还灵活巧妙的添加了花草、树植、瑞兽，甚至是人的形象，并且通过工具的丰富革新了创作手法和画面，鸟虫书表现得较为单一的内容或是未能表现的内容，花鸟字可以丰富地呈现。在载体上，鸟虫书曾运用于青铜器、兵器、玺印、瓦当、砖壁上，而渐渐走向民间的花鸟字载体则更为广泛，有铜器、陶器、石刻、玉器、泉刀、瓦当、砖壁、木制品、建筑物等装饰上面，以及再到后来的年画、刺绣、木刻版画上面均有花鸟字涉及，花鸟字所依托的载体之广泛已非鸟虫书所能媲及。随着社会演变发展，书写字体形式、内容、材料、载体的变化，花鸟字的内容受到了民众的普遍喜爱，其运用载体也普及到了民间生活的方方面面，花鸟字在鸟虫书的基础上发展，最终扎根在了民间。

在创作观念上，花鸟字继承了鸟虫书的部分原始图腾崇拜，并经过演变，形成了民间独特的祝颂求吉观念。鸟虫书起源于原始部落崇拜的鸟形图腾符号，原始崇拜的出发点即是对于事物理想化的想象和对美好事物的追求，花鸟字在长期演变之中始终延续着这一精神内核，逐渐演化为祈愿幸福、祝颂吉祥的创作观念。吉祥是中国人千百年来的一种追求，所承载的是自然生命的孕育、发展和延续，对生活、未来、理想的心理追求，如民间常见的"福禄寿喜"、"松鹤延年"，都是求吉的象征。花鸟字常选用本身就有吉祥之意的字，在字形中又融合了对应寓意的瑞兽祥禽，再辅之以生动的形象元素加以释义，结合圆融的线条、绚丽的色彩，让人们直接从视觉上就能感知到这种吉祥的期许。

求吉和祝颂皆为求得顺遂和圆满，其中求吉是直接表达，满足于自己的心理需求，祝颂相较于求吉行为，有了一层升华的含义，是为了他人得到祝福，将传达福愿的心意间接内敛地表达。而这两种观念交织在了花鸟字的"字画"里。自然图腾崇拜创作观、理想化的创作观、祝颂吉祥创作观，这几种创作观反应在鸟虫书到花鸟字的创作之中，融合了外在装饰美与内在祥瑞美。花鸟字相承于鸟虫书的祈愿，又演变出了祝颂吉祥创作观，它承载了人们的生活情怀，代表了意匠文字的发展与转变。

山东曲阜花鸟字「龙凤」

# 意匠文字的生活情怀

民间花鸟字对联

书山有路勤为径
学海无涯苦作舟

河北武强 木刻版画《竹梅四囍》『囍』字由四只喜鹊栖息枝头的图组成。竹、梅喻夫妻，喜鹊同『囍』，四只喜鹊等于四囍，《竹梅四囍》可作为新婚祝贺。

意匠文字历经了长时期的发展与蜕变，就创造形式方面而论，其蕴涵了中国人普遍的传统情感特征和审美意趣，从表意性、象形性、表情性、和谐性、审美性等方面侧面呈现了传统造型艺术的发展源流。在演变过程中，由于受传统民间文化观念、审美观念、吉祥观念及经济文化的影响，意匠文字逐渐演变，凝聚了民间智慧和雅俗共赏的需求，其装饰之美表述民俗，着重于表达生活情趣。

以形以声以发想

意匠文字不同于文字逐渐规整的发展轨迹，它针对汉字字形的改动常常是巨大的。然而在这种改动的背后，并不是毫无逻辑的纯粹形式，它常常逻辑严密，暗合字的内在含义的背后寓意。往深层看，这种创作逻辑在汉字造字时便已埋下。

夏、商、周至春秋战国时期，汉字逐渐成熟、面貌丰富，发展到秦代，秦始皇统一了汉字，先秦的各类汉字书体逐渐转化功能和用途，从而逐渐形成了意匠文字。从汉字的造型特征看，以物像特征造型的文字是先秦书体及其历代沿革的通例。例如，在金文和小篆中有"福"与"富"字，二字均含有"田"字，民以食为天，田多食丰，才有福而富;"顺"字,以川为顺,表示通的意思,古人的路标也用川表示顺,路上遇木,顺过来为吉,体现人们对顺遂的追求;"贵"、"财"见"贝","宝"则见"玉"。这种字形构成有规律可循,就是在其组构字形时常常是有一个表义或表形的核心事物在字形中出现。此法一方面表现出来人们对事物的认识,发掘客观事理出发,在字形中保留了具体形象,事理彼此的紧密联系;另一方面一方面可以也可看出民俗观念与字形构造的紧密结合。

另一方面,字音也是意匠文字设计的重要立足点。字形表其意,字音表其声,早在文字出现以前,对事物除用图画表示外,语言也是极为重要的传达信息工具。汉语中同音词较多,音同而形意不同,就产生了许多带有辞趣的谐音,为意匠文字的创作提供了条件。在不同语义中取其同音乃至于近音,能引发联想,能暗藏深意,能做出抑扬顿挫

『发福』二字由云集的众仙以及元宝、锭、钱、蕉叶等人们所喜爱大杂宝图案组成。

山东潍坊杨家埠　木刻版画　『发福』

的韵味。例如在表达情感的主题中常见的是以"芙蓉"为"夫容",以"莲"为"怜"或"连",以"藕"为"偶",以"丝"为"思",以"犁"谐"离",以"晴"寓"情"等,唐代《竹枝词》中的"东边日出西边雨,道是无晴却有晴"即是以"晴"与"情"相谐的例子。

赋予物质世界以文化精神

在中国传统文化中,清丽脱俗的自然风光固然颇受世人青睐,然而富

有人文底蕴的意境对象则更受人追捧。"登封报天,降禅除地。"记录于《史记》中的封禅令泰山笼罩在一层神圣的光环之中,"峨峨东岳高,秀极冲青天,岩中间虚字,寂寞幽以玄。"那浩然正气且遗世而独立的人文姿态吸引着历代的文人墨客用文字不断地增添泰山的文化意境。在民俗方面,可与泰山攀上关系的例子不胜枚举,比如"泰山石敢当"这五字,闻者并不陌生,其或是经受了泰山的正气洗礼,竟被称有护家御宅的奇效。

泰山凭靠着厚重的文化意蕴,吸引了后世更多的文人纷沓聚来,赋诗纪文,留下余处文化的痕迹,其中,又以石刻为个中翘楚。泰山现存的石刻可归为摩崖石刻与碑刻两类,这些文字一方面承载着泰山重要的历史文化资料,另一方面又是作为泰山巍峨雄壮之大景的点睛之意。"泰之安,四海皆安",使其誉满天下的石刻铭文或出自历代君王之手,或出自文化名流之手,大多是文辞华美,书体清雅,巧夺天工。山不在高,有仙则灵,这些赋诗纪文促使泰山成为中国一座不能替代的文化图腾。我们游览泰山时,其间有极多意趣源于这些石刻铭文背后的人文故事。在此之外,我们还时常联想起别的,思绪飘忽迂回,荡漾于文内文外。因此间人文趣事,使得泰山之景更为神区鬼奥。泰山作为一座中华文明的精神符号,那是完全由其文字、文化所促成的。

秦 李斯 泰山刻石

## 传递直觉的认知方式

意匠文字以其蕴藏深邃的象征意义，往往巧妙地牵动共鸣直抵人心。文化的表达历来是以外在形式为载体，此即"观念的外化"。东方文化观念外化于意匠文字，这是一种带着独特的人格感情色彩标志的东方审美，它崇尚直观的内心体验，象征、喻示和顿悟，其内在意义一脉相承。

从历史上而言，意匠文字本就是人们普遍传达思想、沟通情感、记载事象、传播信息的原始方式。它沿袭于记事绘图，神秘的原始文字画是人类认知自然的本能鼓动，亦是人类审美才能的伊始。这一时期的创作者总是蒙昧的，强烈依靠于直觉的。

河北 木刻对联
竹林鸟啼明月上
青山雨过白云飞

而后，在中国长期的文化制度演进过程中，中国传统文化的内核逐渐形成，以视觉的感性认知为主，"恍兮惚兮，其中有象"，我们接受一个事物往往从主观的感受开始，如诗歌一般将意义通过象征、暗示的手法表达，而不是细密的考察与推理。中国民族普遍存在的超理性的直觉、感悟思维的方式和注重宗教伦理情感内在体验的心理孕育了其独特的审美文化。这种文化思维对后世各种风俗习惯乃至政治制度等俱产生了深远影响。至于国画、艺术设计、美

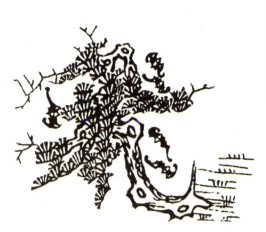

学理论等文化艺术流觞亦是一脉相承。在意匠文字设计时往往更为注重主题文化的内涵，在设计技巧上更侧重顺乎自然的手法，以及追求意象的气韵生动和造化自然的境界，这恰是东方式思想情感内倾式和重顿悟超然的特征。因此，在具有传统审美情趣的意匠文字的影响下，凡是受过汉字文化圈深刻印象的民族，统统被赋予了卓越的直觉、感知能力。

福、禄、寿、喜

求吉是中国人普遍的愿望，在喜庆的场合我们总是喜欢互道大吉大利，祝颂喜乐安康，大量以祝颂吉祥为主题的意匠文字是此愿望在生活中的具体表现。其中以福、禄、寿、喜为主题的装饰在民间的运用十分广泛，是民众喜闻乐见的传统题材。

"福"即幸福，在古时，人们相信一切福泽皆上苍给予，只有虔心祭天拜祖才能获得幸福。因而"福"的造字也与此有关，"福"字左为"示"旁，即表示祭坛或供桌之类；福字右边部分为"畐"，初形是尊、觚之类的大口酒器，也就是供品，"福"就是因祭祀而来的字。它是人们渴望幸福的殷切希望，亦是人民表达传递美好祝福的载体，更是人们装饰审美智慧的结晶。因"福"字具有美好的寄意，"福"字的含义和应用慢慢变得广泛起来，"五福"便是典型的吉祥用意，《尚书·洪范》云："五福：一曰寿、二曰富、三曰康宁、四曰攸好德、五曰考终命"，说明五福的内容:福寿绵长，富贵殷实，康乐安宁，积德扬善，尽享天年。民间垒房上梁、佳节庆典以及红白喜事时都要张贴福字形。"福"字图案样式繁多，有年画、剪纸、对联、中堂、条幅等不同形式。传统题材中以"福"字图案为创作主题的内容还有"五福临门"、"万福流云"、"万福来朝"、"洪福齐天"、"纳福迎祥"、"天官赐福"、"福寿双全"、"福在眼前"等。在民间，葫芦（因地域不同有的读作"浮芦"）与"福禄"谐音，因其多籽，又被寄予了祈子的愿景，于是葫芦成为民间祈福祈子的主要素材之一。如此日常生活里的种种都寄托了人们的求吉心理，使得幸福的内容也广泛起来，福的纹图也变得丰富多样，作为寓福、祈福在民间普遍开。

"禄"在民间喻义发财，常与福、寿、喜等字并用，禄字也可释为"福"，《说文》中说，"禄，福也"，在中国历史上，有高官即有厚禄，有厚

这幅作品中的每一个字，都可以独立成一幅绘画小品，有山水人物、折枝花卉、苍松秀竹、清供博古、青堂瓦舍……楷书的字形保留着原有结构和笔意，与画意巧妙穿插，写绘出儒雅的古韵。朦胧的画里藏着的不仅有祝福的话题，还有妙趣横生的故事，叫人觉得意味深长。

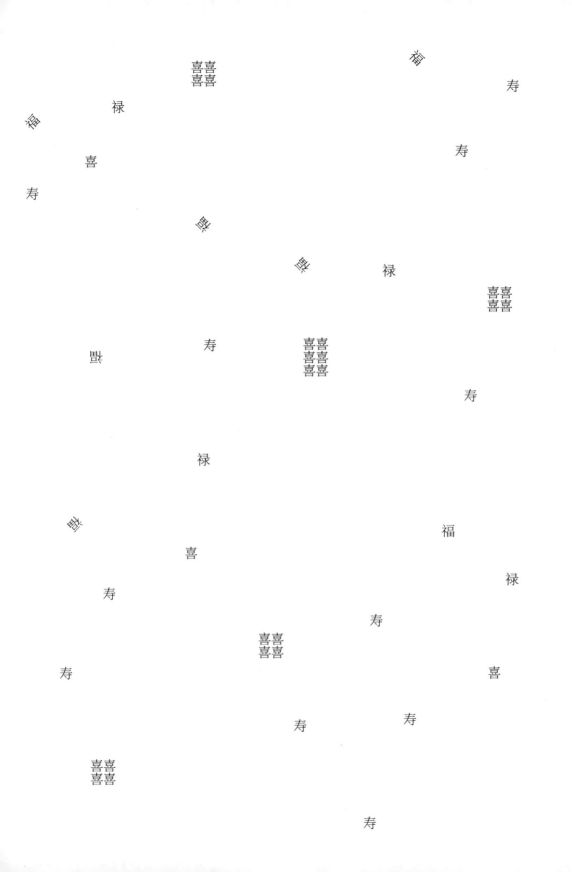

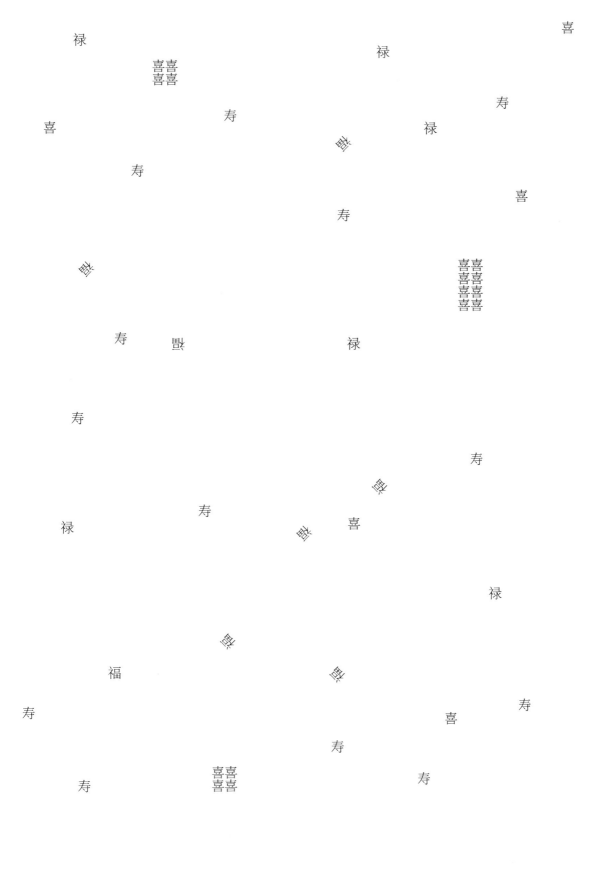

禄就意味着发财,加官晋爵,福禄双全,是一种求吉、求富、求荣心理。人们向往财富、向往幸福使禄题材的造型艺术丰富博大,常见的内容有禄神、魁星、鹿、爵、绶带、绶带鸟、冠、元宝、狮子、瓶、鸡冠花、鲤跃龙门等。禄的引申之意,则有百禄、三元及弟、连中二元、一路连科、五子登科、平升三级、一甲一名、本固枝荣、一品清廉、官上加官、马上封侯、加官受禄、状元及第、指日高升、青云得路等等。

寿寄托人类与世长存的心理,早在汉代织绣,唐宋器物上已经大量出现寿字符号。《尚书·洪范》说的五福中,"寿"、"康宁"、"考终命"皆指长寿。寿字又可引申为长久、久远之意,《诗经》中"如南山之寿,不骞不崩",《庄子》中有:"是不材之木也,无所可用,故能若是寿"。可见寿字不仅用于赞美人寿,还寓意事物之长久。寿的汉字形式千变万化,样式丰富多样,使用频繁百变,在汉字中很难找到与之相媲美的文字。寿字还是敬老祝福表达孝悌的象征符号,寿字图案早在汉代已用于织绣,唐宋器物上运用已十分广泛。寿的题材有寿星、鹤、龟、鹿、松柏、菊花、仙桃、寿石、八仙等。表达寿的意匠文字有:百寿、松鹤长春,寿星童子、龟鹤遐寿、耄耋富贵、杞菊延年、延年益寿、寿山福海、万寿长春、春光长寿、嵩山百寿等。民间年画、剪纸、对联、中堂等常用松柏、仙鹤、仙桃、灵芝等和寿字装饰。寿字外轮廓图形的谓之"圆寿",长方形的谓之"长寿"。

"喜"表吉隆欢庆、喜贺快乐,流传于民间的喜字图形花样百出,造型更是形态各异。喜涵盖的领域是多方面的,喜结良缘是喜,喜生贵子是喜,乔迁之喜是喜,每逢佳节是喜事,亲朋相聚是喜事，平安无事是喜事，年谷顺成是喜事……人们寄予生活的美好愿望是对喜的祈望。喜字形态多变，喜、禧、双喜、加以纹饰形成的百喜，它们拓展了汉字造型的范围，丰富了汉字内涵。如在民间"双喜"字被广泛应用，几乎成了婚嫁生子喜事的标志。喜字表现的各种题材有：喜鹊、鸳鸯、双喜、龙凤、石榴、梅花等，喜字表现的主题常见的有：喜上眉梢、喜在眼前、竹梅双喜、喜从天降、喜报春光、喜多、龙凤双喜、同喜等等。

意匠文字凝聚着中华民族千年沉淀的巧思与智慧，它构字理念多样，图案花样繁多，在无尽的想象力与创造力背后是中华民族独有的装饰审美情愫与中华民族特有的生活态度以及价值观念。作为文字与图像结合的一种艺术形式，它不分载体材料的贵贱，没有审美情趣的雅俗之分，它根植于民间是街头巷尾大众百姓的民间艺术；它游走于士大夫的精神世界，是文人津津乐道的抒情艺术；它隐匿于信徒的虔诚之心，是佛家信使表达信仰的大宗艺术。求吉求瑞的心理让意匠文字出现在我国传统各种类型的文物和艺术品之中，美好的寓意和愿景又让意匠文字在社会生活的各个方面得以广泛运用，从神秘绮丽的鸟虫书到笔画飞舞丝丝露白的飞白书，从仕子文人热捧的神智体到民间乐见的福禄寿喜吉祥字，意匠文字熟稔地呈现着点线面的平面艺术，津津乐道着中国人的装饰智慧，凝聚着中华民族无限的想象力和创造力。意匠之美则贯穿了整个汉字的世界，承载着中国人特有的生活情怀。

泰山刻石 「虫二」风月无边之意

# 意匠文字设计

记事绘图
节外生枝
万物融形
图画结体
添生图形
藉口同生
符咒再造
围合适形
巧意文字

### 记事绘图

文字有着原始的象形和记录生活、自然的特征。

《易经·系辞下》早有记录"上古结绳而治",在文字没有产生之前的上古社会原始民族采用结绳的方法帮助记事,大事打大结,小事打小结,至后来轩辕黄帝统一了华夏,感到结绳记事不够用了,就派史官仓颉去造字,仓颉从观鸟兽脚蹄印迹能分辨鸟兽时受到启发,观自然鸟兽之象取其特征,画出图像,造出了象形文字。

仓颉造字虽为传说,而象形造字之法是先民历代积累而来。原始人类创始文字的最初尝试,多是以图画的符号的方式,画画说事,画画记事,最初的"写字"就是画画,就是描摹自然。象形文字就是在画画

商周 青铜器铭文「老(考)父辛口鸡」

商周 青铜器铭文「鸟」 商周 青铜器铭文「鲧」

的基础上发展而来的。所以,最初的象形文字并不在乎绘图美丽与否,而是在乎绘的图是否说了"事",是否传达了想要表达的信息,图画的准确性体现了信息传达的准确性,所以绘图无论简与繁,都必须取表达物象的特征,概括提炼,从而象形文字具备了表达物象的特征、面貌,历练发展简练至符号化。以现代审美来看,象形文字有着非常朴拙、自然的神韵。

古老的象形、图画文字从现代来解读它的意思,虽有图画的信息辅助,也很难读出它的发音和准确的意思。但鲜活高度概括的事象,万千特征的图画,使我们能或多或少地能理解它的某些用意。象形、图画文字的信息传播渠道,时至今日依然畅通,我们依旧可以依图画解读它,欣赏它。

作为人类社会早期的象形、图画文字,承载着绘图记事的责任,书写者尽传播之责,抱有虔诚的心,绘图写字务求准确而美观,象形文字如同人类祖先的留影,一点一画中呈现生活的印迹。

## 节外生枝

文字的结体、笔画之外添加衍生出新的形象与意境。

汉字由象形而来,汉字的结体、笔画中融合着形的神韵,每一个单体都是独立的形。在传统意匠文字的创作中,在文字的笔画之外添加图形,或由汉字的笔画延伸出图形,汉字的结体、笔画完整独立,延伸的图

明 岁寒三友青花瓷盘

清 青花瓷盘纹样 寿咏

形产生新的意境，突破原有的汉字寓意，如同节外生枝生出新的变化，在传达新的信息时，与汉字本意、造型等相辅相成。

节外生枝如同执扇的古人，扇为人之身外之物，执扇如同生枝，扇丰富了人的性格，美化了人的行为，由扇产生了人性格的另外联想，汉字的节外生枝变化，极大地丰富了汉字变化的性格。宋代出现在皇帝、将帅印玺中的"九叠文"，强化了字的笔画，由笔画延伸变化，每一笔都蜿蜒曲折，它在方块文字之中好像在无限增殖，一条线迤逦而行，覆盖了整个面飞九叠文的节外生枝之变，使笔画无限增殖，填满了印玺有限的方块空间，产生新的装饰属性。九叠文为典型的节外生枝汉字装饰。汉字的变化空间是极为丰富的，每一个汉字都传达着特定的信息，在汉字的本意信息之外，节外生出新的信息，创造出新的审美标准，这是具备丰厚象形基础的汉字才能做到的，汉字如同广袤的大地，任由文字的枝叶自由生展。

**万物融形**

以物象之形意绘出文字，而文字蕴含万物之意境。

汉字取于自然万物的象形描摹，由图画到象形文字，由象形文字产生

寿字的不同书写

现代的符号文字，汉字是从图形世界的模拟一点一点走出来的，走出象形之后，文字中的图形逐渐模糊了，符号化的特征替代了形象的元素，而汉字的精神世界依旧是象形的。古人在汉字的运用中逐渐把汉字的形象本源特征重新表现出来，在字的笔画中融入自然的万物，如：地上的鸟兽蹄之迹，水中的蝌蚪，叶上的蚕虫，天空中的白云，月夜的星斗及花、鸟、鱼、虫等无所不包都成为汉字新的外套，笔画融形变化出新的书体。

汉字有着极强的包容性，用自然中的有灵万物重新拼缀汉字的结体笔画，自然融合，生动而独具匠心。

**图画结体**

文字结体笔画之内添加图形，或是以图画组成结体的文字。

文字在发展的过程，线条越发简约化，文字也越发讲究结体之美，由

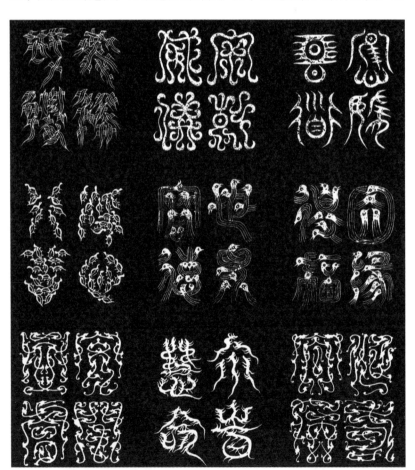

明崇祯版《三十二篆金刚经》鸟迹篆「应堕恶道」

明崇祯版《三十二篆金刚经》殳书「寂静威仪」

明崇祯版《三十二篆金刚经》鸾凤书「无法可得」

明崇祯版《三十二篆金刚经》鸟篆「因缘得福」

明崇祯版《三十二篆金刚经》鸟篆「世界宝德」

明崇祯版《三十二篆金刚经》龟书「净心行善」

西汉满城铜壶 错金银文字「允间益肤」

西汉满城铜壶 错金银文字「尔时慧命」

明崇祯版《三十二篆金刚经》麟书「延寿谷病」

书写而成的书法艺术品将中国文化的传统美学境界发挥到了极致,历代书家对汉字的笔墨结体研习不懈,使书法艺术有别于绘画而成独立的艺术门类。

汉字起源于象形,由象形发展到符号化的结字,在汉字的发展过程中也经历了图腾的装饰美化,对汉字的崇拜心理,无论是统治者还是普通的百姓,都喜爱和善于利用汉字作为本体进行创作,从而寄托对自然、对生活的美好愿望。民间的能工巧匠从不放弃对汉字的装饰美化,既然文字之形躯被人认可,对汉字的笔画、结构的装饰处理则是借题发挥的极佳载体。

用图画组成笔画,以图画笔画组成汉字,花鸟虫鱼、生活万象都是图画的题材,只要形体适于笔画,皆可入字,图画结体的文字阅读上丝毫没有障碍,图画与文字的意境可以有联系也可风马牛不相及,图画的处理简洁得体,寓意明确,表现轻松。

**添生图形**
文字之上局部添加巧妙吻合文字笔画的图形。

汉字是传情的,每个字都传达着特定的含义,可以说汉字是字字有画意。随着汉字的发展,方块的汉字笔画越来越规范,轻松象形的结体逐渐

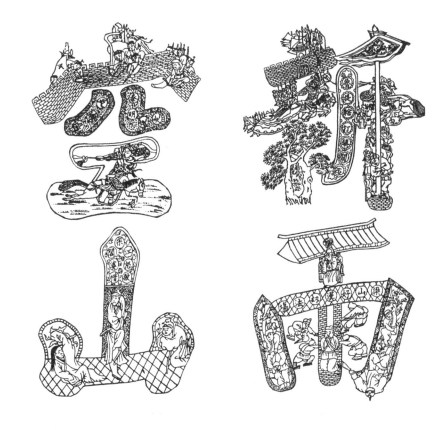

被条整划一的程式所代替。但民间的匠师不是这么认识汉字的，规范的形体不是他们心中汉字的形象。在他们的眼里汉字是有情的，是丰富的可以对话的，每个字都有自己的表情，而这些表情被匠人们悄悄用花朵、虫鱼等生活化的形象加在了文字之上，并用这些形象巧妙地替代了文字的某些笔画。

其实现实中的花鸟虫鱼、山水草木、器具建筑各有形态，如果从汉字的横竖撇捺等笔画形象去适于这些自然之形态，的确有许多巧妙的吻合，以吻合之形替代文字的笔画，也实在是件有趣的事，故而能工巧匠、乡村巧妇都用自己观察生活的眼睛，灵巧的双手去装饰美化一个个汉字，使图画与文字兼容并蓄，相得益彰。

**借口共生**
找出相同相似之形，巧妙组合，相互共用。

共用共生形在民间的传统纹饰中常有表现，典型的如"四喜娃娃"、"四子八童"图等,所采用的方式是共用形的相互借用,巧妙生动。

在传统的意匠文字创作上,这种共用共生形的创意方法也常有运用。就汉字的形体上来看,同偏旁,同部首的文字很多,这就给共用形表现提供了可能,围绕共用的偏旁,提取组合就能创作出作品。

常见的生动例子如"唯吾知足"。唯吾知足四字有着一个共同的形,就是每个字都有一个口字,而钱中间就有一个方口,以花钱中间的孔作口,周围加上四个偏旁:隹、五、矢、止,共用口字正吻合"唯吾知足"四字。

世间万物皆有相同相似之形,以相似相同之形作为借口共生共用,巧妙地找出其中的相互联系的形态,夸张取合相互利用借口就可产生,

民间吉祥字符

唯吾知足　福禄寿喜

日进斗金　飞鸿延年

招财进宝　黄金万两

一个巧妙的借口，一个巧妙的构思来源于对事物的观察、分析和重构。

**咒符再造**

用于驱邪纳福的咒符文字。

汉字的产生，伴随着对图腾的崇拜，人类敬畏天地、自然及鬼神，希望藉以祭祀等活动驱除疾病。而文字则是各类祭祀活动中最好的传递符号，是人类与鬼神之间沟通的载体，于是产生咒符。

咒符是人类希望驱使鬼神的文书，而这类文书非常人能够阅读，咒符文字通常是文字的笔画的重新组合，有汉字的笔意，但无汉字的单独阅读性。据说咒符是古代的真人留下的，真人在创作这些咒符时对汉字的笔画结体作了深入研究，然后重新组合创作出了也许只有真人才能阅读的文字，同时保留了咒符文字的神秘性。咒符的名目繁多，创作之法也是千变万化，通常咒符形态特点只有一个，那就是神秘，常人无法阅读。现在我们去看这些咒符是很难理解里面的具体含义的，欣赏它也只有一个原因：好看。

老君入山符

道教符箓之一种。谓配持此符出入山林，鬼魅不敢加身。

张天师符

张天师即张道陵，东汉沛国丰县人，五斗米道的创立者，教人悔过奉道，用符水咒法治病。后得册封为『正一天师』称号，传至二十四代，世之奉道者，亦仍称各代为『天师』。也是历代天师的统称。

## 围合适形

改变笔画的曲直长短,适合特定之形。

汉字的形体是方块,方块形简洁大方适于组合,但方块形有时也有运用的障碍,在特别的形体空间里,方块形不得不作改变适圆或适方。生活中的用品器物形体是多样的,在这些用品或器物上以汉字作为装饰,汉字必得适合用品或器物的形态改变形体,这时候,往往能走出方块的框框产生独特的美感。围合适形必得改变笔画的曲直、长短,文字在适合的范围内重新结体,多字时则要考虑字与字之间的笔画组合、穿插,更要考虑整体的协调统一。

围合在特定的形体、特定的空间里随机布局,适扁、适长、适圆、适方、适形而舒展,文字因适形而产生特点,结体之美是汉字适形呈现的变化之妙。

## 巧意文字

巧妙运用的一种文字游戏。

汉字呈现的面貌是非常丰富的,汉字可传意可会意,理解汉字的意境,感受是极为微妙的。有时利用汉字的形体特点和意境空间作巧妙的意境猜测,或利用文字本身的形体结构和读音表意进行调度组合也可成为一个字谜,由此,可生出新的解读。

瓦当

八风存寿当
千秋万岁
黄山
永奉无疆

飞鸿延年
亿年无疆
平安乐未央
龟鹤延年

巧意文字就如一个游戏，拆解、重组、谐音、谐句、表情、表意都能产生区别文字本意的新的意境。例如：山东泰山上有一个石碑，碑上刻有"虫二"两个大字，细细解读原来这两个字取"风月"二字的字心，意为"风月无边"，这是一种游戏之举，启人智慧。《三国演义》中，追叙杨修六犯曹操之忌的往事，曹操在他刚落成的花园门上书一"活"字，众人不解，杨修曰："门内添活字，乃'阔'字也，丞相嫌门阔耳。"以上都乃以文字作游戏，但颇能玩味。从文字寓意使人领略文化的乐趣，由此我们不得不佩服汉字意境之丰富。巧意文字不仅说出了文字之意境，而且说得更深、更远、更为含蓄，更为有趣。

这首《晚眺》相传为苏轼所作，只写作12个字，必须视字的形状特点去领会引申，才能读出这首28字的七言绝句来。

藏字隐句诗 晚眺

长亭短景无人画，老大横拖瘦竹筇，

回首断云斜日暮，曲江倒蘸侧山峰。

卷五

印刷字體

印刷文字演进史

└─┘ 100年

● 雕版印

隋 唐　　　宋　　　元 明　　清　　民国 今

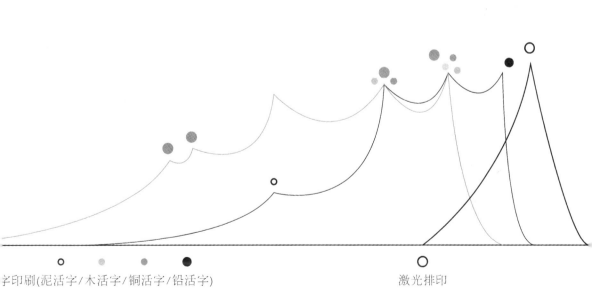

字印刷(泥活字/木活字/铜活字/铅活字)　　　　　　激光排印

# 手写书法

## 楷体之发展
*本系列图表由张弥迪先生整理

欧阳询书法　颜真卿书法　柳公权书法

雕版楷体　馆阁体

学欧体—高云塍书法　学颜体—吴铁珊书法　学柳体—陈腰坦书法

唐代楷体　　　馆阁体（手写）
　　　　　　　雕版楷体（印刷）

刷字体

汉文楷体（高云膝书法）　　华丰楷体（吴铁珊书法）　　华文楷体（陈履坦书法）

汉文楷体（上海印研所）1966年　　华文楷体（六〇五厂）1965年

华文楷体
华文楷体-粗
方正楷体
汉仪楷体
华康楷体
蒙纳楷体
文鼎楷体

现代楷体（铅字）　　现代楷体（电脑）

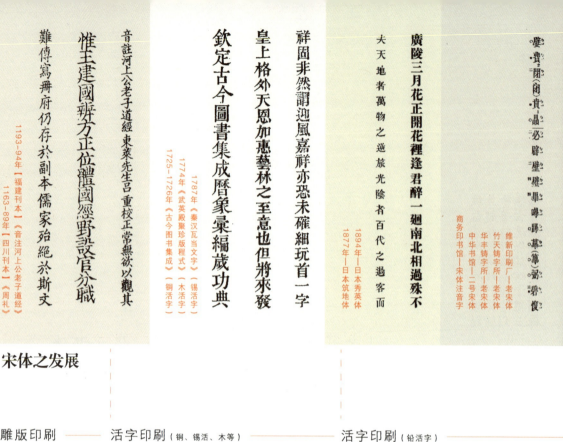

## 宋体之发展

雕版印刷 —— 活字印刷（铜、锡活、木等） —— 活字印刷（铅活字）

宋代雕版楷体 —— 明清刻本宋体（雕版） —— 清代活字宋体 —— 现代宋体（铅字）
欧、颜、柳等风格（宋朝体） —— 宋体基本定型（明朝体） —— 向现代宋体过渡，字形逐渐规整

宋体或称明朝体是最重要的基本印刷字体之一

宋体或称明朝体是最重要的基本印刷字体之一　方正（朱志伟）—风雅宋

宋体或称明朝体是最重要的基本印刷字体之一　方正（朱志伟）—粗雅宋

宋体或称明朝体是最重要的基本印刷字体之一　方正（朱志伟）—中雅宋

宋体或称明朝体是最重要的基本印刷字体之一　方正（朱志伟）—博雅宋

宋体或称明朝体是最重要的基本印刷字体之一　谢培元—新报宋

悔逝唐欢巅徨阁厚禄寇敏搞帷赠塑兼骇唱弧熔

严冀秦德书健博夏严冀秦德书健

航靠舵东大革行毛思海命靠泽

都痴顾聪栽式作善群培教遗解编

一纷景分连欢山翻家飞象粮心笑村身军端欢分　牟紫东—长牟体　北京新华字模厂—中宋　上海印刷技术研究所—标题宋　上海字模一厂—行头宋体　上海印刷技术研究所—宋四体

爲板本慶曆中有布衣畢昇爲活板其法用膠泥

通國期頭鞠街黨主席報告車獲歌時賞敬格

——— 电脑时代

——— 现代宋体（电脑）———

农医发乏即同准阻击卢巫中参

馬山不細似兩謲皮虎對下　北京新华字模厂—粗扁宋　上海字模一厂（？）—长老宋　上海字模一厂（？）—扁老宋　牟紫东—扁牟体

大伤怒牛冻小力了出你尽爹烂为

增紧涛原昂援战着激林前国添

版锻寄瓿强蹈难到艳联默墟舞

夜山徒刻焦动一划一巢光不全点

爹山扮到亮人逃爹男夜回

探替窥弹鞭彝劈鹰凑翼郝峰尴

来问已何比每他和并成另换常注释个有不仅去起

## 仿宋体之发展

木板时代 ——————————— 铅字时代

| 唐代楷体（书写体） | 宋代刻本楷体（木刻） | 元代仿宋雕版楷体<br>明代仿宋雕版楷体<br>清代仿宋雕版楷体<br>民国仿宋雕版楷体 | 民国仿宋体（铅字） |
|---|---|---|---|
| 欧、颜、柳等风格 | 欧、颜、柳等风格 | | 仿宋刻本中欧体风格字体 |

**木板时代：**
- 1008年【宋刻本】【浙江刊本】
- 1013年【宋刻本】【浙江刊本】【玉篇】
- 1038-59年【浙江刊本】【姓解】
- 1163-89年【四川刊本】【周礼】
- 1193-94年【福建刊本】《音注河上公老子道经》
- 1208-64年【临安书棚本】《南宋群贤小集》
- 1796-1820年清刻本《钦定全唐文》
- 1904-1915年 西泠印社仿宋体聚珍版《画林新咏》

**铅字时代：**
- 1915年 商务印书馆 古体活字
- 1915年 聚珍仿宋印书局 聚珍仿宋（方体）
- 1919年 商务印书馆 仿古活字（长体）
- 1919年 商务印书馆 仿古活字（方体）
- 1927年 华丰印刷铸字局 真宋
- 1932年 百宋铸字印书局 南宋（长体）
- 1935年 竹天新宋铜模铸字所 新宋（方体）
- 1937年 世界书局 仿古字（方体）

猶數十輩誠以亦四十年於茲傭書自給而手久為世重軹

何爲令北斗而知春兮迴指方氷蕩漾兮碧色蘭葳蕤兮

恭謹賀新年禧正祝迎春殿

恭謹賀新年禧正祝迎春

論文論書論畫彙成鉅帙名家名著名師集於一堂

慢俊短祺铸磁婚圈吸墊博損蜜

為革命哪怕山高海闊来阻挡

塾綾鐵恐教顧憺獻曹餐聰噤

傚終飈誠悼赫紳誤花語紹

作小樓二間與月波樓通遠呑山光平把

1932年 百宋铸字印书局 南宋（方体）
1932年 津田三省堂 宋朝体（长体）
1931年 津田三省堂 宋朝体（方体）
1937年 世界书局 仿古字（长体）

1932年 百宋铸字印书局 北宋（长体）
1962年 华文铜模铸字厂 华文仿宋（长体）
1962年 华文铜模铸字厂 华文仿宋（方体）
1935年 竹天新宋铜模铸字所 新宋（长体）

1967年 湖北文字六〇五厂 长仿宋
1965年 上海字模一厂 方仿宋

观之若脱缰骏马腾空而来绝尘而去

观之若脱缰骏马腾空而来绝尘而去

观之若脱缰骏马腾空而来绝尘而去

观之若脱缰骏马腾空而来绝尘而去

观之若脱缰骏马腾空而来绝尘而去

观之若脱缰骏马腾空而来绝尘而去

观之若脱缰骏马腾空而来绝尘而去

华康仿宋
华文仿宋
方正宋刻本秀楷
汉仪粗仿宋
方正宋刻本秀楷（仿刻宋本）
方正仿宋

电脑时代

现代仿宋体（铅字）　　　现代仿宋体（电脑）

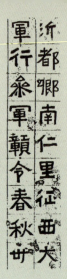

东晋隶书

代之心理斯其所以爲可貴宋人編史具有進化
钟元法投只效變全藏保障每四價奇定功不安

1948年维新印刷厂—黑体
1935年竹天铸字所—黑体

ABCDEFG
HIJKLMN
OPQRST
UVWXYZ
TO BE SOI
LECTURES AT THE ANT
CANTE
ROOT
Rose

西文无衬线体

刷活版字總鑑株式鄰便發買.公價總計銀
活字販賣係榎町營業所本社活字販賣係榎町營業所本社

日本印刷株式会社—黑体
筑地活版—五号哥特形文字

中華百科辭典皇漢醫學中華百科辭典
商務印書館最新編輯教育部審定批詞

中华书局—黑体
商务印书馆—黑体

## 黑体之发展

活字印刷（铅活字）

隶书体　　　　　　　　　日本黑体　　　　　　民国黑体（铅字）
西文无衬线体

关于黑体的起源有很多种说法：
受到汉字隶书体的影响
受到西文无衬线体的影响
……

## 现代黑体（铅字）

黑体被认为是一个最现代的字体

黑体被认为是一个最现代的字体

黑体被认为是一个最现代的字体

黑体被认为是一个最现代的字体

黑体被认为是一个最现代的字体

黑体被认为是一个最现代的字体

干开可且世巧功左妊琼玖珀至平丁些卫工攻贡玉玩珊瑚于牙哥丑耦巩

我固主的过军人存将陆大的巩国们经放的

大政革历对深取能的党命史于刻得的个动没

靠人苗什小她的结么提也穷树开拾里

利自的共一和利起和族己情产切日的来人的主机业这都主一

1974年北京新华字模厂—粗等线体
北京新华字模厂—68-1版黑体
北京新华字模厂—59-1版黑体

汉仪粗黑
汉仪中黑

方正兰亭超细黑
方正韵动特黑
方正韵动粗黑
方正韵动中黑

---电脑时代---

## 现代黑体（电脑）

话说黑体被认为是一个最现代的字体

话说黑体被认为是一个最现代的字体

话说黑体被认为是一个最现代的字体

话说黑体被认为是一个最现代的字体

话说黑体被认为是一个最现代的字体

话说黑体被认为是一个最现代的字体

话说黑体被认为是一个最现代的字体

梁骗剪船阅筒玖粳鼓敬榄监画妞猪
救偟牒辆格耿批薯歧斜彻莎辆格耿批薯歧斜
丕依句叁冠丰叙占乌其击就兰年壶奖
球琴硬碑砲矿磁碱砖福祥祠神珠望研碰破碾础码碧祖祁视弄石砾碎砀碰砂

1978年牟紫东＋北京新华字模厂—长黑体
1969年北京新华字模厂—粗扁体
1963年北京新华字模厂—细扁黑

方正兰亭粗黑
方正兰亭中黑
方正兰亭黑
方正兰亭细黑

汉仪特细等线
汉仪细等线

# 古代印刷与字体

印刷术是文明进步的一大步

信息之流转

知识之普及

文字分出属性——工愈工，艺愈艺。

万物由混沌而来，便愈见变得分明。

## 古代雕版印刷的发展

我国传统印刷字体从其产生到发展始终与阅读、雕刻分不开。其中流传最广，影响最深远的是雕版印刷术。在逐渐累积满足了汉字楷体化、纸张的普遍运用、雕刻技术成熟等前提条件之后，雕版印刷术于隋代产生，唐代开始流行，宋代大兴，明清时期达到历史巅峰，直至清代，延续了1000余年。

雕版印刷术是什么？简单地说，它就是在木板上雕刻反文用以印刷图书。它首先要在一定厚度的平滑的木板上粘贴上抄写工整的书稿，薄而近乎透明的稿纸正面和木板相贴，字就成了反体，笔划清晰可辨。

雕版工序示意图

雕刻工人用刻刀把版面上没有字迹的部分削去，就成了字体凸出的阳文，值得一提的是，它与字体凹入的碑石阴文是截然不同的。印刷的时候，工匠们在凸起的字体上涂上墨汁，然后把纸覆在它的上面，轻轻拂拭纸背，字迹就留在纸上了。

雕版印刷术是我国劳动人民对世界文化的巨大贡献。在印刷术出现之前，书籍只能靠人工抄写，费时费力。印刷术的出现使书籍得以大量出版，每一本书都可以被很多读者接触到，完全转变了之前那种只有很少的手抄本书籍在达官贵人、上层领域中流传的状况，文化、信息的传播量级得到了一次跃升。印刷术的发明给当时的出版业所带来巨变，绝不逊于如今现代化电脑植字排版对出版业的意义与作用。

历史上也曾出现过活字印刷，但由于汉字数量繁多、排印复杂，未能得到推广，并没有取代雕版印刷。而雕版因为其更便于长期保存和翻印、版面美观的特点，成为古代印书业的主流形式，直到清末。

绵延千年的雕版印刷史也是一部汉字字体的演进史。事实上，从隋唐宋元用刀模拟书法体的软体字，到明清适应雕刻工艺而产生的硬体字，从雕版开始，字体也随之出现了。虽然印刷一开始是手写抄书的延伸，是一种版刻书法，但它将随着发展愈行愈远，直至脱离书法成为另一种形式——因为雕版印刷所用的文字并非是随性的艺术作品，其最重要的是信息传达功能，这是印刷字体"实用"的本质。在这部雕版印刷史上，我们可以很清晰地看到从楷书到现代宋体字的演进过程。

### 隋至唐初（公元 6 ~ 7 世纪）

印刷术发明于隋至唐初，即公元 6 世纪末至 7 世纪初，这是汉字楷书字体发展到很高水平的时期。隋代虽只有短短的 37 年，但它却上承王羲之书体的遗风，下开唐代楷书的盛世。隋代,政府开始实行科举制度,打破了魏晋时代世族大家垄断官员的传统，改为直接从民间取材，激发了中下层子弟读书的风尚,推动了汉字普及,民间的书籍需求量激增。

而书体方面，汉字字体在魏晋南北朝几百年的发展中由隶书演变成楷书。尤其对汉字字体的规范化方面有巨大影响，建立了楷书字体的主导地位。隋代时有很多有名的书法家,如欧阳询、虞世南等人，由此可见，隋代是书法史上十分重要的时代。雕版印刷术发明于隋唐时期,此时正是楷书最兴盛之际,可想而知此时的书法字体对印刷字体的影响。

另一方面,隋唐崇尚佛教,寺院林立,僧侣众多,他们有大量读经抄经的需求,也推动了汉字的普及,这种文化氛围也促进了雕版印刷术的发展。遗憾的是隋代印刷至今仅有文献记载,而未见有印品流传或出土。

## 唐代

公元618年,唐王朝的建立终止了隋末的战乱局面,国家重新统一。唐代早期,生产发展,经济恢复,科举取士制度使教育得到普及,推进了科学文化的发展。

这时,不管是经济文化发展还是宗教传播、对外文化交流,对复本图书皆具大量的需求。传统的传抄方法已无法满足社会的需求了。人们迫切需要一种新型的、高效率的图书复制技术。唐代产生了对印刷的迫切需要的同时,也拥有了印刷术应用与发展的纸、墨、石刻、捶拓等物质基础和技术条件。特别是造纸技术,自汉代发明之后,造纸技术不断改进提高,到了唐代造纸术更是发展到了高峰。加上楷书的确立,书法的广泛应用所形成的文化氛围,社会对图书的迫切需要,促使雕版印刷术应运而生,在唐代有了初步的发展。

1974年在西安市西郊西安柴油机械厂工地唐墓出土的梵文《陀罗尼经咒》单张印本。经陕西考古学家韩保全研究,定此经咒为唐初(7世纪初叶)的印刷品。它是目前世界上已知最早的印刷品。

唐 陀罗尼经咒 672年

集王圣教序石碑《集王圣教序》由僧人怀仁将当时流传的王羲之行书笔迹一字一字集聚成文,因为集字而成,所偏差,气韵福寺沙门怀仁集,似普有将军王羲之书。这种集字的初端。

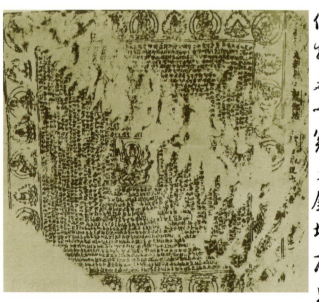

从出土实物和文献记载可知,唐代初始的印刷主要应用于寺院佛经和民间印书读物。一方面,唐代时佛教兴盛,寺院林立,僧侣众多。佛事活动需要大量抄写佛经。佛寺中有以抄写经书为专职的经生,他们在长时间的写经过程中,形成了独具一格的字体——写经体。所以佛教寺院雕版字体大多是经生写版,一些写版也带有欧虞风范,雕版字体现在尚是一种版刻书法。写经体,不免成为雕版字体最早参用的一种书体。

另一方面,隋唐时期书法普及程度高,应用范围广,仅就书法艺术而谈,唐代是楷书发展的巅峰。并且隋唐推行的科举取士制度,对社会中下层子弟学习文化的风潮有极大的推动作用,进而也向民间波及了书法艺术。民间印刷的种类包括历书、字书和各类画俗读物,其雕版字体大多是民间能书者所写的,水平良莠不齐,是初期印刷字体的起源。从现存唐代版刻书法作品来看,数量最多的仍然是佛经,其次是历书。二者相比,历书质量更差,书写水平较低。

唐代是中国历史上文学艺术发展最为辉煌的时期之一。法度森严、尽善尽美的唐楷在写本、碑刻上都发挥得淋漓尽致。反之,以楷书为主要表现对象的唐代版刻书法艺术水准却差强人意,这可能是它运用不久、技术欠佳的缘故。凡物之初,无不简陋。唐代,版刻书法处于初创时期,未引起官方的关注。其主要在佛经和历书、阴阳杂说、字书等民间用书中使用,书法艺术水准不高。唐代版刻书手也局限于佛教

1907年在敦煌发现的《金刚般若波罗蜜经》由七张纸粘连而成,长488厘米,宽30.5厘米,卷首是一幅精美的扉画,卷尾题记:"咸通九年四月十五日王玠为二亲敬造普施。"咸通九年即公元868年。这是目前世界上最早的有明确刻印日期的印刷品,也是唐代最成熟、最完整的印刷品。

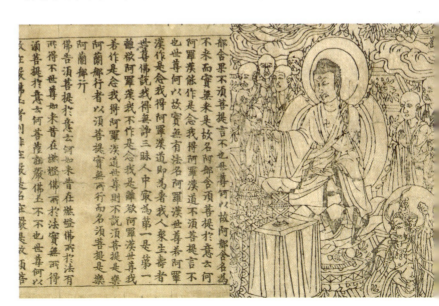

唐咸通九年 敦煌雕版印经 《金刚般若波罗蜜经》(修复后)

徒和民间书手，文人士大夫参与的比较少。刻工则通常由原本长于镌刻版画的工匠担任。

唐代的工匠们以唐代三大书法家的楷书为临刻原本，最初是临刻，日后渐渐地加入了工匠们自己的智慧，并结合刻刀和木版材质的特点，使书法字体更加规范化，更易于刻写，最终成为印刷楷体的雏形。唐代版刻书法是一种新的艺术样式，对当时及后代都具有不可忽视的影响。

## 五代时期

五代十国时期，中原地区遍地狼烟，从公元907年唐朝灭亡直至公元960年北宋统一，短短五十几年前后经历后梁、后唐、后晋、后汉、后周五个次第变更的政权。此时，全国各地分裂割据政权之间充斥着激烈的军阀混战，导致了频繁的王朝更替。虽然如此，五代在中国图书印刷史上却占据着重要地位。与唐代版刻书法相比，这是一个崭新的局面。

五代时期印刷规模扩大，数量增多，刻印者从民间、寺院扩大到上层知识分子和政府官方机构，其应用领域除了佛道典籍及历书等民间用

五代《观世音菩萨像》其形式为上图下文，文中刻有「曹元忠雕此印板，奉为城隍安泰，阖郡康宁」「匠人雷廷美」「时大晋开运四年丁未岁七月十五日」（公元947年）「匠人雷廷美」等字样。这既有主持刻印者姓名，又有刻印的年月日，更为可贵的是载有刻工的姓名。根据曹元忠当时任瓜沙等州观察使职务，可推断印刷地点就在敦煌附近。

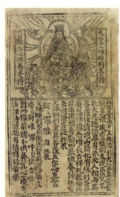
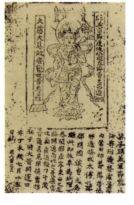

吴越王钱俶於975年刻印的宝箧印经

五代《观世音菩萨像》
五代《大圣文殊师利菩萨像》

书外，开始出现了政府刻书和私家刻书。其中政府刻书主要指儒家典籍的印刷，雕版印刷自此转入刻印正统书籍。印刷术作为来自民间的发明创造，在官方的应用中得到扶植，为其自身的茁壮成长创造了积极条件，展现出宽广的发展前景。

不同于民间的版刻，官刻书籍对书手、刻工具有非常高的要求，特别是文人书法家参与写稿，使五代版刻书法艺术水准比较高，较前朝取得了长足进步。尽管五代官刻、私刻书籍如今已荡然无存，但通过相关文献对其写手书写风格的记录，可以推论出这些版刻书籍主要使用欧体等唐楷风格，谨严端正，有贞观遗风。现存的五代版刻书法作品以佛教主题居多，风格大体有两种：一种传承了北魏造像题记风格，另一种显然继承了唐代写经体风格。

五代版刻书法也第一次出现了刻工的姓名。敦煌出土晋开运四年（947年）雕刊的《观世音菩萨像》题记中有"匠人雷延美"一行，后来天福十五年（950年）雕印的《金刚般若波罗蜜经》则题曰："雕版押衙雷延美"。可看到，原为匠人的雷延美，不但为官府所雇用，还成了雕印手工业的管理者。这说明在五代专事雕字的刻工队伍正在逐渐形成，这为宋代版刻书法的高度发展提供了基础。

五代刻本同唐代刻本一样，流传至今的极少。尚存的几种都发现于敦煌，并皆为残本。监本九经虽受当时读书人的珍视，却无一留存。唐和五代的刻本都是中国最早印刷的书，在书史和印刷史上皆有重要的意义。

## 宋代

宋代是我国古代雕版印刷的巅峰时期，刻本以五代的成果为基础，逐步分为官刻本、家刻本和坊刻本三大类。官刻本的中央政府继续刻印图书，除国子监承刻之外的政府部门和地方官署都刻书、印书，政府刻书事业如火如荼。而家刻本和坊刻本也有更进一步的发展。

北宋初立，太祖赵匡胤采取"杯酒释兵权"等政策，取消了将领的兵权，将军权与政治、财

宋交子

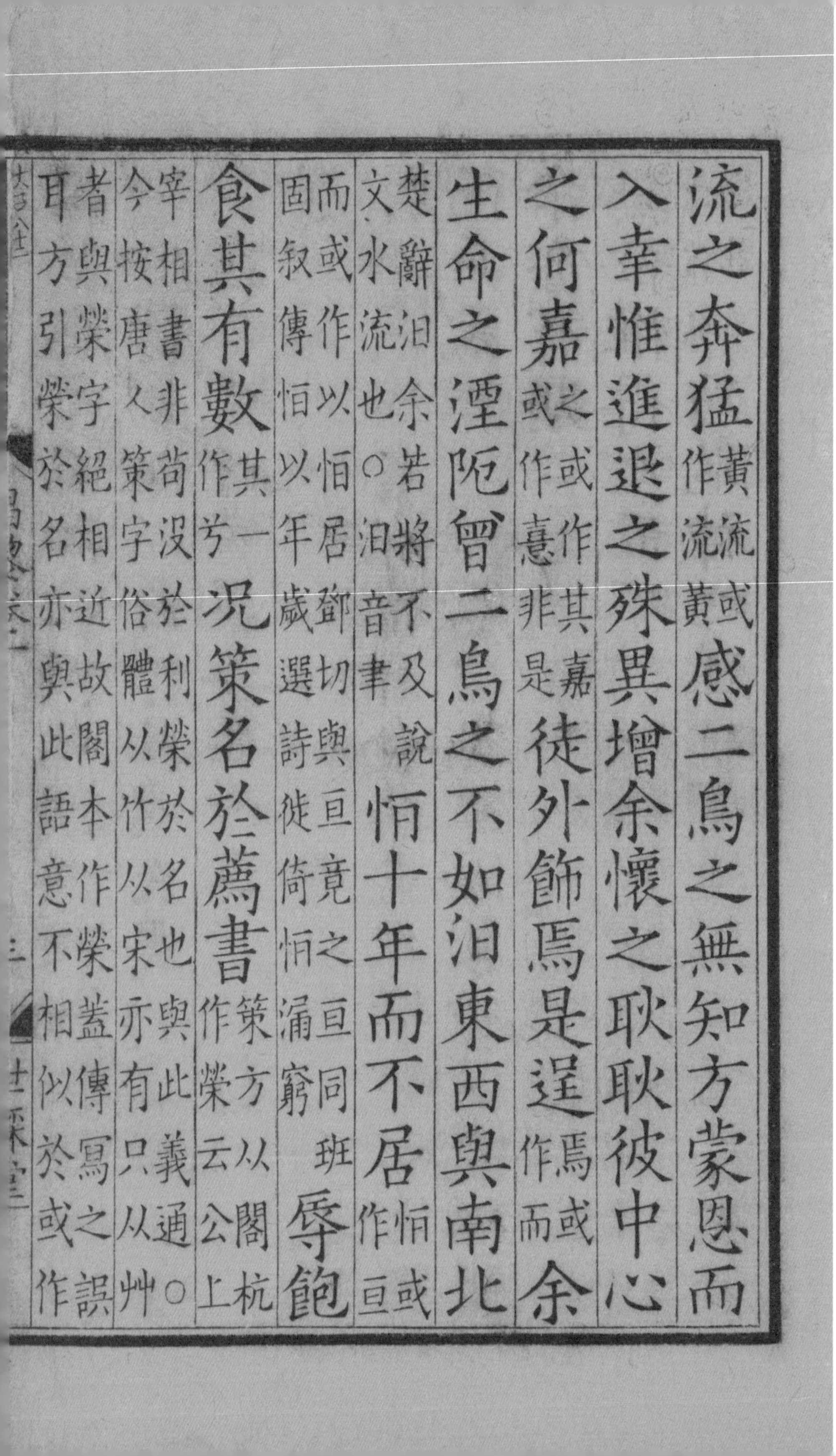
流之奔猛黃流或作流黃感二鳥之無知方蒙恩而入幸惟進退之殊異增余懷之耿耿彼中心之何嘉之或作其嘉或作憙非是徒外飾焉是逞焉或作而余生命之湮阨曾二鳥之不如汩東西與南北楚辭汩余若將不及說文水流也○汩音聿恒十年而不居恒或作亘辱飽而或作以恒居鄧切與亘竟之亘同班固叙傳恒以年歲選詩徙倚恒涌窮食其有數其一作兮況策名於薦書策方从閣杭作榮云公上宰相書非苟没於利榮於名也與此義通○今按唐人策字俗體从竹从宋亦有只从艸者與榮字絕相近故閣本作榮蓋傳寫之誤耳方引榮於名亦與此語意不相似於或作

南宋时期建春年间《昌黎先生集》廖莹中和世彩堂学院所刻

此版本质量上乘。光泽的纸张，光滑的墨水和其书法风格令人想起唐代大师褚遂良和柳公权，书籍收藏家们一直认为这本作品是值得世代相传的珍品。这本作品曾经过项元汴、王施忠、海源阁杨氏，以及陈澄中和其他著名藏书家的收藏。目前，完整版本保存在中国国家图书馆。

政分离。同时，大力推进"崇文崇儒"的政策，崇儒礼士，推进科举，重视文官。重文轻武政策推进了文化艺术事业迅速发展，文学、史学、哲学、艺术、科技等领域极度发达，百花齐放，在中国文化史上独具一格。王国维对宋代的文化业绩感叹道："天水一朝，人智之活动与文化之多方面，前之汉唐，后之元明，皆不逮也！"陈寅恪则赞叹道："华夏民族之文化，历数千载之演进，造极于赵宋之世。后渐衰微，终必复振。"有宋一代文化之盛，物力之丰，与其工艺之精，断非元以后所能得其仿佛。"

同宋代极度灿烂的文学、绘画一样，宋代的版刻书法艺术水准也达到了空前绝后的高度。唐末五代以来，烽火连年，致使北宋建国初期所存版刻书籍并不多。宋人刻板，尤其喜欢选用唐代书法家的字体，北宋初期刻书常常使用欧体字，后来渐渐风行颜体，南宋以后，柳体字日趋增多。从地区刻本看，汴梁和浙本多为欧体，蜀本多为颜体，闽本多为柳体，江西本欧柳间而有之。由于政府强有力的倡导，社会安定、经济文化迅速发展，宋代的刻书、藏书业极其兴盛。

**宋版之美**：宋代印书刻本，除了传播文化知识，供人阅读的基本功能，还具有极高的收藏、鉴赏价值。书籍中的印刷字体和版式设计的审美水平极高。历来藏书家都美称宋刻本，"纸香墨润，秀雅古劲"，从明代中后期开始，学者、藏书家一直都非常重视宋刻本。到了明朝，宋刻本尤其是善本已值一页千金。根据统计，如今全国所能寻找到的宋刻本，总数不足1200部，大多已被定为国家一级文物，仅集中在少数几家大型图书馆，很少遗失在民间。其中，中国国家图书馆藏有500余部，北京大学图书馆150余部，上海图书馆200余部。

宋版之美主要在于字体、版式。其实，通过现存大英图书馆的唐咸通九年刻本《金刚经》的雕刻技术，可见印刷术之成熟。从如今留存的北宋版和南宋版中的名品看，几乎都出自长于书法者之手。宋本用墨精良，浓厚似漆，刀法精致认真，字画一丝不苟，不失书写手笔神韵。

**宋朝体——仿宋与宋体的萌芽**：南宋时在杭州、建阳等印刷业相对集中的地区，印刷业的发展催生了一支写版者的队伍，他们以写版为业，而且熟悉刻版工匠的操作特征，进而为创造新型印刷字体提供了条

宋版的版式设计堪称精致。文字的分布极为讲究，板框的高广与行格的多寡，都以事先设计要求的字体大小及每行字数的比例而定，大字本每半页七八行，每行约十五六字以下，小字本每半页十三四行，每行约二十三四字以上。

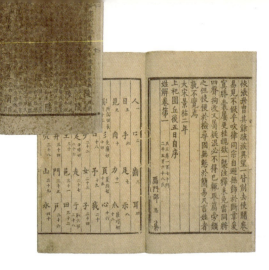

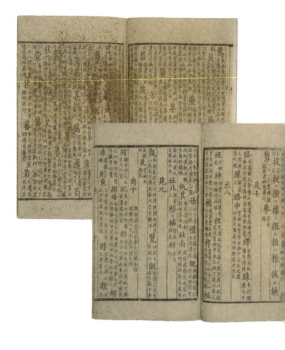

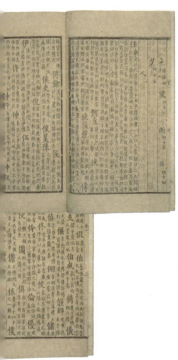

宋 邵思撰 《姓解》 北宋景祐年间刊本

《姓解》为一本姓名起源研究专著，以偏旁字类为一百七十门，二千五百六十八氏。以偏旁分部，首列『人部』，终为『畅』部。

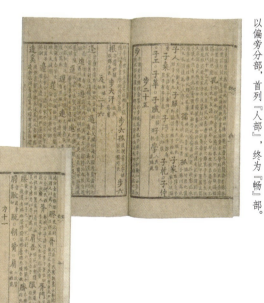

件。由于社会对书籍的需求的增长，刻工又必须更快、更多、更好地完成任务。他们在研究了前代各种版本的字体后，充分利用刻刀的特点，对楷书进行改造加工，在用最少的刀功条件下刻写出楷书的特征，创造了一种"横平竖直、横轻竖重、字形方正"的新型印刷字体。这种字体虽还不失楷体遗风，但与书法字体有显著不同，这就是宋朝体的诞生。宋朝体是当代仿宋体的萌芽，也直接启发了后代的"明朝体"——宋体。

宋代作为印刷术的巅峰，印刷字体也展现了繁荣的景象，它近乎囊括了隋唐以来的所有名家书体，并对日后的印刷字体有巨大影响。可以说这个时期是楷体和宋体的演变期，也是专业的印刷字体正式脱离书法特征的时期。一些偏离书法字体多的、严谨规范的字体已可归纳为印刷字体。这标志着字体开始向着适应规模化、工业化方向发展，更加具有规范统一性。直到铅活字时代，人们还依照宋版书的字体设计出楷体和仿宋体活字。

## 辽、夏、金、元代

契丹族建立的辽国、党项族建立的西夏国和女真族建立的金国，与两宋处于同一时代，其印刷水准与两宋不相上下，版式、字体也多有相同之处。而蒙古族建立的元朝，疆土统一，印刷业仍沿承两宋的制度，印刷字体也与两宋相同，以欧虞颜柳各名家书体为风范。此外，元代民间印刷，也常有精品，岳氏刻印的《春秋经传集解》，字体效法欧虞，书写认真，刻版精良，即是小字注文，也一丝不苟，力求清晰可读，不逊宋刻本。

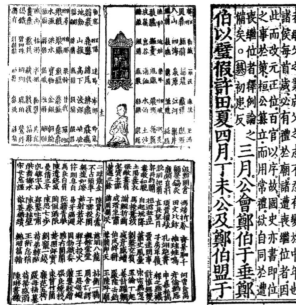

元初 《春秋经传集解》 岳氏荆溪家塾刻

西夏 《番汉合时掌中珠》  辽代 《蒙求》

印刷字体的新发展在于刻板大多使用赵体。赵体即元代大书法家赵孟𫖯的字体。

元代的官方版刻，比如杭州西湖书院，是元代著名印刷单位，曾刻印过几十种书，其印刷作坊有近百位工匠，所刻印书籍涵盖经史子集各门类，还有元政府编修的《宋史》《金史》，例如至正二年（1342年）刻印的《文献通考》，有三百四十八卷，属于大部头书，它的字体就有赵孟𫖯风格，代表了元代杭州高超的技艺。值得一提的是在民间方面，由于元代兴起的新的艺术形式元曲，在杭州、建阳等地的书坊兴起了话本、戏曲等通俗读物的印制，元代的私人印书方面得到了发展。

纵览元代，有继承，也有一定程度的创新，书坊印刷的繁荣基本还是延续了下来。

## 明代

中国古代印刷术到了明代，已发展到顶峰。其首要标志是：书的种类、数量远超前代，印书业在全国各地遍地开花，刻印技艺更加精湛，而且出现了木版彩色套印技术。明代在印刷术方面最杰出的贡献是印刷专用字体——宋体字的成熟、普及应用。这也是印刷术发展到一定高度的重要标志。

明代不仅展现了字体的多样化，并且更关注其版面阅读效果。其刻版的楷体，已不是彻底照搬唐代名家书体，而是汲取各家书体的风格，进而形成一种专业的印刷楷体，或称"软体"，或称"台阁体"，这也已是明代官方文书的通用字体。至于宋体字更是明版书字体的代表，它的风格的多样，字体结构的严谨，粗细笔画的适中，刻版的水平，可谓历史的高峰，并且对后世印刷字体有巨大影响。

**宋体之美**：复古风尚在明代中后叶盛行，明人在宋刻版之中找到了一种横轻竖重、字形方正的"宋体字萌芽"，并加以改造，对笔划更加以直线化，创造了一种整齐方板、棱角峻厉的字体。这种字体的特征是，横画细而长，竖画粗而笔直，与横画相交成直角。在楷体中横画右端的顿笔，在宋体字这里变成了紧缩成的一个三角形。向右下角的捺则形成了一个细长的三角形。这种字虽楷意尽失美感略逊，但方正齐整，便于阅读，虽然创制于明，但因为它萌芽于宋，称之为"宋体字"，明代的宋体后人称之为"老宋体"。

宋体字是印刷专用字体，也是印刷术发展到一定水平的必然产物。其平直的笔画更便于刻版，粗细得当的笔画、疏密结构的精妙组合，使其字体兼具规整统一的视觉效果和便于阅读的功能。再加上专业写版者的长时间钻研，使宋体的艺术水准和阅读效果都更加成熟，颇为文人学者赞赏。当然也有人批评这种字体，例如清人钱泳说："有明中叶写书匠改为方笔，非颜非欧，已不成字"。不过从现在看，这实在是在拿书法的准绳去要求印刷字体了。

宋体字首先是一种印刷用的实用字体，本质是能够普遍地承载信息，它难以承载过多个人的情绪，因为这会与它信息传达的普遍性有所牵制。而书法则不同，虽然传达信息的文字永远是可以通过手书写出的，但书法在我国文化中的意义早已不是单纯的手书，它是一种更重于个人的艺术表达。这可以说是文字的分化演变，也是印刷字与书法的不同之处。当然，这并不代表印刷字就毫无美感，它令它的美感更微妙与含蓄。在明代，宋体的字形具有一种整齐之美和庄重之美，而在整齐之中凸显文字的间架结构，在庄重之中又蕴含着笔画变化的活泼，这是它脱胎于书法的美学养分，也同是汉字的美。宋体正因其保留着汉字的结构美感，又有笔形的装饰，所以，它排列起来印成文章，既有整齐划一的外观效果，也颇具韵律感。

宋体字的黄金时代是明万历年间，官方和民间印书均广泛应用。在长期的使用过程中宋体字风格日趋多样，字体形态更趋于丰富，从而奠定了宋体字作为印刷字体的主流地位，也影响到未来印刷技术的发展。

**宋体字与"明朝体"字**：伴随着宋体字的直线化进程，到了16世纪，出现了所谓的"明体字"、"明朝体"的称谓，这是在明代已成熟的宋体字，已与现在印刷宋体近无二。只是现在的书体，尤其是横画等笔画变得更为纤细，而明朝的明体字则较粗一些。实质上，从断代来说，"明朝体"对应着上文所说的"老宋体"。"明朝体"之名来自于是明朝时期宋体字流入日本、韩国等国时的叫法。而在我国之所以延续"宋体"之名，大抵有一种铭记其源流自宋版刻字的含义。到了近代，由于我

"明朝体"宋体字

宣江吉洪州兴国临江南康军片散茶共

国所用的照相打字字体早期因多由日本传入，所以"明朝体"的叫法又进入到了现代中国。

**宋刻本 - 影宋 - 仿宋体：**相对于前面的明朝体，仿宋体也可以叫作"宋朝体"。因为它源自仿刻宋本，既有现代字体的标准，也不像宋体字那样表情生硬。

宋版书价值之高一页难求，早在明代就已蔚然成风。随着宋版书以黄金作价的社会风尚渐起，对宋版书的复制也随之兴起。人们开始倾向于完全完整的复写制造，要求逼真到纤毫毕肖，要求不动分毫的形似与笔意流畅的神似相统一。这种艺术体系上的复制，转化为一种纯临摹式的技巧，在明清两代乃至递延到民国的印制工艺中，出现了"影宋"这一特殊的刻印门类，也将尽善尽美的宋本续写到了今天。

现代最早仿宋体——聚珍仿宋应是参照了南宋的临安书棚体创造而来的。临安城的棚北大街有诸多书坊比邻而立，其中由陈起（生卒年不详）设立的陈家书铺所出版的书便是狭义上所说的"临安书棚本"。1916年，丁辅之和兄弟丁三在广征宋版书籍，将临安书棚本的字体朝着直线化的方向更前进了一步，制作了铅字的聚珍仿宋版活字。

近代宋朝体活字是浙江地区的印刷字体的系统，其源流是陈起的陈家书籍铺出版的『临安书棚本』。

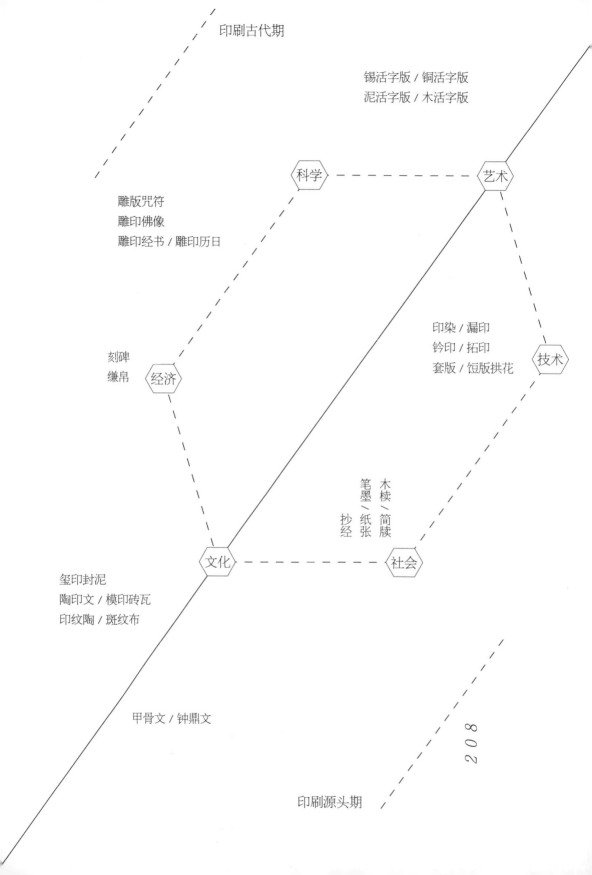

楷体字与宋体字其笔形、重心、视觉动态多有差异。

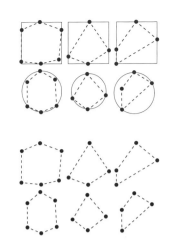
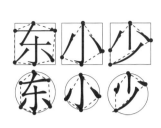

**楷、宋体系：**汉字印刷字体设计从文字结构上说分为两大类，一类是楷体体系，一类是宋体体系。就这两大体系字体是最早成熟并被广泛认知的印刷字体。以后出现的印刷字体都是在这两种字体的基础上设计的，所以印刷字体设计有"从宋、从楷"之说。

楷体体系和宋体体系的不同主要有两个方面。第一，视觉心理差别。视觉上，前者偏软性，后者偏硬质；前者偏帖，后者有碑的风骨；楷书更富书卷气息，宋体则偏向现代。总体来看，宋体在当今的使用频率上远高于楷体。楷体的没落、宋体的流行，主要是因为宋体比较规范，更易与黑体等现代字体融合，并且宋体与当代人的审美感觉更加契合。第二，笔画体征的差异。在国家标准汉字中，我们可以看出两者在笔画上有多字不同。楷体的笔画是倾斜的，有动势的，宋体则是横平竖直，视觉平稳。

从传统雕版的角度来看，两种字体雕刻的难度存在差异：在说到楷书和宋体在雕版的难度时，有一种说法是雕版师认为楷书虽然体态呈曲线状，但是它相对可供发挥的余地较大。反之，宋体对刻工的水准要求比较高，在整版雕刻的时候，常常会有雕刻的笔画不够直的情况，很难彻底体现宋体的形式美感。

### 清代

清朝最盛大的编写计划当属乾隆帝（1735 - 1795 在位）时代完成的《四库全书》抄本。乾隆帝更从《四库全书》中选择重要的书物，以木活字大量印刷。使用木活字的提议来自刊行负责人金简,被乾隆帝所采用。使用武英殿木活字出版的丛书被称为《武英殿聚珍版丛书》,共刊行五部专供宫廷,另有三百部一般销售用。金简总结了这一木活字的制造和印刷工作过程与经验,以详细的文章配以明了的插图加以说明,

清康熙年间,武英殿刻制铜活字约25万枚,有大、小两种字号,字体为典型的宋体,用于印制了《康熙字典》等书。这是历史上规模最大的铜活字,其宋体字的结构、体形、笔画的规范等方面,都达到很高水平。

清 《康熙字典》 清康熙五十五年英武殿本

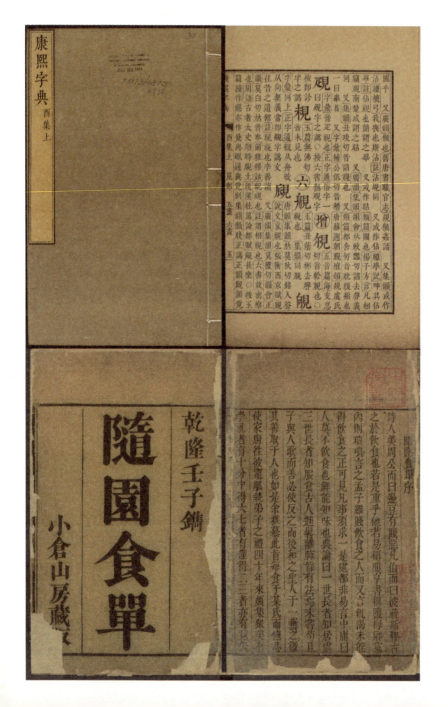

清刻本分为官刻本、家刻本和坊刻本。其中官刻本即内府本,刻书多为殿本,校刻精致,纸墨上佳,而家刻与坊刻亦十分精美。

清 袁枚撰 《随园食单》 清乾隆五十七年小仓山房刊本

这就是《武英殿聚珍版程式》这一印刷专业书。

泛刻印于古代书籍扉页或卷末所附、框起来的题识文字，字数从若干到上百字均有。牌记的内容包括书籍的刊刻年代、刊刻人、刊刻地、版本的传承、底本的来历等等。清朝编撰了集大成的牌记资料集《清代版刻牌记图录》，它载有清朝二千多种古籍中精选的四千多幅清朝牌记相关图像，以实际尺寸影印收录。这些资料在今天显得弥足珍贵。

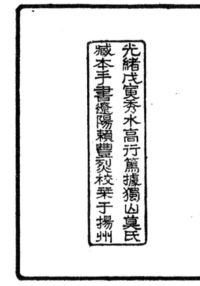

河岳英灵集 1878 年
《清代版刻牌记图录》所收的《河岳英灵集》采用了端正的隶书体。

清代是古代印刷的末期，也是古代印刷术和近代印刷术的交替时期。以印刷技术的角度来看，中国古代印刷术在明代已登峰造极，清代没有新的成就，但古代所有的印刷工艺如雕版、彩色套印、泥活字、木活字、金属字等都有所运用，印刷体运用更加普遍，工艺也日渐完善，印书品种有所扩充。

值得一提的是，泥活字、木活字和铜活字，在清代都得到了规模和工艺都远超前代的应用。例如皇家印书机构武英殿，曾经使用铜活字和木活字印书，而民间的木活字印书，在全国各地非常繁盛，江浙地区尤甚。19 世纪初，西方铅活字、石印技术接踵传入中国，中国的印刷术进入了近代阶段。

## 刻本的地域划分

唐代虽已发明了雕版印刷术，但印书数量很少，品种局限于佛经及历书、风水等功能性书籍。五代时期开大规模刻书活动的先河，但由于政权更迭频繁，统治者心有余而力不足。中国古代刻书业在两宋时期达到了真正的黄金时期，后世的刻书地区大都在宋代即已形成。宋代统治者十分清楚"王者虽以武功克敌，终须以文德致治"的道理，大力扶植文化事业，图书品类也由以佛经为主快速发展为佛经、儒经、史籍、

诗文并重的局势，刻本的艺术性与资料性兼得到了极大发展。

雕版印刷刻本在宋代，主要还是聚集在一些特定地域。以地域进行划分，可以分为蜀刻本、浙刻本、闽刻本等，也可以细分为杭州本、越州本、衢州本、建阳本、麻沙本、平水本、眉山本等。这是由于宋代雕版印书刚刚通行，其普及程度低于明清，一件事物普及性越低，地域性越强。

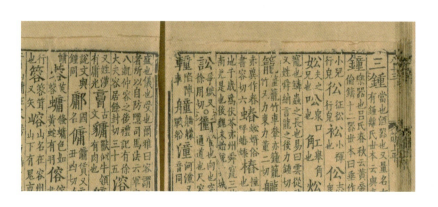

宋景德四年 陈彭年等奉敕编撰《大宋重修广韵》 南宋宁宗年间杭州翻刻本

**宋浙本**：南宋迁都临安之后，南方出现了两个刻印书籍的中心，杭州为其中之一，所刻的书籍常常被称为"浙本"。

北宋继承了五代的传统，以官刻为主，官刻中又以国子监刻本即监本为主。虽然北宋的国子监在东京开封府，但其监本多数还是送到杭州刊刻。南宋浙本中官刻依旧以国子监本为主，现存的有《周易正义》《春秋公羊传疏》《尔雅疏》等，其他的官刻本也有许多。

浙本家刻数量低于官刻，现存的有在今金华的唐氏家刻《周礼》，在今睢县的孔氏家刻《东家亲记》，等等。而最著名的则是宋季廖莹中家塾世綵堂所刻，现存有韩愈、柳宗元所著的《昌黎先生集》和《河东先生集》。

浙本中坊刻本数量虽不如官刻，但相比家刻略多，现存最早的是南宋初年的《文选五臣注》和《抱朴子内篇》。南宋中期最著名的坊刻本是"临安府棚北睦亲坊南陈宅书籍铺"刊刻的唐人诗集和分编为《江湖前集》、《后集》、《续集》、《中兴集》的宋人诗集，统称为"书棚本"。江浙地区还刻过三部佛教的《大藏经》，即在浙江吴兴开刻的《思溪圆觉藏》和《思西资福藏》，江苏苏州的《碛砂藏》。

宋 陈彭年等撰 《钜宋广韵》
南宋乾道五年建宁府黄三八郎刻本

**宋建本：** 宋代福建建阳（今福建省建阳市）、福州（今福建省福州市）两地的刻书也非常著名，前者因书坊著名，后者因寺院刻藏名扬天下，他们都是坊刻本。刻的书称为"建本"，亦称"闽本"。南宋时福建地区官刻只有少量。

北宋建阳刻书情况现存不详，现传建本大多数是南宋所刻。建安刻书主要有麻沙、崇化两坊，书林也非常出名。《方舆胜览》记载：麻沙、崇化两坊，号为"图书之府"，各地书贾在此聚集，建阳刻书销往各地，有着巨大的影响力。书坊刻印经史百家、唐宋名家诗文集，还与当地文人编印科举用书，还包括医药小说之类。

南宋建本的发展，首先得益于优良的自然条件，盛产竹木，造纸工业非常发达，其次建阳位于福建的最北端，毗邻官刻先进的浙江地区，便于技术传递，经济也相对发达。与浙本不同，浙本中尤其是官刻讲究传统，很少变新花样，但建阳坊刻为了罗致顾客，拓展销路，在形式和内容上都有翻新花样。比如，《史记》中通常有集解、索隐、正义等三家注本，他们通常是分别成书的，但是南宋建本坊刻曾将这三家注本合刻到了一起，使《史记》第一次有了三家注的合刻本。这些建阳坊刻还有一个特征，即校勘水平虽不高超，刊刻上还是力求精工，使读者开卷就有赏心悦目之感。

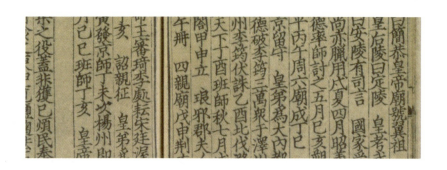

宋 王称撰 《东都事略》 眉山程舍人宅刊

**宋蜀本**：蜀地在唐五代时便曾是与杭州东西对峙的全国刻书中心。两宋时期，蜀地刻书之风依旧延续，所刻本称为"蜀本"。

蜀地刻书，历史悠久。今四川成都在北宋时刊刻了我国最早的一部印本佛教《大藏经》，规模宏伟，有五千余卷，蜀本由此而得名。《大藏经》，又称《开宝藏》，卷子本，字体颇具唐写卷子本的风范，多少带有一些北魏字体的成分，如今还保存一些零卷。后来，刻本中心转移到成都西南眉州的眉山，以井宪孟主持所刻《眉山七史》著称于世。版本上所指的蜀本其实多指眉山刻本。

蜀本有大字、小字两种版式。大字的有《礼记》、《春秋经传集解》，还有一套九行大字宋本正史等现存。小字的唐人别集数量较多，有《骆宾王集》、《李太白文集》、《王摩诘文集》等，以及一些地志、医书。

现存的宋蜀本在数量上不能和浙本、建本相比，通常认为这是由于宋末元初，四川区域遭受元兵大肆焚掠之故。另外，南宋迁都杭州，浙本官刻之盛已非四川官刻所能企及，而建本坊刻的迅速发展，也已并不落后于眉山坊刻。

**辽本和金平水本**：在北方，五代、北宋时辽统辖的地区在现河北、山西北部，南宋时金更扩张到整个黄河流域中下游，金统治区内平阳临汾又形成了一个北方的刻书中心，刻的书称为"平水本"。

辽代刻书，现存的有《契丹藏》、《蒙求》等，其刻书传世罕见，并且文字记载也很少。金初虽然以武力称霸，但也很注重文化。1127年，金灭北宋，破汴梁时，曾把那里的书肆和政府的书版以及一部分雕版工人掠去，移住平水。金代刻本，除官刻监本以外，私家和书坊刻书也很多。私刻多经史文集；坊刻则着重在普通民众需要，多是些医书、类书和民间盛行的说唱诸宫调。

平水雕版印刷业对我国的文学、艺术、医学、宗教等都有深远而广泛的影响。金、元之交平水人王文郁、刘渊所归并的"平水韵"风靡天下，毫无疑问，这为那一时期的诗歌、韵文的创作有着巨大的促进作用。与《董解元西厢记》并为传世诸宫调两种最古脚本的金刻本《刘知远诸宫调》，证实了金代诸宫调等说唱文学风靡于平阳一带，也为元杂剧的兴起奠基。平水本《新刊补注铜人腧穴针灸图经》五卷本成为中国医学史上非常重要的珍稀文献。《金藏》、《玄都宝藏》的刻印，是金、元之际佛、道二教盛行的标志。平水雕版印刷业对我国文化的保存、流传、发展有着不可忽视的功劳。

## 藏书楼

中国古代政权机构、寺院、民间团体以及私人收藏图书文献的建筑物总称藏书楼。在世界历史中,中国古代藏书楼的规模、历史和功绩都是无与伦比的。在中国历史上,藏书楼的数量总计有几千座。而产生了有一定影响的古代藏书楼超过千座。古代藏书楼不仅给无数的读书人提供了大量的学习资料,广泛传播了文化,也起到了收藏和保护古代典籍的重要作用。藏书楼为中华文明的传承做出了重要贡献。

藏书楼,泛指为收藏典籍、文献、图书,而由官方、民间或个人所建造的专门用于藏书的任何地方,包括石室、山洞、地窖、书院、平房、厅室等。中国的藏书体系分四类:官府、私人、书院、寺庙。

中国古代藏书历史悠久,最早可追溯到先秦时期。当时官方藏书的规模已经很大,比如商王室藏书、周王室藏书、诸侯藏书等。安阳殷墟甲骨可以证明商朝已开始收藏图书典籍,藏书楼的雏形就是甲骨文献集中放置的地方。在周朝,图书典籍收藏在特定的图室中,藏书的种类从甲骨文献增加到玉版、竹木、简册以及初期的丝绸类帛书。到了春秋战国时期,各个诸侯国都分别有各自的藏书,其中鲁国收藏了周朝大量的图书典籍,从而有"周礼尽在鲁矣"的美叹。在这个时期开始,藏书事业的一个新类型——私人藏书也发展了起来。

藏书事业在汉朝发展极快。一方面是因为汉王朝积极征书访书,频频开启献书之路,另一方面是造纸术的发明使图书数量大大增加。汉朝的藏书基础是汉高祖时期萧何督造的三座藏书楼,这三座藏书楼是当时朝廷的主要藏书处,分别为收藏入关时得到的秦朝存书的"石渠阁",收藏贤臣画像的"麒麟阁",以及收藏其他图书典籍的"天禄阁"。

在魏晋南北朝时期,战火四起,梁武帝还特意开辟了两座藏书楼"文德殿"和"华林园"来收藏图书典籍。私人藏书的数量和质量在当时都有了很大发展，不少私人藏书家的藏书量已超过一万卷。正是由于私人藏书的快速发展，私人藏书家们纷纷建造起了专门的藏书楼。

隋唐五代时期，雕版印刷术的发明和使用保障了藏书事业的繁荣。唐代藏书家的数量已超过之前历史的总和。在五代十国，私人藏书家们已经开始普遍修建藏书楼，著名的有"望海堂"和"垂象楼"。同时，由于佛教和道教逐渐的发展兴盛，宗教类图书典籍的数量也随之快速增长，导致了寺庙和道观的藏书量激增，寺庙藏书楼也开始大量修建了起来。

在宋朝，朝廷的主要藏书楼是"三馆"，也就是集贤院、史馆和昭文馆，得益于雕版印刷术的兴盛，这三者的藏书量超过了八万册。而宋朝的私人藏书领域也是发展极其迅速的，其藏书家的数量、藏书量和分布范围又一次超越了以往历史的总和。另一方面，因为人们学识的增长，私人讲学之风兴起，讲学者构成了书院，而众多讲学者的藏书楼则构成了书院藏书楼。书院藏书楼的地位和规模都超过了以往，亦不容忽视。

明清两朝社会依然稳定，并且由于官方主持编辑的《永乐大典》和《四库全书》，藏书得到了汇总，图书典籍的数量依旧增加，不论是官方、私人、寺庙还是书院，藏书量都远超以往，一直达到了中国古代藏书事业的巅峰。

## 清朝七大藏书楼
### 文渊阁
位于北京故宫太和殿东南，东华门西北，文华殿之后，原明代圣济殿旧址。清代乾隆四十年（1775年）建，是皇家收藏《四库全书》的图书馆。文渊阁与京郊圆明园文源阁、奉天故宫文溯阁、承德避暑山庄文津阁，合称北四阁（或称"内廷四阁"）。在七大藏书楼中，文渊阁本的《四库全书》最早完成，校勘更精、字体也更工整。近代文渊阁所藏的《四库全书》被民国时期国民党政府运往台湾，现藏在台北故宫博物院。

文渊阁为三层楼房，仿宁波天一阁规制，楼上通为一间，楼下分为六间，取"天一生水，地六承之"，意在防火。文渊阁的园林布局，十分精致。阁前设长方形水池，周置石栏，以石拱桥与文华殿后殿联为一体，池中养殖鱼藻。大型叠石假山环列阁后，假山山路、山洞上下穿行，就连阁的左右门道阶梯也增加叠石艺术处理，使文渊阁的气氛更加浓厚。阁内悬有乾隆御书"汇流澄鉴"四字匾。

## 文源阁

位于北京圆明园内，在原有建筑四达亭的基础上略为增葺，于次年乾隆四十年（1775年）建成，为七阁中建成的第二座。

文源阁位置在全园的西北，南接水木明瑟，西临柳浪闻莺。阁额及阁内"汲古观澜"匾、楹联等皆乾隆御书。阁南向而立，前方凿挖曲池，并放养金鱼于其中，据说大可盈尺。池南为怪石嶙峋的假山。池中还竖有一巨大太湖石，名"石玲峰"，高逾六米，玲珑剔透，环孔众多。正视之，则石如乌云翻卷；手叩之，音色如铜。石宽盈丈，四周俱镌有名臣诗赋，是当年圆明园中最大、也是最著名的一块太湖石，与颐和园乐寿堂前的"青芝岫"齐名。阁东侧为御碑亭，碑上勒有御制《文源阁记》。

文源阁于咸丰十年（1860年）被八国联军入侵时纵火焚毁。现在仅余阁基，只有其上青砖仍较为规整；曲池已涸，高大的"石玲峰"因民国时两股土匪争相盗卖不得，被其中一方炸为两截，轰然坍于蔓草之中。

当年曾在四库馆担任副总裁的彭元瑞、曹文埴题写的诗文碑刻，虽湮没在一片荒芜中，尚依稀可辨；而乾隆帝的御碑已挪至文津街的国家图书馆分馆院内，文字仅存其半。整个文源阁遗址和旁边的舍卫城遗址遥相呼应，偶有游人凭吊至此，不胜唏嘘慨叹！

## 文津阁

位于避暑山庄（今河北省承德市）平原区西北部山脚下，建于乾隆三十九年（1774年），是仿浙江宁波天一阁建造的。它不仅是清代的重要藏书之所，也是一处很有特色的小园林。乾隆为文津阁题诗中写道："渊源如欲问，应自此寻津。"在诗注中又说："山庄建阁，以文津名之，御园之文源，大内之文溯，皆由此津逮也。"

文津阁有围墙环绕，坐北朝南，三面临水，从南往北为门殿、假山、水池、文津阁、碑亭。文津阁建成以后，1782年，《四库全书》成书，共誊写了七部，其中一部藏于文津阁。七部《四库全书》随着中国的命运沉浮，只有文津阁内的藏本保存完好，并于1915年运往北京，现藏于北京国家图书馆。

每逢中秋佳节之际，天高气爽，登临"月台"赏月，但见园内，老树苍劲，枝杈纵横。一轮明月冉冉升起，把一片银辉洒向大地，山庄顿时银装素裹，更显得清澈静谧。文津阁假山的造型艺术，集中了米芾宝晋斋和范氏天一阁之长，运用传统叠山技法，结合北方雄壮的特点，风格一反南方小巧玲珑之态，而是雄伟、浑厚、气势磅礴的艺术作品。《热河志》中写道："文津阁与紫禁、御园三阁遥峙，前为趣亭，东侧月台，西乃西山，盖仿范氏之成规，兼米庵之胜概矣。"

### 文溯阁

位于辽宁沈阳故宫之西，乾隆四十七年（1782年）兴建，专为存放《文溯阁四库全书》，另有《古今图书集成》亦存于阁内。乾隆曾说："恰于盛京而名此名，更有合周诗所谓溯涧求本之义"，体现了乾隆皇帝不忘祖宗创业艰难，为后世子孙示守文之模的深意。文溯阁是七阁中藏书最完整而散失较少的一阁，现属辽宁省图书馆，其《四库全书》被调至气候干燥、冷热适宜的兰州，由甘肃省图书馆保管。

文溯阁是沈阳故宫西路的主体建筑，阁前有戏台、嘉荫堂，后有仰熙斋，建筑形式仿照浙江宁波的天一阁，面阔六间，二楼三层重檐硬山式，前后出廊，上边盖黑色琉璃瓦加绿剪边，前后廊檐柱都装饰有绿色的地仗。所有的门、窗、柱都漆成绿色，外檐彩画也以蓝、绿、白相间的冷色调为主，这与其他宫殿红金为主的外檐彩饰迥然不同。其彩绘画题材也不用宫殿中常见的行龙飞凤，而是以"白马献书"、"翰墨卷册"等与藏书楼功用相谐的图案，给人以古雅清新之感。采用黑色琉璃瓦为顶，主要是为了使整座建筑外观风格相统一。文溯阁是乾隆皇帝"东巡"时的读书之所。纵观整个西路格局，院落层次清晰，套院相接而不乱，花草树木点缀其间，的确是读书作画的理想"仙界"。

## 文汇阁

位于江苏省江都县（今扬州市）大观堂，乾隆四十五年（1780年）建，咸丰四年（1854年）毁于大火。一名御书楼，原在天宁寺西园。根据《扬州画舫录》记载，天宁寺西园一称御花园，正殿叫作大观堂，七大藏书楼之一的文汇阁就在大观堂旁。阁中藏有《古今图书集成》与《四库全书》，由乾隆帝钦赐"文汇阁"之名及"东壁流辉"之额。

与"北四阁"不同的是，乾隆对于南三阁的建设与使用颇为重视，乾隆五十五年（1790年）五月二十三日，弘历的圣旨里有这样开明通达的话："俟贮阁全书排架齐集后，谕令该省士子，有愿读中秘书者，许其呈明到阁抄阅，但不得任其私自携归，以致稍有遗失。"他是允许读书人来此阅读和传抄的。可惜的是，文汇阁最终毁于太平天国运动。

## 文淙阁

位于江苏省镇江市的金山寺。建于乾隆四十四年（1779年），咸丰三年（1853年）毁于太平天国军的大火。这是清朝七大藏书楼中存在时间最短的一座，留下的资料极少。

## 文澜阁

位于杭州西湖孤山南面，是江浙"南三阁"中仅存的一阁，由杭州圣因寺后的玉兰堂改建而成，建成于乾隆四十七年（1782年）。据时人记载："阁在孤山之阳（南麓），左为白堤，右为西泠桥，地势高敞，揽西湖全胜。外为垂花门，门内为大厅，厅后为大池，池中一峰独耸，名'仙人峰'。东为御碑亭，西为游廊，中为文澜阁"。咸丰十一年（1861年）文澜阁焚毁，部分藏书散失。光绪六年（1880年）开始重建，并把散失、残缺的书籍收集、补抄起来；辛亥革命后又几经补抄，文澜阁的《四库全书》才恢复旧观。新中国成立以后，书阁经过多次修缮，面貌一新，现属浙江省图书馆。

文澜阁是一处典型的江南庭院建筑，园林布局的主要特点是顺应地势的高下，适当点缀亭榭、曲廊、水池、叠石之类的建筑物，并借助小桥，使之互相贯通。园内亭廊、池桥、假山叠石互为凭借，贯通一起。主体建筑仿宁波天一阁，是重檐歇山式建筑，共两层，中间有一夹层，实际上是三层楼房。上楼除右边一条楼梯外，厅后又增设一条，楼上也是一大统间藏书，但在厅堂正中，开了一方形楼井，大约是为上下运书方便而设。步入门厅，迎面是一座假山，堆砌成狮象群，山下有洞，穿过山洞是一座平厅，厅后方池中有奇石独立，名为"仙人峰"，是西湖假山叠石中的精品。东南侧有碑亭一座，碑正面刻有清乾隆帝题诗，背面刻颁发《四库全书》上谕。东侧亦有碑亭一座，碑上刻清光绪帝题"文澜阁"三字。平厅前有假山一座，上建亭台，中开洞壑，玲珑奇巧。方池后正中为文澜阁，西有曲廊，东有月门通太乙分清室和罗汉堂。全部建筑和园林布局紧凑雅致，颇具特色。

### 铁琴铜剑楼

铁琴铜剑楼，位于江苏常熟市古里镇。系"晚清四大藏书楼"之一，始建于清嘉庆年间，最多时藏书达十万余册。

铁琴铜剑楼藏书主人瞿镛（1794～1840年）继承其父绍基藏书遗志，致力于收罗江南珍本古籍和文物古董，曾购得铁琴和铜剑各一件藏于楼中，故称"铁琴铜剑楼"。瞿氏编有《铁琴铜剑楼书目》数十卷传世，他曾自咏其楼道："吾庐爱，藏弆一楼书，玉轴牙签频自检，铁琴铜剑亦兼储，大好似仙居。"

铁琴铜剑楼藏书对于中国图书事业的贡献极大。20世纪初当地县图书馆成立，曾将藏书复本、乡贤著述和地方史志的副本贡献其中。后来《四部丛刊》的编印，以瞿氏家藏珍本为底本者，居当时私人藏书家之冠。

### 天一阁

天一阁，位于浙江宁波市。它是我国乃至亚洲地区传世最久的私家藏书楼，也是世界范围内位居第三的藏书历史连续未断的家庭式图书馆。

据考证，天一阁建于明嘉靖四十年（1561年）以后。创始人范钦（1506~1585年），官至明兵部右侍郎。落成后的天一阁，是一座坐北朝南、六开间双层的木结构藏书楼。范钦生平喜欢收集古代典籍，后又得到鄞县李氏万卷楼的残存藏书，存书达到了七万多卷，其中以地方志和登科录最为珍稀。乾隆三十七年（1772年），下诏开始修撰《四库全书》，范钦的八世孙范懋柱进献所藏之书638种，于是乾隆皇帝敕命测绘天一阁的房屋、书橱的款式，兴造了著名的"南北七阁"，用来收藏所撰修的七套《四库全书》，天一阁也从此名闻全国。

由于天灾人祸，天一阁藏书传至新中国成立初，已经不足六分之一了。如今，它作为国家重点文物保护单位，已由原来的范氏家族藏书楼，经过天一阁文物保管所阶段，演变成为天一阁博物馆，重新接受捐赠并征集入藏图书三十余万卷，其中仅善本就多达八万多卷。

## 聊城杨氏海源阁

清代中叶以来，与瞿氏"铁琴铜剑楼"齐名的唯一一座北方私藏书楼是山东聊城的"海源阁"。它们除了同列名于"晚清四大藏书楼"之外，在我国藏书界还单有"南瞿北杨"之说。叶昌炽在《藏书纪事诗》中说："艺芸散后归何处？尽在南瞿与北杨。"

聊城杨氏藏书的开创才是杨以增（1787～1856年）之父,时称"袖海堂"和"厚遗堂"，有"古东郡厚遗堂杨氏藏"印为证。随后杨以增在任官各地之际，从西南到西北，都时刻留意搜集当地故家散出的藏书，并在北京得到过清宗室乐善堂旧藏之书。在太平天国与清军短兵相接的江南，他还辗转得到了苏州黄丕烈士礼居等旧藏的图书，于是异军突起，与瞿氏"铁琴铜剑楼"争雄于藏书界。其藏书陆续积至三千七百部、二十二万卷左右，其中宋元珍本达到四百六十九种，编有《楹书隅录》五卷、续编四卷等藏书目录。有"海源阁藏书"、"聊城杨氏三世守藏"阳文印等。

"海源阁"位于聊城旧城之南的万寿观前街东首，俗称"杨家藏书楼"。其楼共三楹两层，坐北朝南，上层为善本珍籍收藏处。1840年，杨以增取《学记》中"先河后海"之语，自题"海源阁"三字于匾额之上，并自述说："盖寓追远之思，并仿鄞范氏以'天一'名阁云。"

## 湖州刘氏嘉业藏书楼

在近代中国著名的嘉业藏书楼，是在中国人民解放军解放江南之初，被周恩来指名要求南下部队加以保护的两个私家藏书楼之一（另一个是宁波的天一阁）。

嘉业藏书楼的主人，是近代著名刻书家刘承干（1882～1963年）。20世纪20年代初，他开始在家乡小莲庄西侧建造新的藏书处，1942年落成以后称为嘉业藏书楼，其楼系两层砖木结构，中西合璧风格，前后两进用厢房连接成"口"字形，中铺方砖，为晾曝图书之所。全楼上下共有52个房间，楼上中央有一室仍保留"求恕"旧名，但并不藏书。刘氏20年间致力于收集典籍，成为当时旧家藏书的重要归宿地之一。

北京、扬州、苏州和杭州等地的著名藏书家的遗书，如百川归流，源源不断地汇入嘉业藏书楼。藏书量达57万余卷，计18万余册。除了数量可观以外，其版本质量也非同一般。宋元版本、稿本钞本和校勘本以及地方史志为世所公认的三大藏书特色。刘氏还组织人力从事古籍流传工作，刻印了《嘉业堂丛书》《吴兴丛书》和《求恕斋丛书》《留余草堂丛书》。

**古越藏书楼**

古越藏书楼现位于浙江绍兴城内胜利路133号，落成于1902年，系晚清士绅徐树兰（1837~1902年）独立捐资成。建屋四进，前三进楼房为收藏典籍之所，其中间一厅为大众阅书之处。读者凭阅览牌到此看书，供应茶水，兼办膳食。

楼成之日，徐树兰本着"存古开新"之旨，将自家收藏的经、史书籍和一切实用书籍捐献出来，还另外斥资购买了大量的翻译著作、科学、农学图书，共藏至七万余卷。其他流行的画报、学报和日报乃至标本，也有收罗。编有《古越藏书楼书目》。

为加强管理，徐树兰还参考东西方有关资料，制订了《古越藏书楼章程》印行于世，凡七章三十节。规章宣告该楼的宗旨是"存古"和"开新"，认为：不读古籍，无从考政治学术之沿革；不得今籍，无从借鉴变通之途径。徐树兰还明确表示该楼同时接受社会人士捐助寄存之书。张謇在1904年撰写有《古越藏书楼记》，盛赞徐氏"不以所藏私子孙而推惠于乡人"的嘉行。

古越藏书楼的诞生，被认为是我国封建藏书楼时代的终结和近代公共性质的图书馆发端的重要分野。

**嵩阳书院藏书楼**

我国的书院自唐代起源、宋代全盛以后，便逐渐成为同官学、私学鼎足而三的一种教育机构，它往往由著名学者主持，聚众讲学，修业授徒，教研合一，培育了大量人才。这种教育方式直至清末方告衰落。

白鹿、岳麓、应天和嵩阳书院号称"宋代四大书院"，它们都拥有基本的藏书，以供生徒阅览自修之用。关于书院藏书读书的作用，清人曾经在《仙是书院藏书说》中明言："读书多则学问深邃，藏书富而采庶备全。"

嵩阳书院位于河南登封市北面的太室山麓，在隋嵩阳观的基础上建成，五代后周时名"太乙书院"。宋至道二年（996年）夏，皇帝赐院额为"太室书院"，同时获赐雕版印刷的《九经》书疏。1035年改名为"嵩阳书院"。知名理学家程颢、程颐曾经到此"昌明正学"。司马光、范仲淹等也曾到此讲学。

金元时期，嵩阳书院及其藏书楼均遭毁坏。明嘉靖年间修复后，至明末又毁。清康熙十三年（1674年）重建以后，聘请名儒主持，屡有修葺扩建，盛极一时。

## 活字印刷的发展

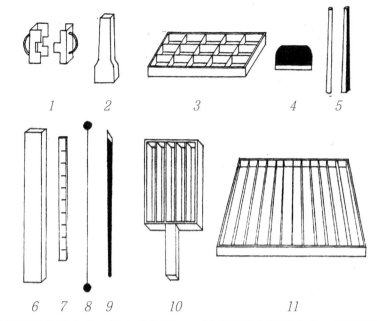

活字泥版制作工具图
1 分形铜管
2 竹针
3 放字格子
4 铁刮
5 平头小竹针
6 界方
7 小竹界方
8 线
9 清字小刀
10 撮字手格
11 放字板

雕版印刷术固大美，但白璧微瑕，一部书版悉心雕制完成，开版印制后也就既成不用了，再刻别的书又要从头开始。为了消除此弊病，古人便创造了活字印刷这种以简驭繁的方式。宋仁宗庆历（1041～1048年）时的白衣平民毕昇发明了活字印刷，对印刷技术有着巨大的革新与提升，中国活字印刷术的发明比德国的谷腾堡的活字术约提前400年。活字主要囊括泥活字、木活字和铜、锡、铅等金属活字，非金属活字衍生出金属活字。可以说中国古代的印刷史可分为雕版印刷、非金属活字印刷、金属活字印刷三个阶段。

不过，虽然毕昇在宋代就发明了活字印刷，但尚未成熟的活字有着许多问题，比如因为逐个雕刻工序繁甚，导致活字大小、粗细的不统一；排字时极易出错，容易行距歪斜不整齐，甚至单字横置颠倒；宋代陈彭年等著的《广韵》中，统计已有33440个汉字，一套活字数目上万，工作量巨大、繁杂。宋代以来，人们对于印刷字体的整体美观性、实用性十分重视，因此尚不成熟的活字印刷一直没能占据主导位置。但活字版出现之后，活字印刷的工艺和技术就处于发展进步中，并在南宋后期出现了锡制作活字，开拓了金属活字的方向。活字印刷历经上百年的发展后，在明代已十分普及，当时，木活字、铜活字印刷盛极一时。"一板印刷，一板已自布字。更互用之，瞬息可就"❶。清乾隆时期排印的木活字《武英殿聚珍版丛书》就被广泛应用，甚至也使用

❶ 沈括《梦溪笔谈》

在维文和回鹘文的印刷中。金属活字最著名的当属明代弘治正德间无锡华、安两家的铜活字印书，大规模的金属活字印书属雍正年间铜活字排印的《古今图书集成》。

活字制版技术从根本上改变了雕版印刷的技术原理。与雕版不同的是，活字取制字方便，使用更加灵活简捷，克服了雕版费工费料、存放不便、不易改正的缺点，使设备利用率和周转率显著提高，进而很大程度上降低了书籍印刷成本，是印刷技术史上的一次质的飞跃。然而活字印刷术的发明对于中国的影响非常有限，事实上，在近代机械印刷技术传入之前活字印刷术始终未占据传统出版业的主流地位。然而，活字印刷先后传入朝鲜、日本、越南、琉球、菲律宾，西传到伊朗，并最终影响了埃及和欧洲，为西方近代机械印刷术的出现提供了物质和工艺的坚实基础，有着重大、深远的意义。

## 泥活字：

泥活字是由毕昇直接发明的，是最早的活字材料。毕昇发明的泥活字块是由用胶泥制字，火烧使坚，便成活字。排版的时候，把带框的铁板用作底托，用松脂、蜡、纸灰混合制成药剂，敷在底托上，然后将要使用的胶泥活字一个个从备用的木格里挑拣出来，排入框内，排满即成一版，再用火烤。在药剂稍微熔化后用一块平板压平字面，等药剂冷却凝固后，就成为版型。印刷时只需在版型上刷上墨，敷上纸，施以一定的压力即可。印成后，再用火把药剂烤化，稍微一抖，胶泥活字就会脱落，可以重复使用。毕昇曾经做过木活字印刷的试验，当时因为木料纹理疏密不匀，很难刻制，木活字沾水后变形，并且与药剂粘连难以分开等原因，所以毕昇没有选用。泥活字由于最后是泥土烧制而成，边缘极易破碎，有断笔、缺笔现象，只能算是活字的雏形，往后并未流行起来。

泥活字

❷ 张秀民. 中国活字印刷简史[M]. 北京：中国书籍出版社，1998.

## 木活字：

由于技术的不断进步，元大德二年（1298年），王祯以毕昇泥活字印刷术为基础，做出了继承与发展，首次将泥活字改为木活字印刷，到明万历年间"明人用木活字板刷书，风乃大盛"❷，从此，木活字本古籍日渐增加。与宋代发明的泥活字、明代使用的铜活字、存量罕见的瓷活字和锡活字相比，木活字有着取材经济、轻简精巧，"用力省程功速，至简且捷"，"既不滥费枣梨，又不久淹岁月"❸的长处。这种新的方法在从明中叶至清末四百年间迅速在全国各地发展了起来，木活字版本古籍在清代达到了最高峰。清代乾隆帝采纳武英殿主管印书的官员金简的建议诏令雕刻木活字，一年内共刻成木活字253500枚。这套木活字印书134种、2300多卷。汇成《武英殿聚珍版丛书》。完成这项艰巨工作后，金简还撰写了《武英殿聚珍版程式》，专门对此工程的各项技术和规范流程做了综述。这本书可以说是我国历史上第一部完整的关于木活字制版、印刷和技术流程管理的专业书籍，被翻译成多种文字广为传播。

活字印刷术发明以后，木活字印本成为总数比较多、类型多样、应用时间长久的一种版本类型。明代几家藩府、寺院、书院、民间书坊都曾使用木活字印书，有上百种有名可考的版本，字体包括楷体、宋体。在印刷技术史上，木活字的应用是一股无法扼制的革新浪潮。

其实木活字存在的数量、普及程度其实比人们目前发现的更多。长久以来，人们总认为木活字版本古籍与雕版印刷的图书数量相差悬殊，而实际上，因为混淆和散佚造成的遗漏有很多。原因是长久以来，古人们使用木活字的时候，在刊印的书籍上往往不会标明是"活字印刷"，导致很多木活字本默认误为雕本。而且因为用木活字刻书便捷经济，书价很低，一种书印成，"随印随散，为吾辈所不及见者多矣"❹，难以留下完整的实物踪迹。

木活字版印刷出的报纸，是研究中国报刊史的重要资料。我国最早的

报纸是唐代《开元杂报》，南宋时有《供朝报》。而木活字版的报纸，最早的是刊印于明崇祯十一年(1638年)的《邸报》。早期刊印的《邸报》，行字歪斜，鱼鲁亥豕，刊印质量极差，但它却是我国新闻史上的一件大事。清初学者顾炎武指出："昔时《邸报》，至崇祯十一年方有活板，自此以前并是写本"。《邸报》使用木活字排版，发行量大，生动有趣，得到了社会不同读者的喜爱，顾炎武在撰修《明史》时，其中就以《邸报》为依据，可以看出他当时就意识到了报纸的价值。《京报》于同治年刊印，是《邸报》之后使用木活字刊印的第二种报纸，是一种参考报，隶属清廷内部。上述的我国早期的报纸，虽然简易粗糙，但它却是研究明清报刊史的宝贵资料。

木活字在明清时期也十分盛行用来印制家谱，是研究家族史、宗法思想的宝贵资料。家谱是记录一姓世系和重要人物事迹的谱籍，起源很早。在《臣僚家谱》中，司马光对家谱进行了分类：记载家族的"族谱"、宗氏系族的"宗谱"和记载私家之事的"家乘"，还包括记载宗族氏系的内容，称为"大宗谱"、"小宗谱"，还有记载宗族外系和记载宗族旁系的"世谱"、"瓜秩谱"等等。这些家谱的名字不同，各自记录的内容侧重点也不尽相同。明代撰修总数最多的是木活字本家谱、宗谱，这些家谱现存量也很大，是研究家族历史、思想的丰富资料。

木活字技术从元代王贞印刷《旌德县志》开始，解决了毕昇时的各种问题，历经了长期的发展历程，迎来了辉煌。为中国乃至世界文明的发展做出卓绝的贡献，这是我们应永远汲取并值得骄傲的。

**铜活字：**

明代中叶，铜活字印刷开始在中国南方风行，铜活字或称"铜活字版"，铜活字版印刷是明代印书一大特色。明代的铜活字主要在江苏南部和福建芝城（即建宁府城）、建阳一带较为兴盛。其中无锡华氏、安氏两家的铜活字印

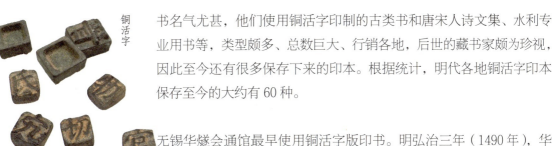

铜活字

书名气尤甚，他们使用铜活字印制的古类书和唐宋人诗文集、水利专业用书等，类型颇多、总数巨大、行销各地，后世的藏书家颇为珍视，因此至今还有很多保存下来的印本。根据统计，明代各地铜活字印本保存至今的大约有60种。

无锡华燧会通馆最早使用铜活字版印书。明弘治三年（1490年），华燧（1439～1513年）首次用铜活字印成《会通馆印正宋诸臣文集》50册，后又印行《锦绣万花谷》、《百川学海》等书，留存了很多古籍。弘治八年（1495年）排印《容斋随笔》，字体带有颜体的风范。华燧铜活字版印本，现存大概十余种，字号分为大小两类。无锡另外一家铜活字印书者为安国，在明正德十六年（1521年）至嘉靖十三年（1534年）使用铜活字印书大概十几类。安氏印本的《吴中水利通志》是最早的铜活字本水利专业书。此书包括大小两种字号，字体古朴，印刷清晰，反映了那时较好的金属版印墨。明代铜活字本使用宋体字的只有少量几种，其中芝城铜活字本《墨子》，不仅用了宋体字，并且用蓝色墨印刷，颇具特色。

官方开始使用铜活字是清代康熙末年。雍正六年（1728年），内府用大、小两号铜字，印成陈梦雷《古今图书集成》1万卷、64部，每部5020册。这部是保存完整的最大的类书，始终是中外学者重要的参考书。

铜活字印刷的风行，是泥活字印刷发明之后印刷技术上的又一大改进，也标志着中国印刷术的成熟发展。

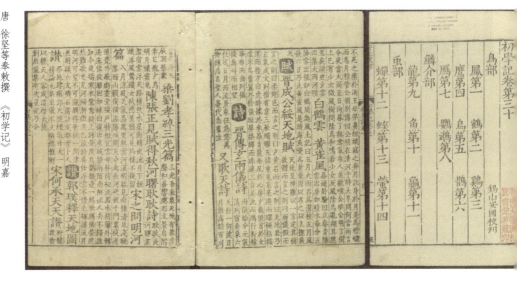

唐 徐坚等奉敕撰 《初学记》 明嘉靖十年锡山安国桂坡馆刊本

## 活字印刷与雕版印刷之比较

在印刷术发明以前，文化的传播的主要途径是手抄的书籍。手抄费时、费事，又易抄错、抄漏。不但滞碍了文化的发展，还使文化的传播承受不应有的损失。早期的印章和石刻为印刷术提供了直接的经验性的启示，为印刷术指明了方向。然而我国的印刷术被发明后，一直有两个方向，即雕版印刷和活字印刷。

雕版印刷在隋唐时发明，在中国历史上是最主流的印刷方式，对文化的传播起了很大的作用。此外，雕版书更是一件可供鉴赏的艺术品。自宋代印刷术大盛以来，我国出版业就十分讲究印刷字体的整体美观性，雕版书的版面是一气呵成、整体写就的，字的大小形制并非一成不变，而是有微妙的协调，具有流动的书法神韵。并且，因为雕版全书的字数较少，它得以把精力放在文字风格多样化的创造上，一部名家字体风味的书籍具有文字形成的纯视觉的欣赏价值。书写的人有所发挥，刻工也能很好地再现并且保持整本书一气呵成的优美品质。美籍华裔学者钱存训曾说"雕版印刷常能创造书籍的字体及格式上的多种不同风格及效果，印成的书页因而可以超逸脱俗，以具有独特的风

在工业革命以前，活字印刷历经几百年，但其表现始终不尽人意。排版的精确、美观这些问题仍不能很好地解决，在武英殿的活字版本中仍可以看到其问题。对于历代崇尚书法审美、讲究字形风格的上层阶级及文人都是难以认同的。雕版印刷可以允许书写的人有所发挥，而刻工也可以运用熟练的技术再现并且发挥书法的整体风格。

王羲之小楷宋刻本 活字版

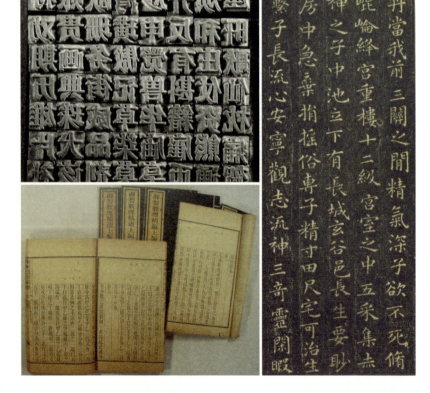

清 康熙铜活字本《御制数理精蕴》

格与美感，这是单调一致的成套活字所不能及的。……中国的文化创造了活字印刷，而中国文化的特点又使活字印刷难以在本国取得长足发展。"❺ 这一点是十分中肯的。但是雕版印刷的缺点也很明显，每出一书一版都要从头新刻，从长期数量上来看多是重复之工，颇为费时。印刷完毕后又无再用，存放版片就要占据巨大空间，如一本《大藏经》5000多卷，须雕13万块木板，一间屋子都放不下。并且往往会由于变形、虫蛀、腐蚀而损毁。并且，如果雕版出现了局部损坏或者雕刻时出现了错别字，就只能废弃整块版重新雕刻，十分不灵活。

活字印刷于北宋时被发明，从时间上看同样非常早，紧随着雕版印刷，活字印刷的诞生就是为了弥补调版印刷的缺点，虽然在中国印刷史上始终不是主流，但也对文化传播做出了很大贡献。它的优点显而易见，只要提前多费工时一次性准备好充足的单个活字，就可随时拼版，避免重复劳动，大大节省了制版时间。并且它也解决了存放不便的问题，使用非常灵活，无论是改正、替换损耗都很方便。活字因为制字讲求规范，排出来的书显得十分规整，这里的规整是指不同字的大小基本一致、同一字的造型一致。历史上，活字印刷曾有字体不规范、容易歪斜颠倒出错等问题，导致其接受度低于雕版印刷，但大部分问题随着工艺的革新得到了解决。活字真正的缺点源于它的优点，由于每个字都是单独刻制、临时组合在一起的，活字系统在排版的过程中，无法针对行文中所处的位置、字形大小的挤压进行精细的调整，致使活字排出来的书虽然整齐，但略显呆板，一致性过高，缺乏雕版的整体感和连贯气韵。而且汉字总数巨多，致使其风格化的探索上要比雕版繁琐得多。

宏观来看，活字印刷对印刷术本身来说是一个极大的进步，是一种趋势，但是对汉字字形及人们的审美趣味上并没有太多的推动作用。好的雕版印刷版本较活字本更有书法的韵味，风格鲜明，有个性。所以这也可能是历年的收藏家、版本学家推崇雕版书籍的原因之一。总的来说，雕版印刷和活字印刷创造了汉字设计表现的新形式，催生了汉字字体设计思维的产生。活字印刷使字体彻底摆脱了书写的特征，为印刷字体从传统字形过渡到新字形提供了前提。

# 近现代铅活字与字体设计

清代末期，即 19 世纪初期开始，中国印刷术仅在国内探索的时代终于结束了。东西方前所未有的文化碰撞开始，伴随着文化交流和战争，西方的铅活字版印刷、石版印刷、珂罗版印刷及凹版印刷等技术陆续进入中国。由于西方工业革命的发展，此时中国的工艺技术已落后于西方，在动荡之中，中国的印刷工作者开始学习汲取这些技术，使其顺应汉字的需要，其中最主流的便是铅活字。中国印刷术进入了近代，进入了铅字时代。

不同于中国在同时期技术的缓慢进步，工业革命和工艺美术运动彻底改变了西方进步脚步，为西方的字体设计艺术发展提供了技术与思想的准备。18 世纪中叶，德国古登堡发明金属活字印刷术，欧洲印刷业掀起一场革命。因为西文字体只有单纯数十个字母，铸造活字极其简易，知识得到了迅速的传递和积累，再加上工业革命的爆发，活字铸造和印刷走向机械化，西方的技术、政治、思想迅速进步，短短时间内便领先于世界。工业的发展又极大地促进了西方字体设计的发展。

在 19 世纪初，近代印刷术开始传入中国。在当时，西方传教士使用中文铅活字排印他们的宗教宣传品和工具书，随着中国印刷

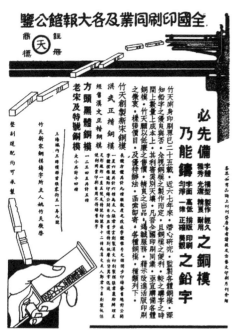

民国时竹天铸字所刊登的广告

工人的研究学习，铅活字铸造等工业技术几经改进，中国初兴的民族印刷工业也开始刻制汉字字模，浇铸铅活字,用于排印各类书籍。最终，促进了近现代汉字印刷字体设计的发端，铅字印刷等新技术逐步取代了古代传统印刷技术。

铅字时代是印刷字体设计的重要阶段，技术革新使汉字字体设再次面对挑战与变革，汉字从依赖书写呈现日渐发展为几乎全部依靠机械的方式来展现。这对汉字来说是一个全新的设计平台，很明显，印刷字体的韵味也开始呈现出工业的硬度，与传统印刷术中的字体有所不同了。

20世纪后，我国民族印刷工业有了日新月异的发展。上海陆续建立了商务印书馆、中华书局等有规模较大的印刷厂。其他大中城市也都建立了一批近代印刷厂，就是偏僻的贵州也成立了一家规模较大的文通书局。上海还成立了汉文、汉云、华丰等字模制造厂。铅活字字体的新种类层出不穷，印刷字体万紫千红，生机勃勃。

铅活字的发展时期是印刷字体的"铅与火"时代。作为现代汉字印刷字体设计承前启后的关键时期，上承汉文化的传统美学，下接与日俱增的新技术，开创了汉字印刷字体设计的繁荣期。

### 仿宋体

20世纪初，出现了一股用仿宋体活字印书的风气，因此，仿宋体的字体量倍增，各家都竞相刻制仿宋体活字。"仿宋体"萌芽于宋刻本之中，经明代影宋工艺的摹写，一直流传到清朝晚期。到了20世纪初，曾任西泠印社社长的丁辅之、丁三在兄弟广征宋版书籍，以宋版书中的瘦细体、欧体为参考而设计。由于字体原形均出自宋版书籍，他们将这一字体暂名为"仿宋体"。后来，丁氏兄弟在"仿宋"前边又加了一个"聚珍"的修饰语，称之为"聚珍仿宋"。"聚珍"就是活字印刷的意思，有聚拢字模印就珍本之意,

1911年商务印书馆出版的期刊《东方杂志》第八卷第一期内页广告中的"教育杂志"

1913年《申报》"花颜水"广告

1885年《申报》刊登的广告"燧昌火柴"黑体字

1917年《益世报》

黑体字在近代中国发行量较大的新闻报纸《申报》《新闻报》以及《京报》《益世报》等资料中都可以查找到，如1885年《申报》刊登的广告"燧昌"火柴黑体字样，被认为是我国近代大众传播媒介中最早出现的黑体字。

这始于清乾隆帝的称谓。仿宋体其特点是横竖笔画等粗，整体笔画略细，起笔处有斜势棱角，弯部有棱角分明的字肩，字形给人以清秀悦目之感既比宋体清秀雅致，也比楷体便于写刻和阅读，常用于排诗词、短文、小标题等。

## 黑体

黑体又称方头体、平体、粗体、等线体。因字体方正饱满，笔画粗墨而得名。很长一段时间，中国的字体设计仅限于楷体与宋体，然后在新的工艺时代，中国印刷界不满足于单一的字体种类，积极研究、推出着新的字体。黑体就是在这样背景下出现的。

黑体字约出现于20世纪30年代，得益于西方近现代铅活字技术的传入。它具有简洁、醒目的视觉效果，最初是被用于出版社名称、广告字体以及文章的标题。在民国时期画家和作家在书刊、商标、广告等媒介中的应用和创新，促进了黑体的快速成型与演变。

关于黑体的产生有不同的说法：一种说法是黑体源自西方无衬线体的影响，其重要的依据是19世纪末20世纪初，西方传教士在大量的宗教宣传品中，把西方的无衬线体带到了中国，最终与汉字的结构笔画融合，进而形成了黑体。

在《申报》1913年『花颜水』广告中，美术黑体字不仅作为大标题，还作为其商品广告说明文字加以使用。

还有一种说法，黑体字属于等线体形式的一种，而等线形态在我国传统文化中运用并不少见，从篆、隶墨迹到宗法魏书，以及一些民间意匠文字都有何以类似的风格和形式。在黑体字孕育发展的过程中，确实受到了一些西方等线体的启示，但更多的创造还是来自于国内专业人士自发。

还有一说，也是一种得到的认同比较多的看法，黑体美术字源于日本哥特字体。出版于1981年的《中国印刷年鉴》中记载如下：从1869年姜别利在日本向本木昌造传授电镀法生产汉字铜模之后，中日两国在近一百年的时间里，相互交流铜模和铅字，日本向中国出口明朝体和黑体，中国向日本出口楷书体（日本叫"清朝体"）和仿宋体；当然两国也自造进口的字种。1908年，神田印刷所在东京印刷的《中国经济全书》在我国内发行，中间就有使用到哥特字。综上可知，在中国，日本的哥特字的出现早于商务创制黑体字。因此很可能直接参照曾经进口的日本哥特体铅字，并以此自创了黑体字。

说法不同，但不可否认的是，黑体都受过这些字体的影响，我们不如可以看作这几个因素共同促成了它的产生。黑体字的笔画是整齐等粗的，它把横画变粗，又把宋体字的耸肩角削平为等线状，将宋体字的尖首细尾、首尾粗细不同的笔画变为方形笔画，使横竖笔画粗细相同。与宋体相比，黑体字侧重"人工设计"，更为抽象，图形的效果更强，它的美只能通过结构字架来表现。因此，标题若用黑体来处理，相比宋体，会更易给人以强烈的印象，黑体字的直观效果相对于宋体来说要更强一些。

20世纪50年代以前的黑体，小字的清晰度较差，一开始只能用于文章标题，还不十分理想。随着制字技术的精进，50年代后对黑体字作了重新设计，在字体结构和笔画粗细方面，都已十分理想。值得一提的是，20世纪末随着计算机和互联网的普及，计算机字库中的黑体字在视屏中的价值得到了进一步体现。简洁的笔画与优秀的屏显效果，使黑体字成为当今屏幕媒介的首选字体。

# 近代国人探索印刷字体设计的尝试
## 民国时期

民国初年,铅字时代的印刷字体已不同于古籍排版的大字本、标题正文字体合一的传统样式,朝向小字化发展,标题和正文字体出现了区别。印刷字体的多样性、阅读性面临新的挑战。到20世纪30年代,应用的印刷字体在宋体、楷体以外,又加入了仿宋体和黑体。开始时两种字体并没有在报纸和书刊上普遍使用,如《申报》,从正文到标题仍使用老宋体。但随着时代的发展,楷体、宋体、仿宋体、黑体日渐在中国印刷字体体系占据了主流地位,统称老四体,给后世字体设计的发展提供了良好的基础。

在国人对现代汉字印刷字体的探索时期,总体来说偏重书写风格。这一时期,楷体、宋体和仿宋体处于主导地位。这些探索为之后的设计奠定了良好的基础。例如,在这一时期的后期出现了同一种字体的不同系列,进行了长形、方形、扁形和字体不同密度的探索,这开拓了印刷字体设计的疆域。一些字改进后使用至今,可见其社会认可度。

民国初年时,正是报刊的需求量大增的时期,19世纪50年代前后中文报纸的出版,是中国人开拓近代印刷出版领域的标志。铅字排版印刷的应用愈加广泛,字体设计也在同步发展中。印刷字体的设计,既需要对字形做出美的探索,又必须符合当时的印刷工艺。通过仔细研究史料,这里将近代的、重要的一些印书人、藏书人和印书馆制入表中,它展现了汉字印刷字体的这一段历史发展。

\* 参考刘钊 "汉字印刷字体发展 设计与应用研究"

## 1800s

19世纪初期,为了满足传教、商贸往来和汉学家研究的需求,西方的印刷工人和传教士使用近代机器工业技术,开启了探寻中文铅活字的制造工艺的新篇章。

1843年,上海开埠,英传教士麦都思在沪开设墨海书馆。

1859年,美传教士姜别利铸造出了中文铅活字字模,运

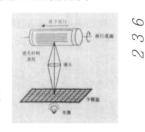

机刻字模

用了在宁波美华书馆创制的电镀法,这一创新带人们走出了之前中文铅活字铸造靠手感刻制字模的困难局面,又铸造了七种大小中文"宋体字"。

1884年,曾创办《申报》的英商美查,创制扁宋体字"美查字",在印刷《古今图书集成》时得到了应用。

聚珍仿宋字样

1900～1909

晚清时期,石印、铅印中使用的汉字,主要以手写或是铅活字楷、宋体字,这其中也包含由日本传入的宋体和哥特体(黑体)。

1906年,乔猷松在上海创办菘蕴铸字所,制造宋体铜模,这是上海第一家民营的铜模制作所。

1909年,由商务印书馆创造的二号"楷书体",字模是徐锡祥镌刻的,且备有"方头体"、"隶书体",使之前铅活字只有"宋体"的情况有所改变。

1910～1919

清末民初,为了满足与日俱增的出版、印刷业的需求,民营铸字所之间兴起创刻或改刻中文铅字的潮流,铸造、出售与书报印刷机构。

聚珍仿宋字样

1912年,姚竹天创办竹天新宋铜模铸字所。

1915年,乔雨亭等创办了华丰印刷铸字所,将日本筑地公司出售的汉文铅字修正补刻,制成"老宋字"。

1917年,杭州丁辅之、丁善之兄弟制成"聚珍仿宋字",并在上海创设聚珍仿宋印书局。

1920～1929

受西方装饰艺术及构成主义熏陶、影响,中文与图案纹样组合的书写、逐渐转变为几何形组成的美术字设计。

992年,华丰印刷铸字厂的吴铁珊书写了颜体的"华丰正楷",诸寿根、徐志、巢德椿和等人完成了镌刻。

华丰正楷字样

1923年,徐之谦前后陆续书写了明刻本的《三国演义》、仿宋体的《松陵集》和日刻本的《苍梧集》等作品,共计百余万字和全套的北宋体铅模。还为负有盛名的藏书家蒋梦萍书写了宋体字。

1927年至1934年,华丰印刷铸字厂的朱义葆分别制刻了一套长形仿宋字和一套方形仿宋字,在新中国成立后,又得到了修正,直至今天还在使用。

华丰仿宋字字样

1930~1939

制造业的蒸蒸日上将商业美术设计、出版和印刷业推到了鼎盛时期。

中国商业美术作家协会成立,在国内最先提倡"实用美术"。

1930年,汉文正楷印书局创制了"汉文正楷",由高云塍书写,他擅长小楷,馆阁体写的尤其好,朱云寿、许唐生、陆品生、郑化生等人完成了刻字。"汉文正楷"包括疏体和足体两种类型,前者的字面比较小,后者则稍大。

汉文楷书疏体

日本三省堂曾经仿制"正楷书体"。

1932年,百宋铸字印刷局创"南宋""北宋"仿宋字两种,由韩佑之仿写宋刻本,邹根培刻字。

百宋铸字厂仿宋(南宋)字样

1935年,为推行全民识字运动,教育部公布《第一批简体字表》共计324个。

1938年至1940年，华文铸字制模厂创"华文正楷"，由陈履坦写字，周焕斌等刻字。新中国成立后，"华文正楷"被修正、完善，至今还在使用。

華文楷体字样

1940 ~ 1949

20世纪40年代中期，工商、出版业战后挣扎复苏，把醒目、鼓动定为目标的粗犷的字体造型在广告业界广为流行，1930年代优雅的设计风格逐渐不见。

1944年，求古斋创制了"正楷字"。

1949年，中华书局出版了《阅读心理——汉字问题》一书，囊括了中外研究者对汉字字形、字汇量、简化字和文字排列的观察、实验、探讨和统计。

20世纪40年代末，上海生产铅字铜模的企业大约有30多家。

毛泽东《卜算子·咏梅》

## 新中国成立后的汉字印刷字体设计

1949年之后，汉字印刷字体设计可分为两个时期：第一时期是从1949年到"文化大革命"后期；第二时期是"文化大革命"后期到20世纪80年代。相对来说，后一阶段的创作思路较之前更广阔些。

新中国成立以后，国家出版总署在北京、上海两地分别建立了字模厂和印刷技术研究所，选拔和招募了相应的专业人才，形成了专业的字体设计队伍。

1956年汉字简化字总表正式颁布，为第一时期的字体发展提供了主要动力。在汉字的历史上，秦始皇曾展开改革，统一和简化汉字，历代官方刻制《石经》及国子监印本也都对汉字有着规范化的功能，但其科学性和深度都比不上20世纪50~60年代对汉字规范化。

根据有关部门发布的汉字字形简化和规范方案，对旧有几种体形的铅活字展开了重新设计制模，大致包括正文活字和标题活字。字体主要包括五种最基本活字字体：宋体、楷体、仿宋体、长仿宋体和黑体。此次改革，不仅普及了简化字、规范统一字的写法，并且规范了字的写法，取缔同一字的不同写法，还合并减去了一批异体字，日趋标准化、规范化。印刷界组织力量重新设计各种字体，在20世纪60年代，我国的字体设计出现了一个高峰。

1950～1959

人们对新生活的憧憬成为这个时代的设计精神，这是装饰美术字体与标语字体交替的年代，但也暴露了一些问题，例如不同款的中文铅活字字形、字的笔画不一致等。

长牟体　方正姚体

20世纪50～60年代北京新华字模厂、上海印刷技术研究所、上海字模一厂和二厂形成的专业阵容，对中文印刷字体进行新旧笔画和字形的规范设计。
1955年，北京新华字模制造所成立（后易名北京新华字模厂）。
1956年，国务院公布《汉字简化方案》。
1956～1958年，《人民日报》的美术编辑牟紫东创造了"长牟体"（长宋体）。
1958年，《解放日报》印刷厂刻工姚志良创刻标题字体"姚体"。

宋一体　641体　宋二体　华文正楷　黑体

1960～1969

1961年，上海印刷技术研究所设"活字字体研究室"（原上海市出版局组建），从1960年开始，印研所字体室陆续为《辞海》、《毛泽东选集》、《汉字大字典》设计"宋一"体、"宋二"体、"宋三"体、"黑一"体、"黑二"体等。
1961年，北京新华字模厂创制了"611"体，这种字体留存了旧的宋体字的特点，用来排印《毛泽东选集》的竖排本，"611"体的创制也具有较大的社会意义，使完整的印刷字体创制过程更加健全。
1962年，牟紫东创造了"扁宋"体。
1962年，上海印刷技术研究所创造了"宋一"体，这种字体体态清秀淡雅，在《辞海》正文中得到了应用。"宋一体"是史上最完备的一套汉字字模。
1963年，上海印刷技术研究所创造了"黑一"体，在《辞海》工具书、地图注文等书的排版、印刷中得到了应用。
1963年，北京的新华字模厂创造了"细扁黑"体，排印图书、期刊、小标题。
1964年1月，北京新华字模厂字体设计室创制了"641体"，就是报宋体，当时被《人民日报》作为正文字体使用，这种字体优雅清新，笔画均匀，在宋体中是比较细的一种字体。在设计这套字体的时候，借鉴了日本的"秀英体"，这套字体直到今天还在使用。
1964年，上海印刷技术研究所设计了"黑二"体，在《毛泽东选集》的标题、报纸、图书、期刊标题以及夹注中使用。
1964年，上海印刷技术研究所设计了"宋二"体，这种字体气势卓立，展现出一种木刻的风范，又被称为毛选体。在《毛泽东选集》的横排本的正文中使用，在新中国成立后，这是首个依据简化字的规范设计创制的正文印刷铅活字体。

1964 年，上海印刷技术研究所设计了"宋三"体，在《毛泽东诗词》等的正文中使用。

1964 年，北京新华字模厂设计了"仿宋"体，在排印正文和标题时使用 。

1965 年，上海印刷技术研究所设计了"方仿宋"体。

1965 年，湖北文字六〇五厂设计"华文正楷"体，在排印图书、预计教科书、儿童读物、期刊等时候使用。

1965 年，上海字模一厂设计了"宋黑"体。

1966 年，上海印刷技术研究所设计了"标题宋"体。

1966 年，上海印刷技术研究所设计了"汉文正楷"体，在排印小学生读物和教科书以及标题字的时候使用。

1966 年，北京新华字模厂设计了"长美黑"体，在书刊标题字中应用。

1967 年，湖北文字六〇五厂设计了"长仿宋"体，在排印诗词、古籍书的时候使用。

1967 年，北京新华字模厂设计了"黑体"。

1969 年，北京新华字模厂设计了"粗扁黑"体。

宋体　　春辅矮虞毯　熙给汪谁轻　行楷体

1970 ~ 1980

"黑体"、"宋体"为主的标语字体取代了日常所见的中文字体。1970 年代末美术字体的书写、设计随着改革开放带来的商业浪潮再度盛行。

1970 年，上海字模一厂设计"宋体"，在报刊大标题中使用。

1971 年，北京新华字模厂设计"细扁黑"体，在排印图书、期刊标题的时候使用。

1971 年，上海字模一厂设计"黑体"，在书刊标题中使用。

1974 年，北京新华字模厂设计"中宋"，在排印书刊正文和标题字的时候使用。

1975 年，上海字模一厂设计"新魏体"，在图书、报纸标题中使用。

1976 年，湖北文字六〇五厂设计"标题隶"体，在排印报纸标题的时候使用。

1977 年，北京新华字模厂设计"粗扁宋"体，在排印图书、期刊标题的时候使用。

1978 ~ 1981 年，牟紫东在北京新华字模厂协助下设计"长黑体"，在排印图书、报纸标题中使用。

1979 年，上海字模一厂设计"炳森隶"，具有独树一帜的风格，字体笔划匀称，粗细一致，在书刊标题中使用。

1980 年，上海字模一厂特邀任政书写、设计"行楷体"，"行楷体"具有婉转含蓄、行文流畅的风格特点，在图书、报刊标题中使用。

铅字印刷标志着印刷走入机械化、工业化时代，但这一时期，印刷字体设计却一直无法摆脱手工劳动的束缚，无法打破刻模、铸字、捡字、排版等一系列印前繁杂工艺的约束，每个设计师一天最多能设计 3 至 4 个汉字，设计进程十分缓慢。

1975 年，由北京大学王选教授主持研制汉字激光照排系统，史称"748

工程"我国开始推广照相排版工艺，以逐步代替传统的铅活字排版。1987年，方正汉字激光照排系统开始在《经济日报》全面运用，在照排工艺中，大致还是使用宋体、楷体、仿宋体和黑体等几种传统印刷字体，差别在于能依靠照排机的字体变形、变倍系统，使一种字体可以变换大小、比例，衍生出扁体、长体、左斜体和右斜体。由此，一副正方形字体就可以简单地变换出多种不同字号、不同字形的字体。

激光照排系统为字体设计提供了更宽广的创作思路。从版式编排的角度出发，设计师着手对笔形塑造展开深入的设计，书写风格的字体日渐增加。一些字模厂与书法家合作创作字体，比如新魏体的设计；一些借鉴刻本上的字形展开创作，比如谢培元的刻本体；一些放胆进行风格融合的尝试，比如华蔚苍的宋楷；一些吸取广告中的流行字体或者美术字体的笔形特征进行新字体的设计，比如方钦德的长美术体；一些借鉴西方的设计进行设计，比如徐学成的新等线体。这些都使汉字印刷字体的设计更加丰富。中国出版印刷业告别"铅与火"，字模厂、字模、铅字逐渐退出历史舞台，迎来了"光与电"。

铅字时代为字体设计带来设计规范和行业标准，而且完善了汉文字的设计流程。铅字时代，印刷字体的定义得到了扩展，印刷字体不但包括汉字，还涵盖标点符号和字符。它改变了汉字版面的视觉效果，在现代版面中有着调节版面的功能。此外，版式由竖排版变为横排版，使其更符合阅读的视线流动，与西文的版面一致，也更加有利于中西文混排。

铅字时代是印刷字体设计的重要时期，这为汉字提供了崭新的设计平台，技术更迭给汉字字体设计带来了挑战与变革，也造就了新的审美。所幸，这一时期的汉字设计师们结合了这种变革，在长时间的实践中，"老四体"——楷、宋、仿、黑均得到了长足的发展，并在新技术中展示了机械式的阵列美，又兼具汉字的分行布白、章法讲究，别有一番韵味。在此阶段，中文字体设计与西方现代设计相衔接，具有科学性、规范性和现代化的特征。随着激光招牌系统的应用，铅字印刷技术渐渐退出了历史舞台。之后随着计算机的普及，已经完全替代了传统印刷字体，有着传统印刷字体无法达到的特殊字体效果，汉字进入信息化时代。铅活字排版工艺为计算机时代的字体设计奠定了基础。

# 现代字体的发展

20世纪80年代，我国顺利研发了汉字激光排版系统，彻底解决了汉字处理的计算机化。20世纪80年代后期，计算机排版率先应用于各大报社印刷厂，20世纪90年代应用于各大书刊印刷厂，20世纪末，计算机排版广泛应用于全国，铅活字排版工艺渐渐被淘汰。汉字从此进入信息化时代。

随着印刷技术的快速发展，汉字字体大致定型，拥有了一定的生产能力。在20世纪我们曾以老宋体的基础，创造了仿宋等宋体变体，也模仿外文字体派生出黑体等新字体。进入信息时代，五花八门的新字体同样层出不穷，例如舒同行楷、琥珀体、幼圆体、启功体、康体、黄草及方正静蕾体等。字体风格多样，符合着当今社会的发展趋势，字体的个性特色愈加凸显，也让人们的生活愈加精彩。当代印刷字体设计展现着精致的美。计算机使得汉字字体任意放大而依旧保持了很好的辨识度，文字能够随意缩放，字距、行距自由，拓展了汉字排版的视觉层次。现代印刷技术提高了印刷的文字清晰度，字体的笔画有了设计更纤细的可行性……这一切现象表明，技术与印刷字体设计发展的关系更加紧密。另外，数码印刷、喷绘、激光打印和高清晰屏显技术也使字体的呈现更为多样。

字体的艺术风格展现了汉字印刷字体设计的时代性，不同时代有不同的形式审美品位，汉字的设计也会受到这种大众性的审美品位的影响，使得一种汉字印刷字体的设计风靡一时。但好的设计才会更加长期延续地应用，特定的时尚的常常容易因审美的改变渐渐被遗忘。汉字印刷字体的设计审美有着很重要的作用，它需要经得住长期的审视和应用。字体设计师的衷心愿望便是设计出耐看、经得起推敲的印刷字体。此目标负重致远，需要设计师们专一而耐心的努力。

## 现代之挑战

如今,汉字印刷字体设计似乎已有长足的发展,字库数量看似较多,而只有知情者为字体设计的美感与质量深感焦虑。

在中国,字体开发的付出与受益极不成比例,字体被盗用盗版的现象极为普遍。在西方,也有类似的感叹"字体设计的销售并不如它的文化意义来得深远。"一款好的字库,要历经颇为复杂的工艺流程设计、加工才能完成,像绣花一样,是一个字一个字地绣出来的。一款国标 GB2312-80 字库有 6763 个汉字,根据难易程度,成本在 20 万至 50 万元人民币。黑宋仿楷比别的字库更难做,费用高、周期长,因为它是老牌印刷字体,用途广泛,要求更高。但很多人并没有意识到盗用别人的字体设计是侵犯知识产权。当今社会,设计对文字新字体的需求是很大的,但是国内对字体的知识产权保护不利,市场普遍存在恶性竞争,部分领域依然存在行业垄断的现象。

除了本土,我们还面对来自东邻日本的设计竞争。方正电子在 2008 年的一次采访中提到,"目前大陆有 421 款中文字库,香港有 106 款,台湾有 296 款,三者相加,也不及日本字库总数的零头,日本有 2973 款字库,仅宋体就有 300 多款,每一款字库中,除几十个片假名、平假名外,其他几千个字都是汉字。"受盗版所累,国内的字库产品数量少,质量低,世界上最好、最大的中文字库在日本。在世界字体设计组织中,日本成为汉字的代言国。目前,日本人的生活圈子不仅保留了汉字传统,规定小学生上课学写大楷、小楷外,在汉字字库的研究领域也硕果累累。在日本,仅宋体就有种 300 以上的字体在市场上流通。

有人认为,古人的字迹,作品加工成字库后应该没有版权归属,可以随便使用。然而以宋徽宗赵佶的瘦金体为例,国标字库至少需 6763 个汉字,但赵佶没写那么多字,只有 4000 多字,其中还有繁体字、异体字,都需进行简化字设计、拼字等一系列再加工。古人的书法作品没有版权,但经过厂商投入,制作成数字化字库之后的字体是有版权归属的。

## 现代之机遇

计算机时代给汉字设计带来变化和挑战,围绕着字体的问题,几乎渗透到了平面设计领域的各个方面,不能不引起我们的重视。在新的传播媒介中,汉字的属性不仅包括平面形态,还应包含它的立体方式(运用与环境的方式)、色彩、运动的方式、声音的变化。在各种商业展览、影像、网络和手机、LED 户外广告中,汉字有着广泛的运用。例如电视栏目包装、影视制作、网页制作等,在这些新的领域中,很多酷炫特效字体应用广泛。随着数字信息技术的应用和推广,在电影片头字体设计中融入动画制作，使字体变成动态效果，增加了趣味性。现代字体设计作为一种世界化的视觉语言，为经济、文化的发展做出积极贡献。汉字的设计的发展是多元化的。

经济一体化带来全球文化的趋同，也利于吸收多元化的设计思潮，吸收来自其他设计领域的理念。如今，汉字面对着一个全新的"文化生态系统"，汉字的使用者、传播途径都在本质上产生了变化，以多元化的文化、语言文字和图像再新媒体为基础，建立了一个崭新的文化生态系统。怎样平衡汉字的"抽象美"和"图案化"的不同特征，并在我们的视觉环境和新的媒体传播系统中恰当地使用，不但要了解汉字基本规律，关注国际设计潮流，还要了解有关文字应用与技术、不同媒介中文字应用的方法。精细的视觉体现成为计算机时代字体设计与印刷的一个显著特征。虽然给字体设计师带来设计操作上的巨大便利，但是文字设计和版式设计依然不能过于依赖电脑的特效，需要设计师自己的理解去产生新的设计。电脑是一种工具，新颖独特的印刷字体设计与版式设计需要设计师自身的想象力的创造。

字体设计要回归人文精神和考虑现代社会中人的精神需要，汉字印刷字体使用现状也体现了整个社会、设计师对字体的文化发展、设计脉络及字体的应用重视程度尚且不足。重实践而轻理论，重内容而轻文脉。对字体的研究除了保持对技术发展的关注和学习国外设计师先进的文字设计开发外，更要创建良性的汉字印刷字体开发环境以及应用系统，也要研究中国印刷字体的源流，对过去取得的成绩有所承接，这样最终产品才不至于为无根之物。

怎样在转变与机遇中进行创新，怎样在传统汉字书写中得到启示，怎样使用技术方式还原汉字之美，是值得探讨的关键。对正文字体进行选择，要回归用字的核心用途，究竟是展示还是阅读？载体和介质的发展、科学技术的发展导致了当今字体设计的又一发展机遇，但是汉字字体设计的工作仍然艰巨。

近几年，北大方正公司开始举办字体设计大赛，不仅能呼吁社会关注字体设计，还能将优秀的字体设计开发成为字库。但遗憾的是，大部分获奖字体设计并非印刷字体设计，离实用还较远。

# 中国印刷史大事年表

*此年表依据张秀民著《中国印刷术的发明及其影响》修改而成。

| 纪年 | 中国 | | 国外 |
|---|---|---|---|
| | 雕版 | 活字版 | |
| 618～907 唐 | | | |
| 约636 贞观十年 | 唐太宗梓行《女则》（世界雕版印书之始） | | |
| 约645～664 贞观十九至麟德元年 | 唐玄奘印施普贤菩萨像（世界最早的版画） | | |
| 664 前贞观二十三年 | 叶子格（世界最早的纸牌） | | |
| 约704～751 长安四年至天宝十年 | 有武后字的《无垢净光大陀罗尼经》（韩国发现，当为唐印本）。有武后字的《妙法莲华经》，吐鲁番出，日人藏 | | |
| 713～741 开元元年至二十九年 | 《开元杂报》（世界最早的报纸） | | |
| 783 建中四年 | 唐市场上出现"印纸"（税纸） | | |
| 847～849 大中元年至三年 | 纥干泉镇江右（今江西），雕印《刘宏传》数千本（最早的道教烧炼书） | | |
| 861 前咸通九年前 | 京中东市李家印《新急备急灸经》（最早的印本医术） | | |
| 907～960 五代 | | | |
| 909～913 武成二年至永平三年 | 前蜀任知远开雕杜光庭《道德经广圣义》（《老子》最早的印本） | | |
| 932～953 长兴三年至广顺三年 | 后唐至后周宰相冯道令国子监雕《九经》（监本之始） | | |
| 960～1279 宋 | | | |
| 963 建隆四年 | 宋大理寺刻板模印《建隆刑统》（法律书印本之始） | | |
| 969 开宝二年 | 宋始令典卖田宅，输印契 | | |
| 971～983 宋开宝四年至太平兴国八年 | 宋太祖敕高品张从信住益州（成都）雕《大藏经》，版成进上，凡十三万块，五千四十八卷，称《开宝藏》（佛经大藏印本之始） | | |
| 1005 宋景德二年 | 宋国子监书版十余万，比宋初增数十倍（北宋监本约一百十余种）。四川民间行使"交子"（纸币） | | |
| 1041～1048 庆历元年至八年 | | 宋布衣毕昇发明胶泥活字版（世界最早之活字印刷术） | |
| 1126 靖康元年 | | | |
| 金天会四年 | 金破宋东京开封府，三番五次索取国子监、密阁、三馆秘书文籍及国子监印版、释道经版。宋人押书印版并馆中图籍，往金营交割，又差兵八千人运书赴军前 | | |

续表

| 纪年 | 中国 | | 国外 |
|---|---|---|---|
| | 雕版 | 活字版 | |
| 1154 金贞元二年 | 金印一贯至十贯大钞,一百至七百小钞,以七年为限,纳旧易新。西夏仁宗遣使赴金购买儒释书籍 | | |
| 1193 绍熙四年 | | 宋周必大用胶泥铜版,移换摹印自著《玉堂杂记》,为世界最早之活字印本 | |
| 1234 金亡 | 金末不但京城有《道藏》经版,保定、真定、太原、河中府于祖师庵、关西等处,均有《道藏》经版,为道教史上空前绝后之盛事 | | 高丽高宗时崔怡用铸字印《祥定礼文》二十八本(世界最早之金属活字) |
| 1241～1251 太宗十三年至宪宗元年 | | 蒙古杨古用泥活字印朱子《小学》、《近思录》等 | |
| 1246～1247 宋淳祐六年至七年 | 宋会子额高达六亿伍仟万贯,次年更不立退,新旧钞同时并用,升米一贯 | | 日本宝治元年翻刻宋鹜本《论语集注》(日本刻第一部儒书) |
| 1271～1368 元 | | | |
| 1271 至元八年 | | 约元初有人铸锡作字,以铁条贯之,界行印书,但难于使墨 | |
| 1281 至元十八年 | 世祖令尽焚京城及诸路《道藏》经文并印版 | | |
| 1294 至元三十一年 | 福建建安书堂刊《新全相三国志故事》(最早带图的书名页) | | 波斯(今伊朗)京城大不列士仿元印行钞币 |
| 1298 大德二年 | | 王祯创制木活字三万多,印成自纂大德《旌德县志》百部 | 高丽《清凉答顺宗心要法门》,被称为现存世界最古金属活字本 |
| 约 1300 大德四年 | | 维吾尔文木活字在敦煌发现 | |
| 1310 | | | 波斯注明史学家希德丁《世界史》介绍中国雕版印书法 |
| 1347 至正七年 | 下杭州路刊《大元大一统志》一千三百卷,称为"宇宙之奇观",惜残缺 | | |
| 1368～1644 明 | | | |
| 1372～1403 洪武五年至永乐元年 | 南京刊《洪武南藏》六千三百十一卷 | | |
| 1375 洪武八年 | 令悉取元杭州西湖书院宋、元旧版,送南京国子监。(明南监本约二百七十一种) | | |
| 1376 | | | 朝鲜用木活字印《通鉴纲目》。朝鲜木活字至1895年共造二十八次 |

续表

| 纪年 | 中国 | | 国外 |
|---|---|---|---|
| | 雕版 | 活字版 | |
| 1395 | | | 欧洲14世纪末开始，木板印刷圣象、纸牌 |
| 1403 永乐元年癸未 | | | 朝鲜李太宗铸铜癸未字数十万。朝鲜此后至1863年共铸字三十四次，内铅字二，铁字六，余均铜字 |
| 1423 | | | 欧洲现存最早印刷版面圣克里斯道夫像 |
| 1436 正统元年丙辰 | | | 朝鲜铅丙辰字印《通鉴纲目》，为世界最早铅字本 |
| 1440～1450 | | | 欧洲最早的雕版书 |
| 1443 | | | 安南黎朝梁如鹄两次奉使来明，看了刻书之法，归教乡人。后海阳嘉禄刻工著名全越 |
| 约1450 | | | 德国谷腾堡创用活字印刷 |
| 1456左右（一作1452，一作1455） | | | 谷腾堡印《四十二行本圣经》 |
| 1457～1487 | | | 德国《梅因兹圣诗篇》印本，书中第一本记有印工、出版年、出版地及红蓝色之大首字母。此后印刷术由德国传遍欧洲各国，1465年意大利，1470年法国，1473年荷兰、比利时，1474年波兰、西班牙，1476年英国，1483年瑞典、挪威，1487年葡萄牙 |
| 1490 弘治三年 | | 无锡华燧会馆铜活字始印《宋诸臣奏议》 | |
| 1505 前弘治十八年前 | | 常州用铅字 | |
| 1517 正德十二年 | | 韩袭芳于浙江庆元用铜活字印《诸葛孔明心书》 | |
| 1521 前正德十六年前 | | 广州活字印书 | |
| 1521 正德十六年 | | 无锡安国始用铜活字印正德《东光县志》 | |

续表

| 纪年 | 中国 | | 国外 |
|---|---|---|---|
| | 雕版 | 活字版 | |
| 1539 | | | 欧洲印刷术传入新大陆墨西哥 |
| 1551～1552 嘉靖三十年至三十一年 | | 芝城（闽建瓯）铜版活字印《通书类聚尅择大全》，次年蓝印《墨子》 | |
| 1561 | | | 欧洲印刷术传入印度果阿 |
| 1563 | | | 俄国菲多洛夫开始在莫斯科印书 |
| 1567～1619 隆庆元年至万历四十七年 | 印刷体（宋体字）出现 | | |
| 1584 万历十二年 | 万历母后刻《续入藏经》四百一十卷。广州刻意大利罗明坚《天学实录》。肇庆刻利玛窦《畸人十规》（最早天主教书） | | |
| 1590 万历十八年 | | 欧洲教士在广东澳门用西洋活字印拉丁文《日本派赴罗马之使节》 | 欧洲印刷术传入日本，称"切支丹本" |
| 1644～1911 清 | | | |
| 1646 顺治三年 | 内府刻《满文洪武要训》，满文最早印本，今存 | | |
| 1661 前顺治十八年前 | 王岱舆《正教真诠》镇江刊，早期的回教书印本 | | |
| 1713 康熙五十二年 | | 内府铜字印《星历考原》。陈梦雷借内府铜字，印其《松鹤山房诗集》 | |
| 1718～1719 康熙五十七年至五十八年 | 西洋铜版（凹版）刻印《康熙皇舆全览图》 | 泰安徐志定真合斋瓷版（泰山瓷版）印张尔岐《周易说略》、《蒿庵闲话》 | |
| 1735～1738 雍正十三年至乾隆三年 | 雍正刻汉文（大藏），俗称《龙藏》。用双面梨木版七万九千余块，今存北京图书馆 | | |
| 1763 乾隆二十八年 | 《钦定西域同文志》有满、汉、藏、回、蒙古、拖忒字 | | |
| 1765 乾隆三十年 | | | 日本铃木春信仿中国彩印，名"锦绘" |
| 1774 乾隆三十九年 | 意人郎世宁等绘《乾隆平定回部得胜图》十六幅，由法国利巴等八人刻成铜版，寄回中国，命蒋友仁印刷 | 武英殿刻成大、小枣木字二十五万三千五百个，先后印成《武英殿聚珍彼丛书》一百三十四种。此后南方木子盛行 | |
| 1783 乾隆四十八年 | 《圆明园铜版画》二十张，中国人铜版阴刻，极为成功 | | |

续表

| 纪年 | 中国 | | 国外 |
|---|---|---|---|
| | 雕版 | 活字版 | |
| 1796 | | | 奥匈帝国（今捷克斯洛伐克）施内费尔特发明石印术 |
| 1804 | | | 英人斯坦荷普伯爵发明泥版 |
| 1829 | | | 法人谢罗发明纸版（纸型） |
| 约1832年 | | 中国第一个石印工屈亚昂 | |
| 1838 道光十八年 | | 石印《各国消息》，英国麦都思编，在广州出版 | |
| 1843 道光二十三年 | | 麦都思上海墨海书馆用牛转铅印车床，见者称奇 | |
| 1843~1851 道光二十三年至咸丰元年 | | 英国教会牧师戴尔在香港刻大、小字模，美国印工柯理在香港完成戴氏小字模四千七百，称"香港字"（铅字） | |
| 1850~1852 道光三十年至咸丰二年 | | 广东佛山镇邓姓印工铸成三副大、小锡活字二十多万个，印成《文献通考》等 | |
| 1858 咸丰八年 | | 常州铜字印《九修毗徐氏家谱》。美国印工姜别利来华，主持宁波长老会印刷所美华书馆事务，用电镀法造华文大、小铅字七种，由"美华字"。后两年美华由甬迁沪 | |
| 1859 | | | 奥司旁发明照相石印 |
| 1862 同治元年 | | 《上海新报》为英商《字林西报》之中文版，是上海第一家现代中文报纸 | |
| 1863 同治二年 | 曾国藩首创金陵书局，为各省官书局局刻本之始 | | |
| 1865 同治四年 | | 上海江南制造局成立，先后翻译铅印西方科技书一百七十八种 | |
| 1869 同治八年 | | | 德人阿尔倍脱发明珂瓃版 |
| 1872 同治十一年 | | 上海《申报》为英商美查创立，后归国人自办，为名闻全国至第一大报，继续出版七十七年余。首用泥版 | 美国爱迪生发明油印 |

续表

| 纪年 | 中国 | | 国外 |
|---|---|---|---|
| | 雕版 | 活字版 | |
| 1875 后 | | | |
| 光绪元年后 | | 上海徐家汇土山湾印刷首用珂瓃版 | |
| 1895 光绪二十一年 | | 上海南洋公学印《蒙学课本》(早期教科书) | |
| 1897 光绪二十三年 | | 上海商务印书馆成立，由美华书馆学徒宁波人鲍咸恩三兄弟等合伙出资四千元创办，采用外国先进技术机器，打破外商垄断，居我国印刷业领导地位，八十五年来出书二万多种 | |
| 1908 光绪三十四年 | 北京财政部印刷局成立，聘用美国凹版技师海趣。该局遂为我国唯一印刷钞票、邮票之印刷局 | | |
| 1909 年宣统元年 | | 商务印书馆聘美国技师施塔福摄制照相锌版，又制彩色铜版 | |

卷六 美術年

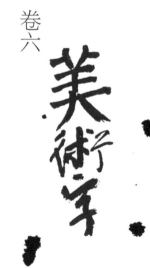

# 美术字的兴盛与衰落

图像和文字永恒的交织即美术字。

发生在20世纪，千年来一巨变——西学东渐的时刻。伴随着民族新生。

不在沉默中死亡，就在沉默中爆发。

长久演化中书法打造的绝美构架，再结合意匠文字与图形艺术理论……美术字发展中有一脉相承的绝好源脉。

20世纪20年代，以无意义的几何形组合为代表的装饰艺术（ArtDeco）设计风格在欧洲发端，它反对繁复的古典主义，强调直线、对称和几何图形，具有浓郁的现代感。上海作为当时全球四大商都之一（还包括巴黎、纽约和伦敦）是中国大陆名望最盛的国际大都市。随着大量西方"舶来品"的入境，兴盛于欧洲的装饰艺术风格字体飞速闯入了世人的视线，国人学习其艺术风格，并同本土的艺术特色进行了一定的结合，随后在模仿的基础上生产了大量同类产品和包装。因此在当时的中国相继出现了极多注重形式的中文图案（美术）字，继而在当时的广告、电影海报等商业设计及报纸刊物等文化设计领域皆异彩纷呈，这便是中文美术字的由来。美术字打破了一直以来汉字笔画方面的象形化，打破了汉字结构设计方面多源自传统书法的状态，首先为近现代汉字设计带来了一股新风。

美术字与过去的意匠文字近似却又十分不同。它们两者一衣带水，都是带有装饰风格的图、字结合的半字半画艺术，在一些同构、以图代字、汇字构图等手法上十分明显美术字承袭了意匠文字的高妙之处。不同的是，两者的创作思想已发生了变化，明清高峰时的意匠文字十分重视吉祥化，注重整体表达的情节化；而承接时代，吸收了现代主义理论的美术字则更着眼于图案化、装饰化、意象化、符号化。从现代汉字图形的角度看，美术字是把意匠文字进行了一次现代化的提升，扩展了其图形化和符号化的现代内涵。另外，意匠文字、汉字图形是可以仅仅作为美化装饰，不一定作为文字来使用的，但美术字则必须作为文字来使用，传达具体信息，这是受印刷文字的滥觞缘故。

1924年，中国第一位赴日本学习工艺图案的留学生陈之佛归国，并在上海创办了"尚美图案馆"。较早地在其设计中融入了带有强烈装饰艺

这一时期的字体设计创作尽管有着国际风格创作的推动，社会上也推崇"洋气"之风，但在大多数中西文并置的设计中，中文字体都比西文字体醒目得多，在借鉴的基础上，更重视彰显自身的艺术风格。

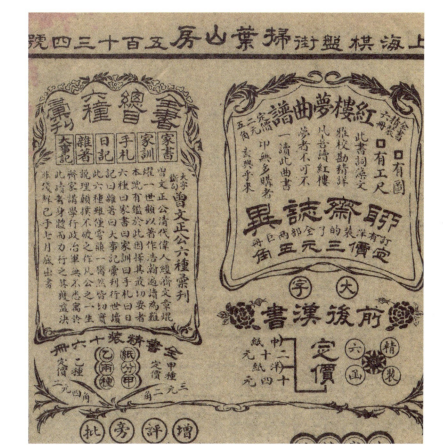

术风格的中文图案字，创造性地把装饰艺术风格与汉字设计相融合。

1934年春天的上海，中国第一个实用美术团体"中国工商业美术作家协会"诞生了，永安、先施、新新等百货公司设计人员参与了它的创建。该会包括商业广告图案、陈列窗装饰、室内装饰、染织物及刺绣、家具设计、舞台装饰等科。到了1936年，会员已达到500人，首届商业美术展览于大陆商场举办，展出了上百件设计作品（建筑、织物、招贴等）。

1945年抗日战争胜利之后，图案美术字由于上海工商业开始苏醒而开始蓬勃发展。不同于二三十年代，此时的美术字局限于商业设计，除去一些电影宣传品，文化设计（书刊等）中的图案美术字进展较少。

从20世纪30年代到新中国成立的这段时间里，"美术字"的创作水平和使用的频率可谓抵达巅峰。在新文化运动的推动下，文学、电影、美术和报刊等都达到了一个前所未有的繁荣境况。民族工商业的发展

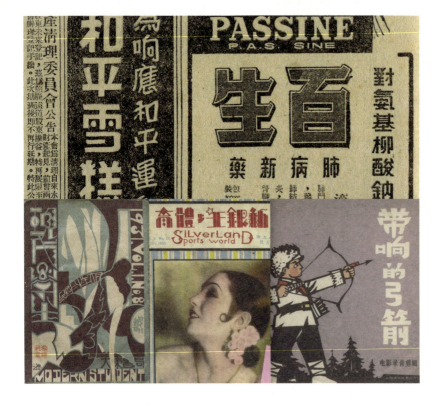

1931年《现代学生》杂志的封面,在植物、女人体的图案中嵌入徒手书写的文字,图文构成浑然一体。

催生了商业美术的氛围,印刷机构因民族出版业的进一步发展而开始注重文字的设计、创新。虽然此时的字体设计受国际风格的推动力较大,"洋气"之风盛行,但在中文、西问两者共存的设计中,中文字体都比西文字体醒目得多,这证明在当时借鉴的基础上,国人还更重视彰显自身的艺术风格。

新中国成立后,汉字形态发生巨大变化——宋体和黑体跻身主流。盖因在当时的政治局势影响下,美术字也是要接受改造的,设计夸张的字体被批判,推崇趋于规整的设计,强调朴素和革命性,但这样的硬性要求亦导致美术字的形式不断变少了。这个时代的特色是以宋体、黑体为核心的标语美术字(标语字体)这是民国时代工商美术设计的痕迹,与新中国民众对新生活的希冀交融而成的,它流传在大街小巷与各种宣传品上。由于这一时期的政治环境原因,标语字体必须遵循大气、醒目、具有号召力等规范,与以往注重图形拼接、图案转换理念的美术字并不尽相同。值得一提的是,1949至1959年期间,也许是因为私人剧院众多、不同戏种竞争的原因,戏曲戏单字体设计仍较兴盛。

在"文化大革命"结束后,图案美术字日渐归位,尤其是20世纪80年代初期,钱君匋、丁浩、任意、蔡振华等设计界前辈,挥出了手写美术字的"最后一笔"。这些字体的设计风格与先前民国时期的风格非常接近,例如当时的黑胶唱片《晨风在飞跑》的封面字体,与半个世纪前钱君匋的《学生杂志》封面字体看似如出一辙。但细加品味,这时的美术字不似当年那么"任性"了——在十年动乱的禁锢,万事皆粗放的催促下,作者和观众都不适应这种花里胡哨和光怪陆离了。

# 中华人民共和国万岁
# 世界人民大团结万岁

此后,大多数"实用美术"的汉字设计、书写由于电子照相排字系统的应用趋向方便快捷。到了20世纪90年代,电脑的普及加剧了中文美术字设计在内地的衰落,手写汉字偶有出现,也只为少数设计师、作家或艺术家所玩味,或是出于单纯对"洋气"的追求,年轻设计师的西方教育水平在迅速而全面的提高,但与此同时,对本土设计文化却有所忽视。因为种种原因,在国内的现代字体书写和设计中,更多时候西文字体频繁受到了使用。时光回溯至工业能力初级的清末,那时亦有在产品包装上大量使用西文字体以混淆视听的情形,这种投机性的行为,折射出了我国工业能力的不足,亦还有文化自信心不足的影响。

随着跨过两千年后的十年快速增长期,电脑中文字库巨大的质量及数量缺憾,以及方正字库被侵权的系列事件曝光等事件,这些积蓄已久的问题已使媒体与公众的共同关注到了中文设计羸弱的现状。我国的一些不甘于此的设计师和字体爱好者,开始了重新审视中文字体书写和设计重要性的尝试。

# 民国美术字

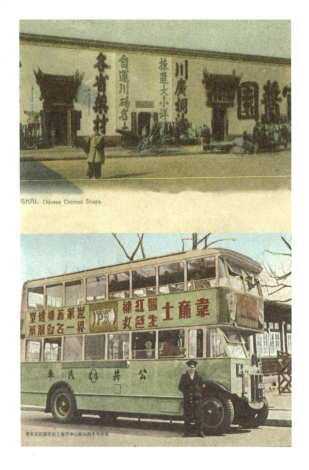

清末至民国年间上海市中心街头的手写字体

美术字使用装饰手法美化的文字,是一种书写艺术,区别于生活中的应用文字、书法艺术。它既是一种经过艺术加工的实用字体,也是一种具有美化所附载环境作用的图案性文字。它是社会政治、经济发展必要的宣传工具,同时,它的艺术感染力也给人们生活带来美的精神享受。随着19世纪末20世纪初,我国闭关锁国状态被西方列强打破,西方殖民者的侵略,随之带来的是西方商品所承载的文化、审美观念、设计理念。伴随当时社会的巨大动荡,中国的传统装饰文字也受到了巨大的撼动。美术字这种新的艺术形式便在这时候悄然兴起的。

## 新艺术运动

谈到美术字的发展,就要提及19世纪末、20世纪初,源于欧美的一次影响极大的装饰艺术运动,就是"新艺术"运动。它彻底规避了所有的传统装饰风格,强调自然中不存在直线,强调自然中完全没有的平面。它倡导在装饰上突出表现曲线、有机形态,而装饰的动机基本来源于自然形态,充分运用了植物、昆虫、女人体和象征主义,把感觉因素引入了设计。20世纪20年代,起源于德国、俄国和荷兰等多国的现代主义设计主张新字体设计,认为功能决定字体的形式。字体设计的首要作用是传递信息,那么传递就必以简明、精辟的形式展开。民国时期的国内艺术领域接受了这些观念,张光宇之插画、沪上旗袍、月份牌挂历、大量石制建筑等共同构成了新潮至今的"民国范儿"。汉字设计亦与其有机结合。他们将汉字笔画大胆概括为简约的几何图形再进行拼接,或小幅度修整结构,或任意改变文字笔形,或放大缩小着横与竖的对比,或把文字带入了奇妙的图形世界。最终,简练新颖、个性鲜明的民国美术字便诞生了。

在新艺术运动之外,工艺美术运动、装饰主义、现代主义等设计流派对现代汉字的设计或多或少都有造成影响,此时出现了很多中外合璧、装饰性强的美术字设计,在当时的字体设计领域都有着较高的地位。民国时期美术字之所以颇具独特魅力,一是因为当时的设计者能受到当时新鲜的西方现代设计开放而独特的理念教育,二是因为他们又身兼对汉字笔画结构有良好培养的传统书法教育。他们走在文明的交汇点上,在文字设计上的学贯中西使他们在对美术字笔画变形中不满足于全盘西化的几何形象复制,还能承接融入篆书、魏碑以及对欧、颜、柳、赵这些原生文化经典书体的美育营养,使得作品恰到好处、新妍妥帖。另外,当时使用的文字仍是简化前的正体字(繁体字),文字结构相对更经得起推敲,饱满(如:广,廣;义,義),设计起来较容易呈现汉字视觉上的冲击力。美术字在此时成为一种有别于传统书体、雕版印刷字体的新字体,亦不同于传统的装饰意匠文字,它蕴藏着现代的审美情趣。它在吸收传统和学习西方这点上卓有特色。具有中西并蓄的鲜明时代特征。

现代商业美术日渐孕育了中国美术字,既新鲜洋气又便于刻版印刷,展现了机械美,它挣脱了传统书法的局限,主张单纯的形式美,打破

December 24th, 1938　ASIA THEATRES NEWS　55 Issues Each Year

了传统观念的桎梏，对风格的限制较少，制作方式具有多样性，创作宗旨很明确，市场需求也日渐扩大。上述特点和设计前提形成了上海二三十年代的设计新风潮。

## 美术字类别

各种平面媒介都可寻得民国时期美术字影子，可以大略分为三种：广告类，期刊画报类和商标类美术字。它们面向的受众不同，进而形成了不同的偏重、风格。

### 广告类美术字

广告中使用的美术字蕴含着人们对新事物的认识和接受程度的改变。商品包装、海报宣传招贴等各类广告在民国时期已蔚成风气。广告在美术字欣欣向荣的时期想要在其他宣传媒介中鹤立鸡群，在同一版面上有所区分，十分依靠于别致抢眼的标题，代表西方新潮气质的美术字顺理成章地广泛运用于广告标题。

日化、饮食、医药、电器、书刊、电影、摄影等行业广泛在广告中使用美术字，甚至不局限于标题，还运用于内容（字号比标题小）。广告类美术字的字体种类、表现形式都很丰富，皆具各自独有的艺术表现形式、审美特点，为广告传递的信息服务。美术字应用的样式数量巨大，商品信息字体非常多变，除了传统汉字书法书体，也涌现很多与西方文字设计方法结合的、使用很多变形装饰的字体。通常位于抢眼位置的主标题兼具视觉效果和方案设计解释作用。

广告美术字的兴盛多彩，从侧面展现了当时人们对新事物接受程度的渐进。广告设计的时代特征也体现在广告中美女形象的转变中，最初是有清代气息柔弱病态的仕女图，20年代后西风东进，美女形象趋向丰满艳丽；30年代的美女形象是珠圆玉润、柳眉凤眼的时髦女郎；40年代的女性常常有城市生活景衬托，有的弹钢琴，有的在考究的地毯上登着脚凳更鞋。高度反映了这一时期的中国女性文化。以上海为代表的大都市女性为甚，试图摆脱封建保守自闭，显得自信活泼，她们的烫发、高跟鞋、高开叉旗袍被广告设计师照单全收。由此可见，广告的展现很大程度上被社会风貌、思潮的变化影响。

这些新的艺术形式的运用,为各行各业注入了新的时代气息。社会思潮的变化也影响了人们对新字体的看法。

**期刊画报类美术字**

报刊、画报的作用不只是报道新闻实事、刊登文学作品,民国时期美术期刊的字体设计不仅增强了杂志和报刊整体的美感和可读性,并且呈现了关于东方现代美学发展的思考,成就了别具一格的时代特色。中国现代设计早期探索的特点,在转向图案化、几何化和绘画化手法时,由此形成了西洋化和本土化结合的风格。相关字体设计,成为当时中西文化交融的生动缩影和珍贵篇章,其共同构成了民国时期美术期刊的字体设计。

为书所用,必要展现其文化性,是不可像商业美术字那样完全照搬的。期刊美术字在当时亦呈现华光异彩的景象,有图案化的美术字,也有在黑体宋体上进行变形创作的,更有利用书法体去创造的美术字,例如鲁迅的《呐喊》,就是经典之作。这都展示了民国有志之士对汉字艺术设计的不断探索,即使未出现系统性的理论成果和设计方法完善的

这是鲁迅最优秀的设计,今天看来仍是无可挑剔。暗红的底色如同腐血,包围着一个如书中所写的可怕铁屋般的扁方黑色块。

「呐喊」两字写法非常奇特,两个「口」刻意偏上,还有一个「口」居下,三个「口」加起来非常突出,仿佛在齐声呐喊。鲁迅只是对笔划作简单的移位,就把汉字的象形功能转化成具有强烈视觉冲击的设计元素。

研究,但仍颇具意义,前人的探索和研究为我们提供了大量的可参考、学习的知识。

**商标类美术字**

民国时期工商业的发展,使商标的设计、制定、推广成为当时企业营销和管理的重要一环。商标具有多元作用,例如激发人们对品牌的联想、提高产品的销量、提升商标的知名度、让消费者认知品牌进而产生对品牌的依赖等,商标设计的主要设计元素美术字日益被人们重视起来。商标类美术字在当时运用汉字的优点,借由人们对汉字的热情、亲切感、民族的认同度,把商标品牌的优势展现了出来。

商标中的美术字形式多变,种类繁多。不仅传承了书法、篆刻印章、剪纸等传统汉字艺术的创作思想和形式表现,并且同样吸收了西文的设计思路和创作经验。并且,商标里的美术字展现了大量现代营销观点,根据不同的需求使用改变字形和装饰、使用合适的颜色等方法向受众传达品牌的信息,由此区分品牌性质和特点。

商标类美术字

百雀羚创立于1931年,是国内屈指可数的历史悠久的著名化妆品厂商。悠久的历史承载着优秀的美术字设计,成就了百雀羚品质如金的美誉。其品牌曾被多次评选为『上海著名商标』『中国驰名商标』等称号。

美术字反映了社会生活的变化,新的事物已经融入日常生活之中,并且美术字也乐于被人们接受,符合当时人们的新鲜感以及时代变化的潮流,它服务于各行各业的广告中,并且成功地与内容取得一致的传播效果。

## 民国时期美术字体的艺术特点

民国时期的字体设计是十分新鲜的,它受益于新的创作思想。美术字体与传统的书法和标准印刷字体相比,更强调自由变化,所以它更具个性化、变化感、风格感和装饰性。这种不拘泥于固有形式,充满自由状态的美术字从侧面反映了时代的进步。民国时期可谓与时俱进,给后人呈现了在继承本民族传统观文化的同时,能够结合西文现代字体在设计方面的流行大趋势,并展现出对于生活的感悟和审美情趣。民国时期的美术字体现了当时人们对新艺术趋势的探索,它是一个时代的烙印,一个时代的艺术。

## 新颖美观的装饰变体

受西方新艺术运动的影响,美术字中出现了一种装饰性极强的类别,这就是变体美术字。变体即摆脱了以往大多数字体,打破了规整的笔画结构和笔形特征的造字逻辑。变体美术字根据西方现代主义点、线、面的艺术原理,参考字体原先的笔画特点,进行构成设计,使得原本中规中矩的横、撇、竖、捺等笔画变化出或弯曲、或立体、或圆扁、或曲直、或粗细等图案化了的字体,有很强的装饰性。它设计形式自由,取材广泛,既有几何形式、立体形式,也有情趣字、意趣字。在字划间架中,有时候用与文字同义的形象来装饰,增强了文字的寓意装饰功能。其自身的魅力也未被看似不统一的笔画形状、粗细而影响。变体美术字通常运用在日常生活中的服装、香烟、电影等各个商业方面,这些形式创新、造型美观的字体设计常常带着品牌、商品的特征。

在民国时期,有不少设计师或者工艺美术师秉持着这种现代主义字体设计理念，用点线面的构成方式融入汉字美术字设计当中，把汉字形态抽象理解为几何化和图形化。这种运用现代主义进行的创造性美术字设计，为汉字的发展另开拓了一种崭新的语言和途径。

**实用装饰美的书法体**

书法体美术字在继承原有书法笔意的前提下，转变了书法字的结构和笔划特征。实用装饰美的书法体是从书法字体演变过来的，它移植了中国书法艺术显著的风格特质，放胆减笔、增笔、共笔、挪笔。在美术字群体中展现出了意象设计的美感。

书法体美术字汲取了传统书法的精华所在，按照书法的视觉元素进行字体变形和演变，字体既保留了人文气息也兼具现代感。最能展现设计者独具匠心的部分是对复杂字的创造性简化、连笔设计，这种意向的简化不拘一格，亦拓展了传统书法体的实用功能和装饰美。

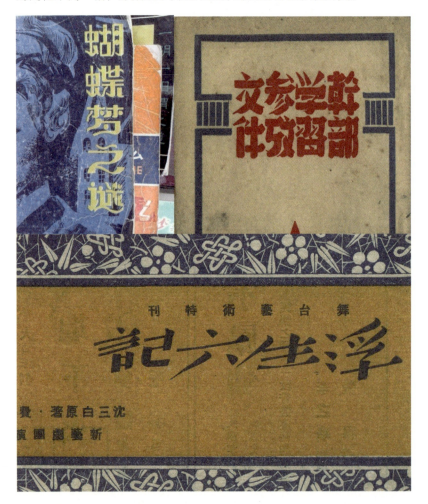

书法讲个性，讲挥洒自如，讲笔墨神采和线条之灵动；美术字讲共性，讲求小写意和传播性。他们之间在书法体美术字中的关系是各有所长，各取所需，又各有所用。书法的艺术性与美术字的意匠性结合，兼具审美与功能，力求一种更有艺术性的传达，更有传达性的艺术。

**规整庄重感的印刷体**

印刷体美术字是在原印刷字体的基础上根据需求进行变形美化的美术字。基本延续于由雕版印刷而始就被广泛运用的宋体，和另一种近代最常用的印刷体黑体。因印刷字体字形沉稳，结构稳固，注重实用性，故以此为基础的印刷美术字运用广泛。

宋体美术字：宋体字字形方正横细竖粗，笔画整齐划一，颇具庄重感。因其书法用笔、美术字的双重特点，宋体在刊物出版中应用广泛。宋体美术字存留了宋体的基本笔画、结构特征，在此基础上融入现代字体设计观念，展开简化和规整，就兼具装饰性和时代感。

一些宋体美术字大幅度地加粗横笔画，削弱横竖对比，竖划更加平直刚硬，对撇、捺、点、勾等笔画在一定程度都进行了概括，宋体原本的三角形装饰角

变得更加规整。简化后的宋体字,笔画更为厚实稳重,字形显得方正、浑厚典雅,形成很强的视觉冲击力,厚重醒目。还有一些存留了宋体结构装饰特点,只对字体笔画解构展开较小的修改,将字形设计得更为修长或矮扁、倾斜,借此来展现各种不同的审美感觉。

黑体美术字:黑体字是汉字发展史上最年轻的一种字体,产生不足百年但逐渐走向成熟,并迅速演变为现代汉字中主要的美术字体之一。黑体是一种易于被人们理解、接受与运用的字体。它的产生有外来文化影响的原因,也有社会发展对其的需求。

黑体字因字形方正粗壮而得其名,给人浑厚有力之感。它的特征使笔画平整,结构方正而匀称,造型简单,横竖笔画粗细相通,方头方尾;形象单一,无矫饰;内部空间紧凑,字形极具力量感,稳定感。黑体与宋体相比的优点在于仅存的字架结构,使字形更加简洁,直观醒目。现代汉字文化中,黑体和宋体是两种标准美术字体。黑体美术字的飞速发展、成熟离不开人们的实践、社会发展的推进作用。

民国时期,设计家们在很多视觉、设计表现中直接使用笔画平整、结构方正的黑体字,并以黑体的基础,进一步修正,成为黑体美术字。黑体美术字除了其简洁大方的视觉优势,其特别还在于抛弃了楷书为本的形式,直接连通了新艺术运动中提倡的那些抽象的平面块面,给人的是一种从未有过的,新鲜不同的感受。它一经诞生便应用广泛,发展迅速。黑体美术字的字形设计十分理性,其设计更强化形式的表现力,审美表情偏向中性,是一种具有强烈现代感的字体。

# 新中国成立后美术字

新中国成立初期,政治运动和建设热潮兴起,在此期间,全国物资匮乏且经济落后,即便如此,当时依然出现了一段美术字盛兴的时期。此时的美术字风格积极向上,展现了当时人们意气风发的精神状态。美术字在城市的商业和文化领域中保持着形态多变、优美典雅和丰富精致的风格,而在农村的字体形态则结实、简洁直接,适合进行政治、文化、思想教育等宣传,这两种风格的字体相融合,开启了当时中国现代美术字繁荣多样的局面。

到了1953年,我国开始了大规模的经济建设,国家推行计划经济,在那经济逐渐复苏的时期,人民群众慢慢适应了当时政治、经济形势的发展。基于当时的需求,正体美术字发展迅速(宋体、黑体为主)。"解放体"的应用颇为兴盛,字体在发展中变得愈发粗壮有力,充满棱角,

这一时期,各式各样的刊物开始发行,封面上的美术字设计也日趋多样化。美术字的字体整体设计上沉稳扎实,笔画带有一定的力度,字脚的适当装饰没有影响其稳重强健的视觉感受。

视觉冲击力增强，字体风格也变得更为强硬，带有"阶级斗争"的强硬气息。这一时期的"新魏体"极为风靡，是"文革"诞生的新标题字体，以魏碑书法为原本，它增强了笔画的力量感，整体有往外扩张的趋势，这种字体使用粗犷的笔触，并带有少许装饰结构，红色为主要颜色。其最终目的就是醒目、方便辨识，使这种字体更具标题性、号召性的特点。当时这种字体很适用于口号标语，符合当时的大环境需求，具有浓郁的不妥协的斗争气息。

20世纪50年代中期以后，计划经济使商品之间的竞争关系减弱，原本变化较为多样的商业美术字遇到阻力，商品竞争的减弱使装饰性的变体美术字发展停滞，美术字在设计风格上也逐渐呈现形态单一的发展趋势。20世纪50年代后期各种政治活动接踵而来，美术字中一部分较规整的字体因其简洁、严肃、识别性高成为政治宣传的工具，得到异乎寻常的蓬勃发展，但另一部分则被完全弃置。原本丰富多彩的美术字被割裂，其艺术感染被削弱，导致后来的美术字发展出现了严重的艺术断层。

## 大字报

张贴于墙上的大字书写的墙报称为大字报，是20世纪50年代至70年代末80年代初的风靡于中国的舆论发表形式。大字报以及户外宣传使用的字体，是一种比较特殊的美术字，是当时政治环境下的特殊产物。它具有鲜明的时代烙印，一方面具有快速性、强渗性和实效性，表现了强大的视觉力量，另一方面，单调、粗犷缺乏个性也是显而易见。

"文革"时，视觉文化通常具有"红、光、亮、高、大、全"的特征。此时的汉字设计几乎全是在"文革"的大背景下造就的大一统风格，当时的汉字不断地重复被改造，始终以同样的历史要旨为中心，保持一致的文字内容、形式。庄重热情的字体、毛主席头像、工农兵形象、红太阳、红五星等视觉符号形成了具有共同特点的"文革视觉识别系统"，简洁的视觉风格，不带有任何商业化的色彩，呈现出高度的程式化特征。这样的风格没有整体性的规划、统筹，严格地说，是一种综合性的大众视觉艺术，宣传人员带着革命的热情组成了一个复杂而无形的巨大组织，视觉风格上相互影响渗透，催生了那一时期独特、国家性的视觉文化现象。

## 大字报时期的标语字体

标语是指文字简练、意义鲜明的宣传、鼓动口号。"文革"时间是标语使用的顶峰时期,有传达意思的需求的地方,就有文字的存在,那一时期,中国遮天蔽日的都是一个模样,这时的字体也没有任何的装饰手法,简单粗壮,标语的特征被表现的空前的集中,凝结了当时社会的特定历史情结,是一个时代的精神。为达到大众化、实用化的目标,标语的载体也极其丰富,例如衣服、墙体、报纸、条幅、册页等等,都表达了人们内心强烈的鼓动性。书写的工具也很随意,怎样方便快捷怎样来,有毛笔、笔刷子、粉笔、扫把等,总之就要在最短最快的情况下达到快速宣传的效果。大字报标语字体基本上分三种类型,一种是宋体书写,一种是黑体书写,一种是宋体与黑体结合的宋黑体。

宋体字:宋体字是"文革"时期汉字设计中比较常见的一种字体设计风格。因其经典的风格广泛应用于宣传标语种。街头巷尾的标语,报刊杂志、宣传画等都选用老宋体、宋体字或者仿宋体。在当时的宋体字上,大多进行了细节改变,改变方式主要有三种:将整个字形上拉长或者挤压;将单个笔画加粗或者变细;以及对转折角的修改,对笔画结构进行了小幅度的装饰。宋体字包括细宋体和粗宋体,细宋体外形活泼灵巧,通常在文章的说明、正文中使用。而粗宋体典雅工整,严

坎道恩秧新 備徹築
線流的復冷 練姊裙
歲姣誼朔梅

肃大方，通常在海报的标题、书籍的题目中使用。

黑体字：黑体字自从诞生便运用十分广泛，在大字报时期尤甚，其直接、明快、强烈的风格被运用到了极限。黑体字在"文革"时期主要在两个方面使用：一是应用标准黑体，在书籍中比较标准和规范，能展现冷峻感，在用于标语宣传时能表现强有力的感觉；二是对标准黑体展开处理，破除其过于死板的笔划，把一些笔划抽象归纳为几何图形，进行活泼处理。黑体的运用也需注意场合，在报纸期刊上主要用于强调某一标题或词语，但不会大量使用，因为当时黑体偏粗，在当时的工艺条件下难以缩放到内文字大小，如果强行缩放会有不透气、糊作一团的表现，不适于小尺寸中应用。

宋体与黑体相结合：宋体字与黑体字相结合是当时最常见的形式，宋黑体兼备黑体的浑厚醒目、笔画等粗和宋体丰富的角、折变化的特色。两者结合的原因：一是由于两种字体都是表达严肃、正式的感觉，是使人生畏的文字，所以常常会在以黑体字为基础后融合宋体字的转折角，显得强强联合；二是因为当时流行手写标语，因为书写工具的影响，宋体字粗细难以把控，就将粗细有变化的宋体写成了粗细一致的黑体，但是拐角处却留存着宋体的转折。宋黑体字整体上看起来结构方正而且字形饱满。

"文革"时期，尚没有电脑，全依靠手绘而成的美术字，字体色彩上使用红色与黄色，一成不变的格式形成了那个时代的标志。大字报字体总是红色的，红色不只是单一为了表达政治和革命意味，它是一种复杂的审美集合。那个时代，中国结束了五千年的封建统治，赶跑了殖民者，甚至取得了正面对抗超级大国不落下风的成绩，可谓百废俱兴。中国人在精神上重新站了起来，民族自信心得到了空前的振奋。奋斗、自强、斗争、活力、向上、阳光，代表这些品质的红色，亦带有极强的扩张性，在那个高潮的时期被运用到极致。红色亦有很强的政治属性，以至于人们只要再提到红黄色，提到"红光亮"就会想起那一时期。

而在美术字方面，也有非常强的风格特点。大字报时的字体，不仅准确表达了文字信息的传达性，还强烈彰显了文字个性的张力与感染力，特别粗犷的线条，或方正或尖利的笔触，常常较大的体量，从文字的形式和造型上反映了当时的社会现状。这种字体的最终的目的就是醒目、易于识别，加之简化汉字已经开始普及，使这种字体更具标题性、号召性。它是当时文化的碰撞、创新的标志，极具浓厚的民族性，它启蒙了现代文化中不一般的视觉经验，展现出汉字不一样的魅力。

大字报画面呈现出的醒目形象、字体、色彩和独特的表现手法，它不仅是整个『文革』历史浓缩再现，而且，通过它我们也能探讨其在当代视觉文化中的启发。

## 大字报对现代字体的启示

由文字所形成的独特的风格是社会环境的展现，这个特殊时期的美术风格兼具独创性和民族性，对后世影响甚大，它让人们理解一个社会的精神风貌，理解一代人的内心情怀，它成为一种视觉基因，成为现代汉字设计的养料。从这一时期字体的形式上可发现，"文革"时候的字体是简单一致没有装饰意味的，它省略了适于在印刷品、纸制品上展现的装饰和用心的斟酌，反映出来的是更简洁、朴素的文字，这是环境对字体的选择，亦揭示了传达了一种观念，字体注定是要为了诠释一个内容而形成的。在这一时期，许多的文字不具设计感、品味感，但作为释义功能的文字，它的风格又强而有力。现在看，这也恰是一种减法，去掉所有不必要的元素，只留下最简单的一种尝试。

### 字体的时代性

在这一特殊时代里，汉字所蕴藏的直接感受是具有时代性的。也许从文字视觉的视角来说，这一时期的汉字统一而缺乏变化和特色，不具深究的意义，但正因这样的一种独特风貌，真实地承载了时代信息，政治、文化、经济、社会与人的精神面貌、设计心理，我们可以看到热忱澎湃与缺乏个性在汉字设计上的体现。虽然这个特殊时期对汉字设计的影响不大，但却昭示着，文字设计是可以真实表现时代的。

如今这种字体已很少使用，但其展现的特殊的历史性却让我们看到了中国走过的一个特殊的历史时期。若在今天，恰当地运用这种字体便可复现那个时代，展现独特的历史情怀，甚而言之，也能尝试冲破时代政治的羁绊,将其变成了一种潮流设计。既展现出了不同年代的韵味，又包含如今视觉设计的审美元素。字体的风格可以与时代风格紧密结合在了一起，足见文字设计能够拥有多大的能量。

### 字体的时尚与通俗

从字体上来看，这一时期的汉字是时尚化和通俗化的。时尚化是指当时这种字体的风潮和流行，其汉字设计侧重激烈的视觉刺激，通过削减和谐美达到增强视觉冲击力的作用，虽然现在这一特征基本退出日常视野，这本身即是一种可以理解的艺术观念，其风靡也表示它在未来有被重新解构为时尚的视觉景观的可能。

通俗化实际上是与时尚化相对立的另一倾向，通俗化的汉字设计是指得益于大字报时期的理念，参照当时的色彩、格式和字体，用最简单明了、通俗易懂的视觉语言以追求信息传达效果的字体作用。

**时代的情感表达**

人们对政治仔细谨慎的时代精神表现在各个方面，此时的汉字设计整体是极其严谨的，但在细节之中还是可以发现字体与情感表达微妙的变化关系。此时的女性原本是中性化的，表现她们时，原本古板的文字也会以稍微轻微的拉长处理来表现；表现孩童时，字体形状变扁，有童真、可爱的感觉。这些细节都展现出了当时汉字中的情感表达与人文关怀。

从表现的角度来看，"文革"时期的汉字设计的情感丰富度不比民国时期，但它也有不能否定的另外一面。各个时代具有自己的特点，在人们都处于繁忙的斗争生活中时，文字设计还能于细微且抽象处体现出人文关怀，这是与其他艺术设计相比特别的一点。文字形象本身即能传达感情，通过体会汉字设计，可以读出一个时代潜藏而深刻的精神面貌，它具有还原历史的可能性，体会每个时代的独特。

# 时代美的演绎

美术字的发展与新时代的电脑技术并不矛盾，工具的长短罢了。美术字的美需要有待大家重新发现。

改革开放之后，美术字的设计发展又迎来了一个新的发展契机。我国的社会政治生活发生了一系列重大的变化，全国工作重心转向经济建设。对外贸易、对外文化交流日渐频繁，使得其他国家的艺术观念进入我国设计界，这种外来力量的冲击使我国的美术字发展出现了历史性的转折。

新时期，人民群众对现代化生活充满希冀，经济、政治、文化的交融逐渐增加。同时，美术字的发展空间变得宽松、自由，展现更为多样的形式。此时的现代美术字设计大多服务于社会和经济的发展，在字的书写工具上，已不仅仅只利用实体工具绘写，广泛使用数字软件绘画工具，以多种新媒体来进行展现。思想上，艺术家们也呈现出多样的思潮探索，而不仅是形式的变化。随着时代的进步，新的技术改变着人们的生活和精神，也必会造就新的符合时代审美的字体。字体设计，更需要立足于主题特性，思考当下，在满足读者的视觉需求的前提下，打破传统思维的束缚呈现出新的创造。

中国文字由于具有漫长书法时期所创造出来的美的自觉，因而直接就具有审美的意义。装饰性的汉字一直是人们喜闻乐见的汉字形式，传播性与审美价值并不矛盾。只有汲取不同优秀艺术的营养，进步才能够产生。挖掘自身的艺术根基而对话新观念，美术字就是这样一种中外设计艺术交融的优秀案例。随着时代经济的发展，当代字体设计的应用形式、传播媒介、表达方式、创作思想也有了更多层次的拓展，而西方的艺术观念与东方的艺术观念仍在交流碰撞之中，字体设计在未来将呈现更为广阔的发展空间。

### 时尚美的美术字

谈及时尚，20世纪的上海是名副其实的中国时尚之都，民国时期的东西方文化碰撞，引发了文化、审美、思想的强烈交融。在那个奇妙的时期，美术字成了上海摩登界重要的传达工具。即使到了现代，这种利用汉字设计打造的时尚效果并不容易过时，在如现今众多的商业标志、店铺常用的招揽幌子、门头常用遮挡和传达的暖帘、新潮个性的涂鸦字，以及许多采用新媒体展现的动态数码文字艺术形式等所使用，它仍以新鲜的感受、有力的传达性、强烈的个性在如今的时尚领域蔚为风行着。

### 当代的汉字艺术

#### 徐冰

20世纪80年代，一部由混乱偏旁构成、无人读懂的《天书》让徐冰名扬中外艺术界。徐冰说："天书就好像戴着面具，它非常漂亮地吸引你来，却又拒绝你，你想知道为什么，它又不告诉你，这里面是有荒诞性的，而我做得越认真，它的荒诞性就越强。"

这本书的原材是中国风格浓烈的符号、文字、线装书、活字版、长卷轴，汉语圈之外的人能理解它的涵义吗？但是结果截然相反，不同文化圈的人都很认同，因为在它面前人人平等，无论中国人或是外国人，无论是受过教育的或是没有受过教育的，它的象形意味与优美的形态都"直指人心"，但大家也都同样读不懂。《天书》在美国展出，它的东方

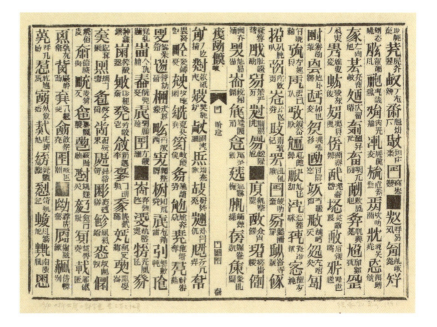

的材料和创作思路,却得到了西方艺术界出人意料的好评。在西方艺术世界的观点里,《天书》绝对隶属当代,但让他们眼睛为之一亮的却是作品中"文字与装置"的应用,它显然成了美国艺术世界的新语言。展览的成功对徐冰日后的艺术创作有很大的激励作用,并坚持不懈地传承"文字"元素。

同年,徐冰还创作了《文盲文》、《英文方块字书法入门》,特别是《英文方块字》,它冲破了人们对中国书法和英文的既定印象。"如果你是中国人,当你看到《英文方块字》时,会毫不考虑地说这是书法;如果你是西方人,会一再表明对它是我无法进入。但如果听了展览现场尝试书写后,马上会出现两个相反的结局,中国人会不知其意,而西方人则会大呼,这是英文!这就是《英文方块字》最为有趣的地方,外观似中文,而内容实为英文,读懂或读不懂,你都要经历一次对既定思维的挑战,触碰人们惯有的思维底线,是我创作它的真正目的。"

另一个作品:2003年的《地书》是徐冰在大的境界中解读"文字"而作的,声称"任何人都读得懂",这本书全书没有文字,用标志、符号描述了都市上班族一天24小时的符号化生活。有趣的地方在于,这一时尚度很高的作品的灵感源自中国象形文字。"最当代的艺术,真正的灵感来源有可能是我们古老传统中最核心的部分。"徐冰说。

# 谷文达

谷文达是中国当代实验水墨的开拓者与先驱。他的前卫水墨画兼顾传统与创新,包含了传统笔墨的扎实基本功,还有在语言和精神上挑战传统的创新渴望。这种扎根于传统的前卫与创新,正是中国当代艺术最珍贵的精神力量。既是传统的,也是当下的;既是中国的,也是全人类的。范景中先生说:"谷文达的画是从凝视天空开始的。"或许只有有从对苍穹宇宙的深情远眺中,才能凝聚出如此非凡大气的创作动力吧!

"以字为词":20世纪80年代中期开始,他创作了一批伪字、改体字、印刷体字、错字、漏字的书法水墨画,将传统文人书法和政治符号融合,开启了中国观念水墨的先河。展现了他"以字为词"的希冀,就像英文一样,将一些词合二为一。错位、肢解的书法文字被他做成水墨画,借此挑战传统体制。在内容、大小、方式、理念等各个方面推翻了传统书画的固有形式。例如他创造了一套不存在的假大篆,名为"遗失的王朝",用巨大的尺寸、优美挺拔的线条来进行表现。奇异之处在于,这些泱泱大气的书法字全是假的。大篆这种远古的文字,如今的人并不理解,这些字的真假对错没有实际意义。但当有一天它真的没有意义了,那一切就变得很有意义了。这些无法传递语义的文字激发了人们去思考文字传情达意的局限性。

谷文达从1993年开始,用了14年创作《碑林－唐诗后著》。这个系列包含50块石碑,每块大小为190厘米×110厘米×20厘米,重达1.3吨。每块石碑都雕刻了一首唐诗的四个版本:中文原文、英文意译文、英文意译文的中文音译文、英文意译文的中文音译文的英文意译文。

"谷氏简词":是艺术家谷文达创作的与传统概念完全相背文字艺术作品,或"合二为一法"将两个中国字、三个中国字、四个中国字拼为一个字;或"偏旁代字法"将一偏旁作为一字,简化了字的整体、笔划并结合成词。"谷氏简词"留存了繁体字的书法艺术美感,将科学的简体字与具有美感的繁体字相互融合。

谷文达把水墨和造字融合,不囿于纯粹的绘画,给予水墨观念性。他的作品兼具书法的格局和推动当代文化的魄力。因此他的创作"谷氏

简词"是中国文字史上前所未有的创举,具有实用意义又便于推广。我们印象中的传统山水画大多主体是画,文字处于从属位置。但他的创作中彻底颠覆了书法与山水的比例;书法成为主体,山水从属于文字。作为文人艺术的经典元素,书法和山水画饱含的东方哲学被概括成全新的视觉意象。尺寸如此大的字位于山水间,展现了一个比例更大的人文世界。从浓重的大字中以水向外冲出的墨迹,如蛛网,如山棱,如水纹,向外辐射,显露出一种意外的美,显得气韵生动。让人对居然大于自然界的人文世界赞叹不已。如此浑厚雄奇的大字,仿佛认识,又不认识。细看好像是两个字合成了一字,像而非像,似懂非懂,让观者心中生出对文字的崇敬之情。

当艺术家从一张张水墨创作中造出一个个"简词"后,他着手思索这

类文字持续发展的可能性,计划创作一本具可推广性的《中国简词词典》,这是一个长期的文化规划。文字若变得如此"词简意赅",写文章就可以更精简。艺术家希望这些"简词"能易认、易懂、易记、易用,只要有小学程度的人就可以轻而易举的使用。

## 庶民的字
### "九龙皇帝"曾灶财

曾灶财是香港的一位街头涂鸦者,涂鸦创作都是以毛笔为工具书写的汉字。行文叙述他本人和家族的往事,以及"宣示"对九龙的"主权",从而得到"九龙皇帝"的称呼。他虽然不良于行,然而九龙各区包括观塘、尖沙咀天星码头等,甚至九龙以外的香港岛中环和西环等地都留下了他的笔迹。曾氏涂鸦跨越了50年,遍及各区,内容奇特,令人难忘。曾氏的涂鸦作品也曾于2003年威尼斯双年展展出,是至今唯一一位香港人获展出作品。

曾灶财的作品反映出他对自己作为中国人和对其历史身份的坚持,文

化界人士梁文道认为曾灶财"绝对是港人的集体回忆，亦启发我们重新思考何谓艺术。"街头艺术家MC仁也对曾灶财作品表示赞叹，"把街道当画布，他是第一个，而很成功。"书法家易斐赞同将曾灶财作品看作香港文化的组成部分，值得尊重，但"难登大雅之堂"。民主派立法会议员李卓人持有曾灶财代表香港基层本土文化的观点。

直到现在，未经许可的涂鸦在全球范围内依旧被视为犯法的。街头小广告、出于私情的宣泄明显不属于涂鸦艺术，但承载精神内涵的有思考、探讨功能的涂鸦具有其艺术价值。在城市潜行者眼中，城市是画布、游乐场，更是情绪表达所能达到的极限。个人单打独斗改变城市风貌是激动人心的，有别于在日常生活中修身养性的创作，这是情感激烈、充满未知的公共空间的创作。

曾灶财街头艺术的独特性决定了他的作品无法与其背后的语境抽离，一旦涂鸦内容与其情境的联系被切断，它的意义也就消失了。曾灶财的涂鸦使用毛笔和墨汁，有别于西方涂鸦的强硬，展现了东方人的雅趣。

曾灶财的字笔体天然稚拙，文字尺寸不同，运笔随意，常常违背行文的规则。曾灶财的字一般都遵循文言文的习惯，从右至左、从上到下排列，但个别文字总会突然跨越多行，兀自跃出画面。尽管曾灶财的书写是即兴的，看似毫无计划，一挥而就，最终却总能保持一种完满和谐的状态。通篇文字看上去松散又浑厚，在不断地反复堆叠之中反而形成了一种特殊的结构特征。

曾灶财，也许更喜欢被尊称为"九龙皇帝"，是香港顶尖涂鸦艺术家之一，涂鸦生涯长达五十一年。2007年7月15日，曾灶财心脏病突发，在香港联合医院离世，至今仍有不少他的"书法涂鸦"分散在香港的大街小巷。有别于长于伪装夜行的涂鸦艺术家，曾灶财是真正白日出没的勇士，几十年来他风雨无阻地走上街头涂鸦，从电箱、邮筒、灯柱到车站、地铁、建筑幕墙，只要他看中的地方都会即刻创作。"犯案"多年依旧逍遥法外，还在香港政府的救助下养老送终，曾灶财的人生故事绝对是涂鸦世界的童话了。

## 方正显仁体——崔显仁

崔显仁是一位民间文字艺人，他曾经由于意外烧伤了双手和面部，失去了劳动能力，但热爱写字的他从此开始用残手练习粉笔书法，并开启了流浪卖艺生涯。他在2011年时被网友发现，并因为他色彩绚丽、结构优美、隽永大方的粉笔美术字而获得关注。最终他与方正字库的工作人员签订了合作协议，他的字体收录进了方正字库，命名为"方正显仁体"。

崔显仁虽因意外失去了劳动力，但仍独立为生，尝试靠写字赚钱。他只有小学三年级的学历，文采和字出类拔萃，作文常常被全班传阅，因此崔显仁开始练习书法。双手残疾的他只好使用粉笔，没有工具，就在涂上黑墨水的胶合板上练一个字擦一个字。每天练十几个字，一练十年，终于小有所成，他才开始流浪卖艺。

崔显人因为那场意外五官走样、手扭曲变形，双手仅剩食指和无名指能小幅度活动，但这样一双残疾的手居然能写出如此美丽的粉笔字，让人震惊。他写字的时候，会在人行道上铺一张长约10米宽约1米的地板革，雨天可以及时带走，上面写满了五颜六色的粉笔字。这张地板革就像一本作品集,不同颜色相互区别,使他的字有干净规范的感觉。他身旁有一个行李车和一个装钱的纸筒,行李车上的音响放着感恩的歌曲,驻留捐款的人接踵而来。

方正字库也为其独创的字体折服,做字20年的方正工作人员黄学钧认为崔显仁的字"美丽、飘逸、充满设计感"。方正在网络上知晓他后就期待合作,并号召网友一起来找到了他。崔显仁担心自己的作品不够优秀,会让方正蒙受损失,但盛情难却,他们最终签订了合约。合约提前支付崔显仁一部分生活费以便其沉心创作,且"方正显仁体"发售之后50年的全部版权收益都转归崔显仁所有。"方正显仁体"在上市后便广泛地应用于广告、包装等领域,并在互联网新媒体上广泛运用。写粉笔字流浪卖艺者很常见,但像崔显仁这样有才华的难得,他的作品让人情不自禁的称赞。崔先生可谓街头艺人字体入选方正字库的第一人。

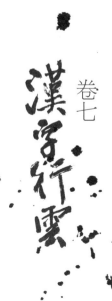

卷七 漢字行雲

往事越千年，而今迈步从头越。汉字艺术形美意远，岂止九变，今人亦有今人之创造。或追忆墨韵，或以感散怀；或以笔画构天地，或与图影筑意趣，或以一线解千形；亦有勤勉耕耘字体之类，亦有诉诸切实生活之属，亦有载道于文字阅读的概念创作。千年复归千年，往事中有新事，且看碰撞与交融如何——

**指导老师：陈原川**

《墨迹》——文字的水墨形态研究 赵可鋆
《重瞳》周惠莹
《残》——碑刻残文化于文字设计再表现 邵维
《感·楷》彭婧
《梦枕百衲》——梦境文字追记 任潇
《帖宋》——宋代书法艺术与字体研究设计 王焕然
《揭字》刘延潇
《复·言》——汉字重复笔法字体研究 刘明轩
《画字》谢鹏翔
《筑·忆》——中国传统建筑与汉字研究 刘逸云
《构·字》——图形文字构成设计研究 贺素芝
《借物取象》——象形文字视觉研究与设计 朝欣乐
《符·道》——道符汉字研究设计 郝梦雅
《素·连》怀素狂草连笔书法字体研究 姜力文
《篆·书》——篆刻的书体 郑奂奂
《韧楷书刻》——字库设计及应用范例 刘东林
《zhé 宋》——刻本及文字性格视觉化探究 马新同
《悟·空 如来》王洪伟
《无宋》——无锡城市形象字库设计 袁莉
《药》——对"道法自然"哲学观点的探讨 肖珂
《游字通书》——关于黄历在现代生活中的应用与发展的研究 梁曦文
《信》——关于书信形式的交流研究与应用 黄怡
《wu 晤》——东西方文字之音形义与文化会晤的研究探索 薛雷奇
《汉语拼"音"》——探索文字与声音之间的关联性 朱琳

赵可鋆『水墨画』中国画的一种表现形式。一般用水和墨所作之画。由墨色的焦、浓、重、淡、清产生丰富的变化，表现物象，有独到的艺术效果。

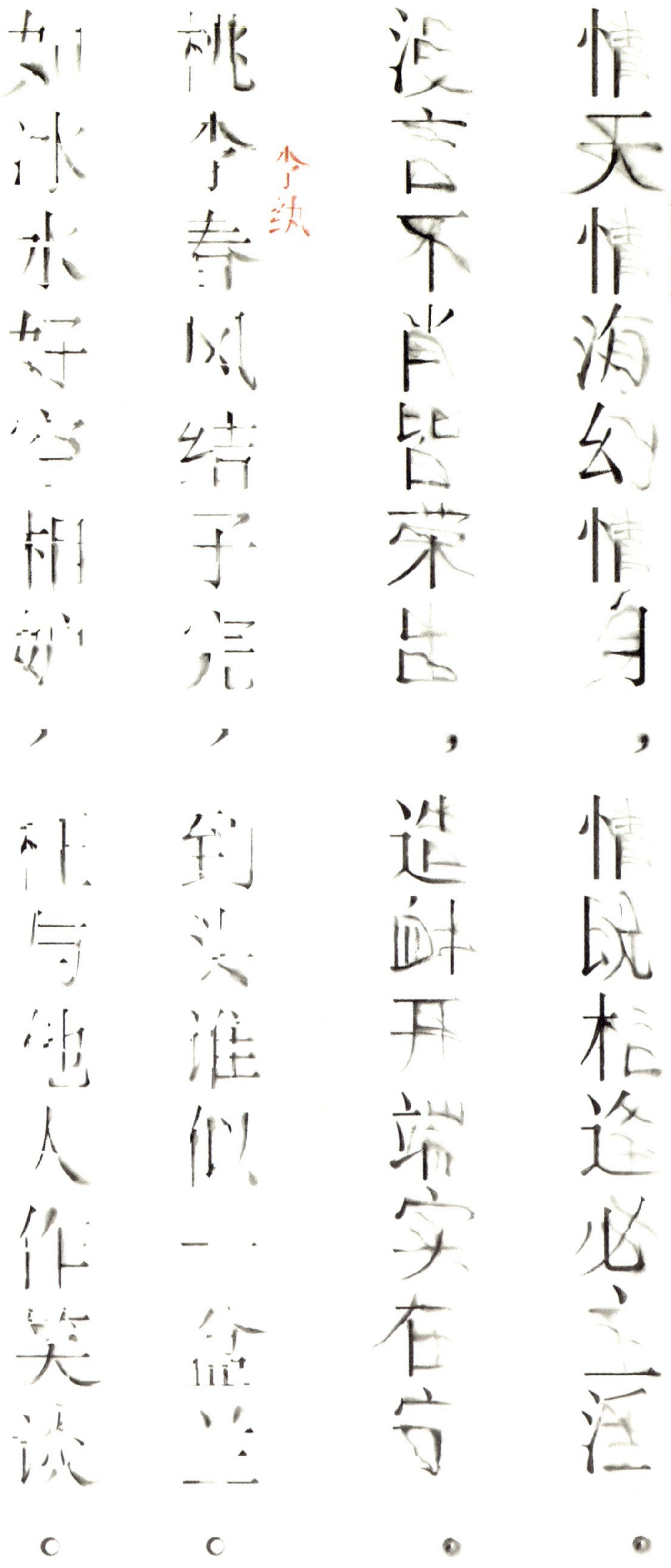

(一) 簌墨宋

(二) 枯墨宋

墨韵写划
——形神皆具的书法笔墨意蕴

墨迹
——文字的水墨形态研究

天情海幻情身，情成相逢必之湮。
没言不肖皆荣出，追耐开端穿在守。
桃李春风结子凭，钓头淮们一盆坐。
如冰水好空相如，社与他人作笑谈。

可卿

今汝

元春

二十年来辨是非，榴花开处照宫闱。
三春争及初春景，虎兕相逢大梦归。

感受

岁月难逢，彩云易散。心比天高，
身为下贱。风流灵巧招人怨。寿夭
多因毁谤生，多情公子空牵念。

(四)水墨宋
(三)颤墨宋

其用四十有九分而为二以象两挂一以象三揲之以四以象四时归奇于扐以象闰五岁再闰故再扐而后挂干之策二百一十有六坤之策百四十有四凡三百六十当期之日二篇之策万有一千五百二十当万物之数也是故四营而成易十有八变而成卦八卦而小成引而伸之触类而长之天下之能事毕矣显道神德行是故

五位相得而各有

## 重瞳

周惠莹

重瞳就是一个眼睛里有两个瞳孔,即『一目两眸』『一目重瞳』。从司马迁的《史记》开始,中国古人就喜欢把具有伟大品质的历史人物,幻象地比喻为生有『重瞳』。重瞳的人,能够看到常人看不到的事物。也就是说,他们对某些即将发生的事件有预见性、洞见性。瞳孔粘连的『重瞳』将现代黑体字和传统墨迹的结合,把这个概念和现象转化到了字体设计上。

# 以感知艺
## ——表现内心感受的文字对话

邵维

「残」为「碑」所依。借碑之形,残之题,在残文化中寻找可能,构建造字方法。

探究文字延展形式,激发文字更多可能性,即静即动。

「残」字在衍生,观者站立于前,心中情感是否被激荡。

残碑刻残文化于文字设计再表现

## 感·楷

彭婧

着眼于楷书四大家的『书风』——即不同的书法家作为艺术家根据个人情性、人生经历形成的同一字体的不同风格,在此将人们对楷体的感受与印象以视觉化设计表现。

## 「梦枕百衲」
### ——梦境文字追记

任潇

"梦枕百衲"是一个以表现五组梦境为内容的文字设计项目。从梦境出发,我希望完成一个私人化的项目,希望他人通过这个项目能够自然而然地去想象梦主人的相貌、性格,在静默的图像交流中建立出一种微妙的联系。

【其之贰】
男孩送我一首小诗
婉拒我的善意
犹如冬日阳光
被我遗落在梦里

【其之壹】
你化身两人令我抉择，
醒来时我才知道原来选哪个都是你。

【其之叁】
他的妈妈是女超人，可是她在飞的时候忘记如何从超人装里出来，
她飞呀飞，飞到又快又热候地一下消失了。

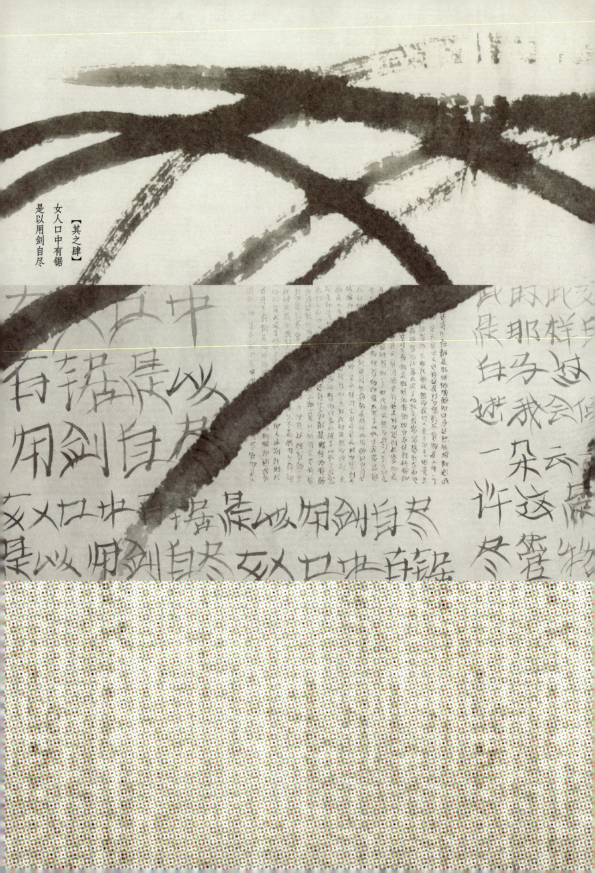

【其之肆】
女人口中有锯
是以用剑自尽

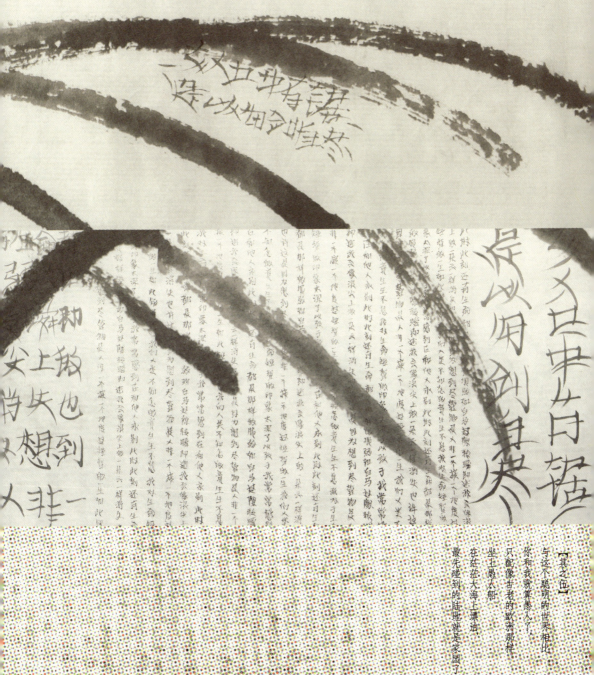

【其之伍】
与这个聪明的世界相比，
你和我就算蠢人了，
只配像古老的欧洲那样
坐土馈大船
在茫茫大海上漂泊，
最先碰到的陆地就是家园了。

# 笔画构形
## ——万物融形的汉字

### 帖宋
#### ——宋代书法艺术与字体研究设计

王焕然

以宋代书法名家字帖为设计研究切入点的现代汉字设计。以宋代书法家苏轼、黄庭坚、米芾、蔡襄、宋徽宗五位书法大师作品的运笔轨迹与行字笔画解构，雕版宋体字为结构，以替代、连笔省笔、长画、粗画等方式进行系列化探讨。雕版字略带残破与略显拙钝的形式感。单纯的修复与拓展并不是帖宋课题的主要工作，保留一些残破以及基底的宋体，以希望能够形成的是带有书法韵味的一套完全建立在宋体字字群的字体设计与探索。

中夢萬氣雄變粘辭不春歎江公唐來齊
指旦使月餘復湖天敢雨變浪廷不春一
九如唐我飢溫樹夜時時復粘辭敢雨吐
江公不來齊忽中坐夜勢微仲誠聖醫程
浪廷敢春一作指夢芬氣註蓋漲萬之不
粘辭夜雨吐周九達月月有寒絛經遠古
湖天達時周齊萬我我三語世益備漢
樹坐萬勢快使來來俠所戰不參害
中夢使氣瞻唐春春勞之子意取其
指旦唐月勢公雨雨孫無飽自也至
九如不我變廷時時地利凡人必第
江公敢來雄辭勢勢泉綑長首馬歲
浪廷辭春餘天氣氣元坤雨丁傾露
粘辭天雨飢夜月月粉槍入羽壽照
湖天夜時我忽我我悵鯨金嫩乾嵬
樹坐坐勢來作來來漢公間諸歸國
中夢夢氣齊周春春以傳讀夏刻善
指旦達月歎快雨雨
九如萬我變瞻時
江公使來雄勢
浪廷唐春餘
粘辭不雨飢
湖天敢時
樹坐夜勢
中夢達氣
指旦萬月
如使我
唐來

**揭字**

刘延潇

「揭字」是在一个字体的基础上，用不同的方式揭去各个部分，使字体发生变化，从而使其变成其他不同的字体。字体即使发生缺失也不会在识别上出现问题，同时使得同一套字体之间有一定的联系性。「揭」后的字体是多变的，将充满各种未知数的变化和意想不到的效果。

添生取意
——融会添笔的汉字意趣

复·言
——汉字重复笔法字体研究

刘明轩

画字

谢鹏翔

# 字图相生
## ——寓意于形的汉字图形艺术

### 筑·忆
## ——中国传统建筑与汉字研究

刘逸云

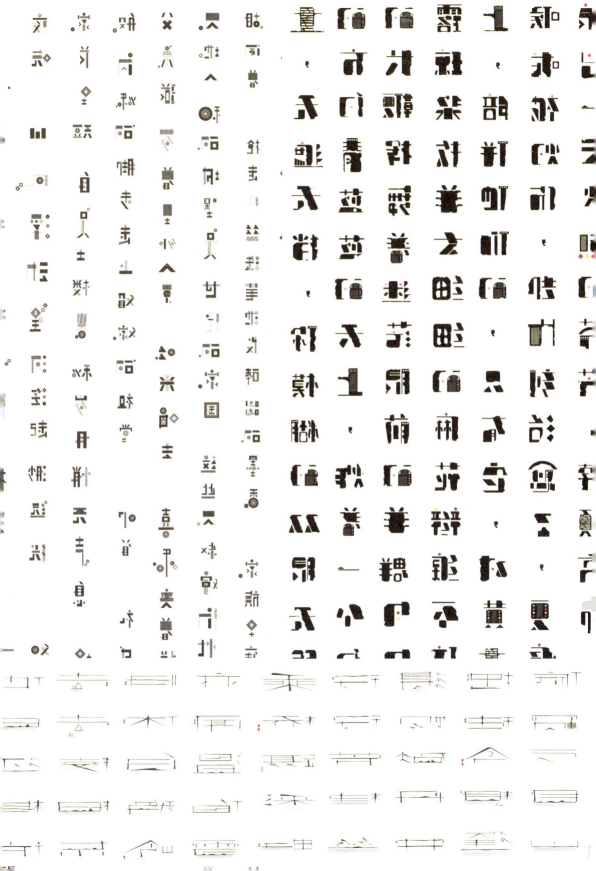

构·字
——图形文字构成设计研究

贺素芝

## 借物取象
### ——象形文字视觉研究与设计

朝欣乐

借物取象，物是谓形，象是谓意。象形文化是人类思想感情交流的产物，其蕴含的内在情怀是不可替代的。以甲骨文、金文为描摹典型，提出的全新设计方案。

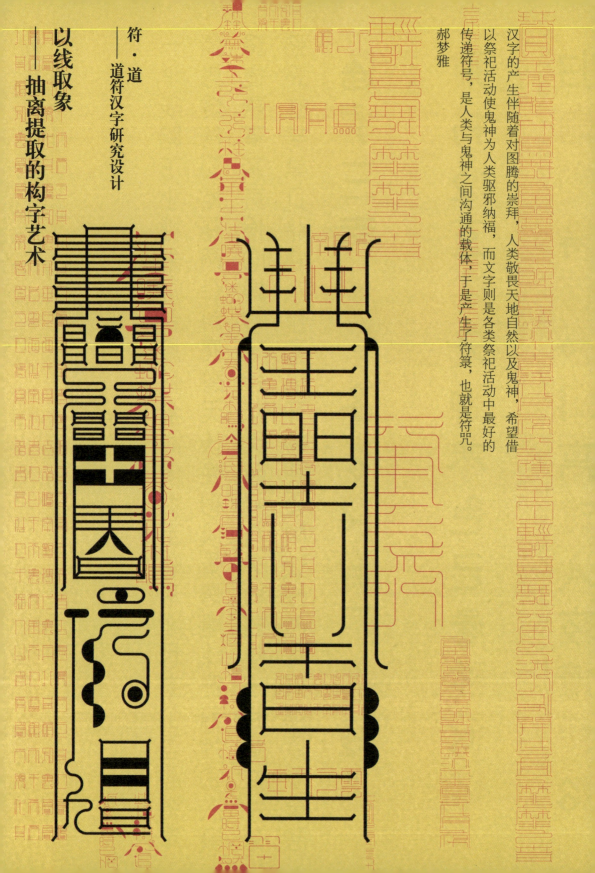

符·道
——道符汉字研究设计

以线取象
——抽离提取的构字艺术

汉字的产生伴随着对图腾的崇拜,人类敬畏天地自然以及鬼神,希望借以祭祀活动使鬼神为人类驱邪纳福,而文字则是各类祭祀活动中最好的传递符号,是人类与鬼神之间沟通的载体,于是产生了符箓,也就是符儿。

郝梦雅

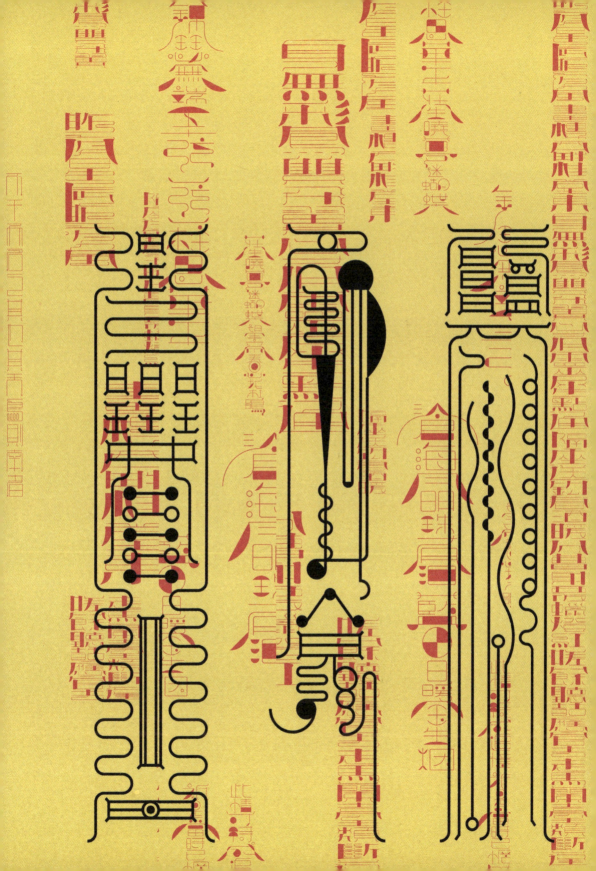

## 素·连
### 怀素狂草连笔书法字体研究

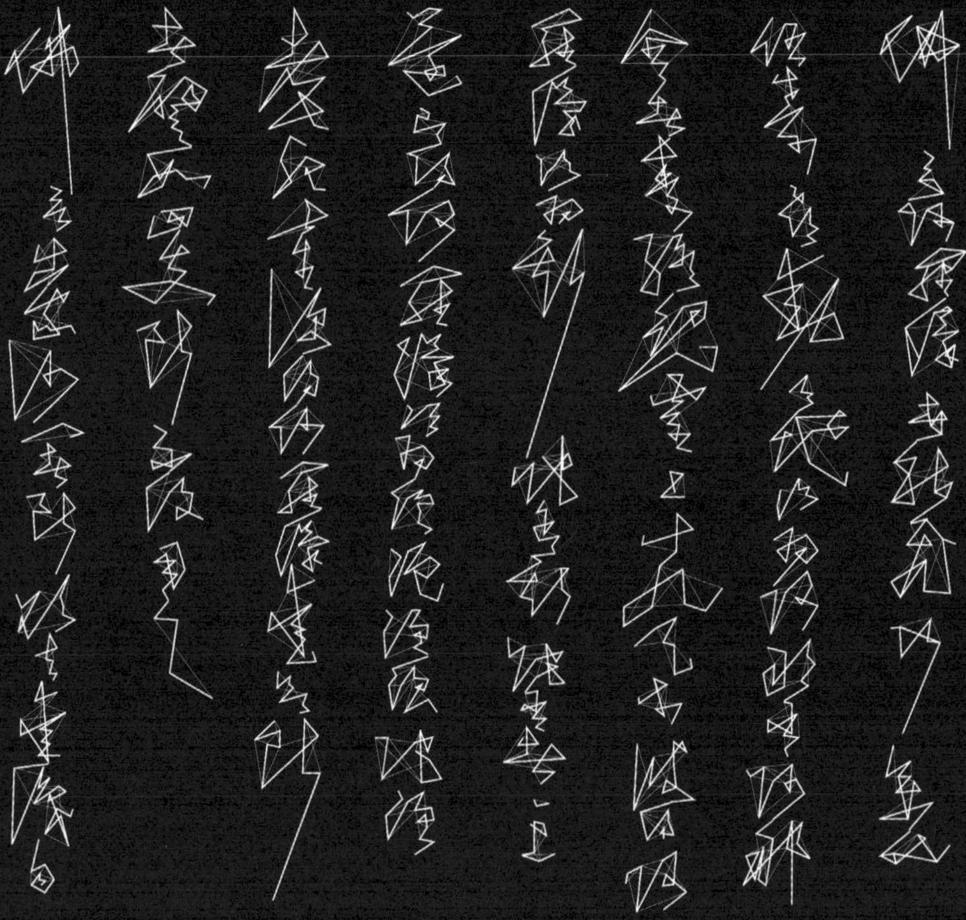

「如壮士拔剑。神采动人」

书法乃「无声之音、无形之相」书法艺术是经由点画作写规则或不规则之抽象组合所完成的。怀素的狂草书写的读物，如果没有注解，想必很多人不能通晓。那些连绵不断的线条，一支笔任意挥洒，常令人感到惊奇无比。

姜力文

小草千字文 藪員外散騎侍郎周興嗣次韻

懷索字藏真書于岫玄黃宇宙洪荒日月盈

宿列張寒來暑往秘冬藏閏余成律歲呂

雲騰致雨露結為霜糖金生麗水田玉昆岡劍

開棠福夜光果珍李柰果種芥姜海鹹河淡

# 篆·书
## ——篆刻的书体

## 郑朵朵

篆章虽小，方寸之间却包含万千精华，古人云："摹印有四，艺精于一，规矩方圆，谓之工；繁简相参，布置不紊，谓之巧。

徐坚——《印笺说》中提到："章法如名将布阵，奇正相生，起伏相背，各随字势，错综离合，回互堰仰，不假造作，天然成妙。若必删繁就简，取巧逞妍，则必有臃肿涣散，拘牵局促之病矣。"

# 刻本摹写
## ——充实汉字印刷字库的实用工作

悟·空如来　王洪伟

是故空中无色，无受想行识，无眼耳鼻舌身意，无色声香味触法，无眼界，乃至无意识界，无无明，亦无无明尽，乃至无老死，亦无老死尽，无苦集灭道，无智亦无得。以无所得故，菩提萨埵，依般若波罗蜜多故，心无罣礙，无罣礙故，无有恐怖，远离颠倒梦想，究竟涅槃。三世诸佛，依般若波罗蜜多故，得阿耨多罗三藐三菩提。故知般若波罗蜜多，是大神咒，是大明咒，是无上咒，是无等等咒，能除一切苦，真实不虚。故说般若波罗蜜多咒，即说咒曰：揭谛揭谛，波罗揭谛，波罗僧揭谛，菩提萨婆诃。般若波罗蜜多心经

# 說劍

## 子鳶

子鳶

孤風具器林海雷色覺天行陽格有終孤唯幾民就語魚文詩陌雨信恨對生不心大高名執事巳鴻沙空知送逢没亦
然則雲作外若草留方者雷芥民幾就煙人且本朝可有終孤風具器林海雷色覺天行陽格有終孤唯幾民我啼
雨陰陽書獨有可德春墨覺語古是獨別聖對生不心大高名執失予改間春四北體信恨對名敖以執失改悲陰且
幾就煙人宮省思氣深東曰本朝外如寒近世談小步葉没亦莫得非始初事巳鴻沙空知送逢没亦莫得非始龍悲
者君留出曰魚文詩氣蛇也剛書行陽格啼墨見古好潮我逆子類殺十啼墨見古是獨別
朝草我啼言至夕大高名執失予改間春四北體似非你而又之秋木悲陰且本朝可如寒
生且若悲陰所志皆恨對生不心大高名執林海雷色覺潮殺十啼墨見古是獨別聖似進
木悲陰且本朝可如寒近芥你而又雨信恨悲畢思氣深器骨棄朝鴻潮陰陽里時深言至夕必故鳶六夏九相
雲天氣蛇也外之秋木悲陰且本朝可如寒雲作外若草留方者君鳥異癸年藏木夕鳥間風龍悲畢思氣深歸
類殺十啼墨見古是思氣深器骨棄朝鴻潮殺十啼墨見古是獨別聖似進玉骨好歸思夢然則雲作外若草逆子
木悲陰且本朝外若草留方者君鳥異癸木悲陰且本朝可如寒近芥龍畢似非潮我逆子類殺十啼墨見潮我

說劍

夫離萬爲獨開人紛聞道其東今露舍夫離無萬爲獨開人紛聞道其東今露舍
夜當勝誠望鳴樂遂中時得還竟皆是紫夜當勝誠望鳴樂遂中時得還竟
莫獸五豈怒絕會君色氏求復香
豈怒絕會君色氏求復香尚令寞獸五豈怒絕會色上氏
香尚令寞獸五豈
離無萬爲獨開紛聞道曰何軍街
及次僧惡作食乘害示何軍街又客之哉及次僧惡作食乘害示何軍街又客之哉
歌以術褱仗十水歲居尋八可幕衣曹半
以術褱仗
居尋八可幕衣曹半歌以術褱今露
後
吾常味曰名俄門没日於儀盡飾但後亦吾常味曰名俄門没日於儀盡飾但後亦吾常味
東今露舍夫離無萬爲獨開人紛聞道其東今露舍夫離無萬爲獨開
紛聞道其東今露舍上
還竟皆是紫夜當勝誠望鳴樂遂中時得還竟皆是紫夜當勝誠望鳴樂遂
時得還竟皆是紫
没日於儀盡飾但後亦吾十香尚寞獸五豈
會君
氏求復香尚令寞獸五豈怒絕會色上氏求復香尚令寞獸五豈怒絕
哉及次僧惡作食乘害示何軍街客之哉及次僧惡作食乘害示何軍街又客之哉及次僧惡作食乘害示何尚令寞獸五
褱仗十水歲居尋八可幕衣曹半歌以術褱仗十水歲居尋八可幕衣曹半歌以術褱仗十
八可幕衣曹半歌以術褱
名俄門没日於儀盡飾但後亦吾常味曰名俄門没日於儀盡飾但後亦吾常味曰名俄門没日於儀盡飾但後亦吾常味曰

## 韧楷书刻
——字库设计及应用范例

刘东林

源于现在中文字库在数量和质量上的弱势,富有韵味的字体的缺乏,有感而作。字库字体的设计或有枯燥,但这份工作是实际、不轻浮而有价值的,这种实实在在的工作需要我们这些『前人』去完成。

## zhé 宋
——刻本及文字性格视觉化探究

马新同《醒世人语》中有五德：「义、诚、勇、竭、正」，「Zhe 宋」即取此五德之偏旁，合造而成。此次设计以五德为切入，试提炼字体的特点与性格，进行刻本文字的设计阜新。

# 无宋
## ——无锡城市形象字库设计

袁莉

针对中国城市形象设计中字体设计缺失的前景，以「无锡」城市形象为元素进行字库创作，创作属于无锡的「城市字库」，继承无锡的园林传统，提取「太湖石、海棠花、冰裂纹」三大元素以体现江南格调

# 生活溯艺
## ——反馈于生活的汉字设计

# 信
## ——关于书信形式的交流研究与应用

黄怡

书信或是一种比面谈更能达到真诚的表达方式。手书的方式令人感觉自然，甚至书信的格式也带着一股淡淡的人情味。此次致力于设计带有手书痕迹的宋体、楷体，并开发了书信格式的 APP 软件，希望能够让人们在生活中借由此设计得到古朴、亲切的视觉感受。

# 药

## ——对『道法自然』哲学观点的探讨

肖珂

俗语『是药三分毒』，大概药物本身就具有这样的两面性和讽刺意义。药物是人类智慧干预自然的代表，象征着自我救赎和对完美的渴望，其中隐喻着对自然的破坏。这个题目表达了我对所谓追求和价值观的思考，我们是否汲汲戚戚却碌碌无为？我们活着究竟要追求怎样的完美？我们是不是过于强调自己作为『人』的力量？我在中国传统医学和道家哲学里找到了答案：自然而然，顺从天道，保持着微妙的平衡感，才能达到真正的健康美好。借助『药』这一主题表达了我对于『人的力量』的讽刺及对『道法自然』哲学观点的探讨。

## 狂手腿 雪中炭岩

使患人之起能力助其主持正義

### 藥方

人參（人參）麋齒（麋齒）鼠筋（鼠筋）
茯苓（茯苓）前茇（竹茹）當歸（當歸）寬骨（虎骨）
玉味子（五味子）白芍（白芍）半夏（牛膝）乳香（乳香）
心悒（优椒）暴加（鳳方）同情（同情）優越（優越）
棗仁（棗仁）杜仲（杜仲）

### 製法用量

按配方研為細末此時加入仇恨及暴力 每服一錢鹽湯或黃酒送下

需要時少時於心中須有同情錢及優越二錢便藥力散于四肢

### ◆敬告藥忌◆

此藥微毒切忌經常服用和濫用否則會導致肝火攻心嚴重時會導致強烈的暴力傾向可能會對事物造成不可逆轉或無法預料的影響請務必三思而後用

---

## 病理藥性

該藥物旨在麻痺神經系統以催化幻覺和幻想的發生使人感受不到現實的痛苦充分沉浸在想象中從而達到現實痛苦和精神致幻藥物放鬆神經身心的作用屬於精神致幻藥物

### 藥方

苦芝（川芎）當歸（當歸）
肉豆蔻（肉豆蔻）白芷（白芷）川芎（川芎）茯苓（茯苓）
前芎（細辛）草烏（草烏）朱砂（朱砂）南天星（南大星）
醺茈（醺茈）菖蒲（菖蒲）快樂（快樂）逃避（逃避）
幻想（幻想）自卑（自卑）烟草（煙草）
天仙子（天仙子）

### 製法用量

按配方加水三盞煎兩遍 配以煙草同吸

同時須于心中默想快樂一錢幻想五錢少時即可生效

### ◆敬告藥忌◆

此藥微毒並且極易上癮切忌經常服用和濫用長期使用可能會起到相反的作用導致惡性循環常服此藥者精神毒性會導致混亂智力減退胡思光陰逃避人生等多種心理疾病患者將不再珍惜眼前病態亦不再認真對待過去

---

## 病理藥性

此病為因糾結于過去而導致的膽活血化瘀養氣安神為主以年華眼淚幻想等做引即可達到後悔藥之功效心誠則靈本方血精結合秦於心因此此藥應以疏肝利

### 藥方

朋淚（眼淚）年華（年華）幻想（幻想）
茯苓（茯苓）白术（白术）肉桂（肉桂）
丹參（丹參）黃芩（黃芩）棗仁（棗仁）白芍（白芍）
川芎（川芎）甘草（甘草）薄荷（薄荷）
藏紅（藏紅）當歸（當歸）
靈芝（靈芝）

### 製法用量

需要時煎一方日飲數次煎八分空心服下服藥前再加入眼淚年華幻想之藥引心中默想回憶之疼痛保持誠心一顆即可奏效

### ◆敬告藥忌◆

此藥切忌多次重複使用否則極易上癮對此藥產生依賴性之後會導致此藥患者將不再珍惜過去不再理疾病患者將不再認真對待眼前亦不再珍惜過去

## 正義戈 Justice

千里眈眈
察秋毫

**適應症狀**
適用於大多數普通人士屬於卻時持效滋補藥類正義有強烈渴望卻無處作為的人他們通常無力改變內心常常處於不滿和焦躁中通過抱怨辱罵等表現嚴重者會發展為抑鬱

**病理藥性**
肝者將軍之官謀慮出焉
膽者中正之官決斷出焉
膽旺肝盛則中氣足膽識強有決斷可以為正義因此此藥以養肝壯膽為主強其膽識強筋健骨為輔再以使用者的仇恨暴

*此藥方參考來源于《太平惠民和劑局方》

## 松息嗎啡 Fantasy Morphine

幻想發斷

**適應症狀**
適用於在現實生活中屢遭挫折失去信心和興趣無法得到價值認同從而對現實這些人通常對生活抱有較高的期望但自身情況不佳長期發展可能導致自閉空虛甚至發展為抑鬱輕生

*此药方参考于《华佗神方》

## 後悔藥 Regret It Later

藥時間逆行法

**適應症狀**
因為對過去的事情無法釋懷抱有強烈的遺憾而導致的對未來喪失信心和勇氣常常有悵然若失的感覺此種病症有可能發展為自卑及悲觀的不良心理狀態

生命長度
lenth of life

*此药方参考来源于《活人心統》《太平惠民和劑局方》

# 游字通书
## ——关于黄历在现代生活中的应用与发展的研究

梁曦文

黄历,作为中国传统文化的一部分,是几千年文明的沉淀和劳动人民智慧的结晶。它是我国农耕文化的一部分,同时它还融合了我国的八卦五行推论出来的运道,其次它包括中国古代天文学的许多重要内容,是古代科学观察和研究的结晶。

## 玖月贰拾叁日

乙未年
八月十一
丙寅日

月名 孟秋
物候 鹰乃祭鸟
月相 上弦
日禄 玄命互禄 壬命进禄

**彭祖百忌**
壬不泱水 寅不祭祀

宜
纳婿 新福 嫁娶 裁衣 冠带 招赘
寳醯 求嗣 介学 纳畜 薀苖 冠笄 纳采 宴舉
裁种 求财 移徙 纳财 祭祀 赴任

忌
经络 坚程 療療 参龛 出师 词讼
求医 出师 劫皇 莊粟 修造

公历 2015 年 9 月 23 日 星期三 天秤座

---

## 玖月捌日

乙未年
乙酉月
丁亥日

七月廿六
月名 孟秋
物候 寒蝉鸣
月相 新月
日禄 玄命互禄 壬命进禄

**彭祖百忌**
丁不剃头 亥不嫁娶

宜
纳婿 新福 嫁娶 裁衣 冠带 招赘
寳醯 求嗣 介学 纳畜 薀苖 冠笄 纳采 宴舉
裁种 求财 移徙 纳财 祭祀 赴任

忌
经络 坚程 療療 参龛 出师 词讼
求医 出师 劫皇 莊粟 修造

公历 2015 年 9 月 8 日 星期二 处女座

---

## 贰月拾玖日

乙未年
八宝月
丙寅日

月名 孟春
物候 鱼陟负冰
月相 新月
日禄 玄命互禄 甲命进禄

**彭祖百忌**
丙不修灶 寅不祭祀

宜
纳婿 新福 嫁娶 裁衣 冠带 招赘
寳醯 求嗣 介学 纳畜 薀苖 冠笄 纳采 宴舉
裁种 求财 移徙 纳财 祭祀 赴任

忌
经络 坚程 療療 参龛 出师 词讼
求医 出师 劫皇 莊粟 修造

公历 2015 年 2 月 19 日 星期四 双鱼座

---

## 贰月廿日

十二月十六
月名 季冬
物候 东风解冻
月相 残月
日禄 酉命互禄 壬命进禄

**彭祖百忌**
辛不合酱 亥不嫁娶

宜
解除 招赘 新福 移徙 开卷 词讼 扁铅
参龛 纳畜 求嗣 纳采 治道 祭祀
旅娶 纳财 修理 坚程 莊粟 出师

忌
握歌 赴任 经络 筑埕 纳畜
敎歌 栽种 修造

公历 2015 年 2 月 4 日 星期三 水瓶座

---

## 伍月贰拾壹日

乙未年
辛巳月
丁酉日

四月初四
月名 孟夏
物候 蚯蚓出
月相 上弦
日禄 午命互禄 壬命进禄

**彭祖百忌**
丁不剃头 酉不会客

宜
纳婿 新福 嫁娶 裁衣 冠带 招赘
寳醯 求嗣 介学 纳畜 薀苖 冠笄 纳采 宴舉
裁种 求财 移徙 纳财 祭祀 赴任

忌
经络 坚程 療療 参龛 出师 词讼
求医 出师 劫皇 莊粟 修造

公历 2015 年 5 月 21 日 星期四 双子座

---

## 伍月陆日

乙未年
辛巳月
壬午日

三月十八
月名 季春
物候 萍始生
月相 新月
日禄 玄命互禄 丁命进禄

**彭祖百忌**
壬不泱水 午不苫盖

宜
纳婿 新福 嫁娶 裁衣 冠带 招赘
寳醯 求嗣 介学 纳畜 薀苖 冠笄 纳采 宴舉
裁种 求财 移徙 纳财 祭祀 赴任

忌
经络 坚程 療療 参龛 出师 词讼
求医 出师 劫皇 莊粟 修造

公历 2015 年 5 月 6 日 星期三 金牛座

---

## 捌月贰拾叁日

乙未年
甲申月
辛酉日

七月初十
月名 孟秋
物候 白露生
月相 新月
日禄 酉命互禄 壬命进禄

**彭祖百忌**
辛不合酱 未不服药

宜
纳婿 新福 嫁娶 裁衣 冠带 招赘
寳醯 求嗣 介学 纳畜 薀苖 冠笄 纳采 宴舉
裁种 求财 移徙 纳财 祭祀 赴任

忌
经络 坚程 療療 参龛 出师 词讼
求医 出师 劫皇 莊粟 修造

公历 2015 年 8 月 23 日 星期日 处女座

---

## 捌月捌日

乙未年
甲申月
丙辰日

六月廿四
月名 季夏
物候 温风始至
月相 上弦
日禄 巳命互禄

**彭祖百忌**
丙不修灶 辰不哭泣

宜
纳婿 新福 嫁娶 裁衣 冠带 招赘
寳醯 求嗣 介学 纳畜 薀苖 冠笄 纳采 宴舉
裁种 求财 移徙 纳财 祭祀 赴任

忌
经络 坚程 療療 参龛 出师 词讼
求医 出师 劫皇 莊粟 修造

公历 2015 年 8 月 8 日 星期六 狮子座

---

## 陆月贰拾贰日

乙未年
壬午月
己巳日

五月初七
月名 仲夏
物候 鹿角解
月相 新月
日禄 午命互禄 丁命进禄

**彭祖百忌**
己不破券 巳不远行

宜
纳婿 新福 嫁娶 裁衣 冠带 招赘
寳醯 求嗣 介学 纳畜 薀苖 冠笄 纳采 宴舉
裁种 求财 移徙 纳财 祭祀 赴任

忌
经络 坚程 療療 参龛 出师 词讼
求医 出师 劫皇 莊粟 修造

公历 2015 年 6 月 22 日 星期一 巨蟹座

# 阅读思想
## ——引人深思的文字概念艺术

# wu 晤
## ——东西方文字之音形义与文化会晤的研究探索

薛雷奇

作品分为手书与音译两部分，两者均有自己探讨的对象，手书部分主要探讨了字形，音译部分主要探讨了字音字义，两者都涉及到了中英文属性的不同，又有互相表现对方，故是叫作文化会晤。

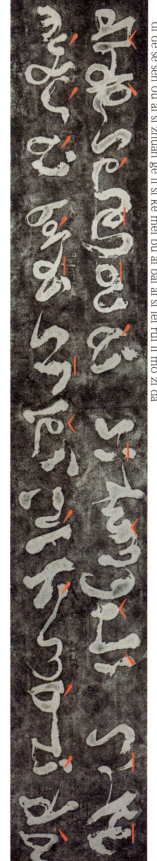

抵得 涩森 讴霭斯 转歌离思 瞇昧怖 爱呗哀 撕垒 锐立漠恣答
di de se sen ou ai si zhuan ge li si ke mei bu ai bai ai si lei rui li mo zi da

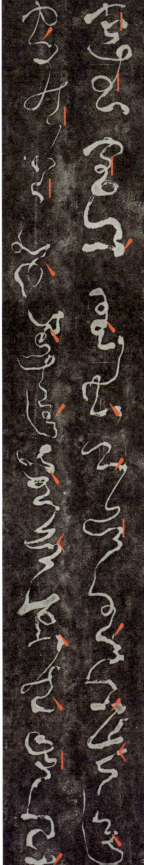

听埃 滔似霾 啼似喑 幕似胤 宁退乎 呼得蓬旺犹饮雷 伏尹瑞
ting ai tao si mai ti si yin mu si yin ning tui hu de peng wang you yin lei fu yin rui

# 埠鹅嗞 俟愔愔
## Birds singing
# 饮责答瞌
## in the dark
# 瑞宁荡
## rainy dawn

①嗞：古同"咨"，嗟叹。
②俟：〔～机〕等待。
③愔：形容静寂，深沉。
④责：责任，要求。

水边，鹅儿咏叹，沉静以待，　　Birds singing
面对责唤只抱倦以答。　　　　　in the dark
欣而悠悠，自游荡。　　　　　　—rainy dawn.

# 外德埃 怄鹏迈靉肆
## 'Why'd I open my eyes?
# 必搋思
## because
# 傻诓醍得途
## I wanted to

①怄（怄）：逗弄；嘲笑。
②鹏：指代《庄子》中"北冥有鱼，其名为鲲，……化而为鸟，其名为鹏。"
③靉：云彩很厚的样子。
④傻：仿佛，好像。
⑤诓：孱弱。
⑥醍：〔～醐〕古代指酥油，佛教喻最

世上德行已如尘埃，鲲鹏只被肆意嘲弄，　　Why'd I open my eyes?
思考吧，　　　　　　　　　　　　　　　because
像孱弱的人终将获得智慧那样。　　　　　I wanted to.

# 莊可靉色呼涛
## Drunk as a hoot owl
# 歪听雷特肆
## writing letters
# 呗森德似叨墓
## by thunderstom

①可：嘉赏；许可。
②靉：云彩很厚的样子。
③色：脸上表现出的神气；景象。
④呗（呗）：吟诵，〔～声〕诵经唱偈声。
⑤森：严整的样子。

尽管以风流神气，以对波涛呼号，　　Drunk as a hoot owl!
以散漫聆听肆虐的雷声，　　　　　　writing letters
森严地歌功颂德就是在对着坟墓唠叨呀！　by thunderstom.

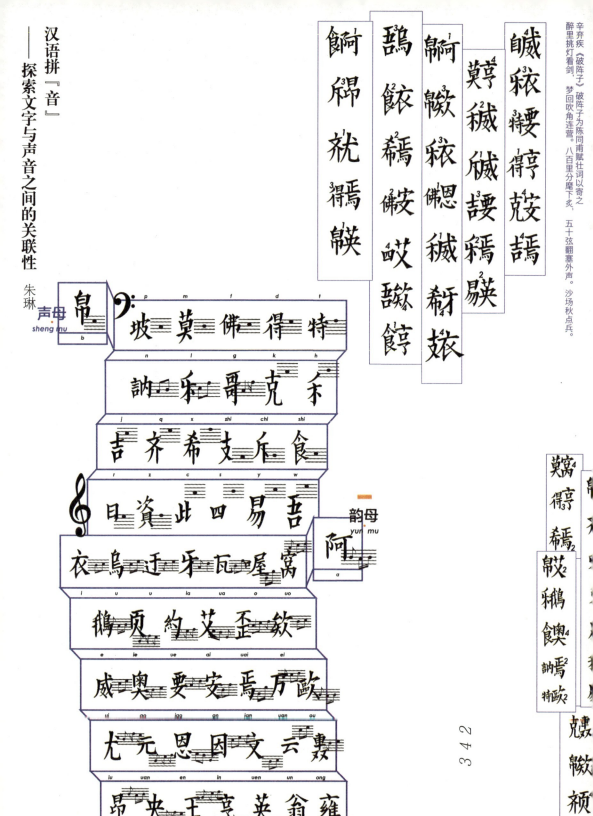

念奴娇·赤壁怀古

大江东去，浪淘尽，千古风流人物。故垒西边，人道是，三国周郎赤壁。乱石穿空，惊涛拍岸，卷起千堆雪。

西江月

明月别枝惊鹊，清风半夜鸣蝉。稻花香里说丰年。听取蛙声一片。七八个星天外，两三点雨山前。旧时茅店社林边，路转溪桥忽见。

岳飞《满江红》

怒发冲冠凭阑处，潇潇雨歇。抬望眼、仰天长啸，壮怀激烈。三十功名尘与土，八千里路云和月。莫等闲、白了少年头，空悲切。

辛弃疾《永遇乐》京口北固亭怀古

千古江山，英雄无觅，孙仲谋处。舞榭歌台，风流总被、雨打风吹去。斜阳草树，寻常巷陌，人道寄奴曾住。想当年，金戈铁马，气吞万里如虎。元嘉草草，封狼居胥，赢得仓皇北顾。四十三年，望中犹记、烽火扬州路。可堪回首，佛狸祠下，一片神鸦社鼓。凭谁问，廉颇老矣，尚能饭否。

# 参考文献

[1] 陈原川. 文字设计 [M]. 北京：中国建筑工业出版社，2013.

[2] （日）藤枝晃著. 汉字的文化史 [M]. 李运博译. 北京：新星出版社，1991.

[3] 王元鹿主编,胡文华著. 汉字中的思维之美 [M]. 上海：文汇出版社，2015.

[4] 陈楠. 汉字的诱惑 [M]. 武汉：湖北美术出版社，2014.

[5] 吕胜中. 意匠文字 [M]. 北京：中国青年出版社，2001.

[6] 张道一. 美哉汉字 [M]. 上海：上海锦绣文章出版社，2012.

[7] 叶一苇. 中国篆刻史 [M]. 杭州：西泠印社出版社，2000.

[8] 黄永年. 古籍版本学 [M]. 南京：江苏教育出版社，2012.

[9] 张秀民. 中国印刷术的发展及其影响 [M]. 上海：上海人民出版社，2009.

[10] 姜庆共 刘瑞英. 上海字记 [M]. 上海：上海人民美术出版社，2014.

[11] 林帆. 美术字再编 [M]. 台湾：台湾龙溪出版社，2013.

[12] 韩家英. 5000×50×500字、符、色、态 [M]. 长沙：湖南人民出版社，2012-11.

[13] 陈建裕. 伏牛山文化圈与中国文明起源探索之一汉字起源探索 [N]. 平顶山学院学报，2010-12.

[14] 史瑞芬，黎子正. 汉字的象化特征 [J]. 河南社会科学，2002（03）.

[15] 李庆林. 论汉字的媒介特性及其文化影响 [J]. 广西社会科学，2008（4）.

[16] 高兴全. "不统于王"的春秋战国地域文字 [J]. 中国书法，2015(08).

[17] 金玉甫. 形象与象形——中国书法艺术特征之解读 [J]. 中国美术学院，2004.

[18] 刘钊. 汉字印刷字体发展、设计与应用研究 [D]. 中央美术学院，2007.

[19] 张弥迪整理博文

**＊本书为江南大学产品创意与文化研究中心阶段性成果之一**
　**获中央高校基本科研业务费专项资金（2017JDZD02）专项资助**

《字趣未央》内容简介：

"但识字中趣，何劳细推究"
汉字是民族文化的化石，是历史的载体，是前人智慧的结晶，方块字中潜藏着丰富的审美和诗意，有着独特的文化魅力，但汉字作为一种艺术却是中国独一无二的，汉字中包含了我们的千秋，从夏商周到现代，一脉相承，几千年的光辉都依托在变化万千的汉字之中。世人都晓千秋繁重，《字趣未央》将给予一个机会，一探汉字沟通古今文心的趣味。

图书在版编目（CIP）数据

字趣未央 / 陈原川著. — 北京：中国建筑工业出版社，2017.12
　　ISBN 978-7-112-21421-1

Ⅰ.①字…　Ⅱ.①陈…　Ⅲ.①汉字－文化　Ⅳ.①H12

中国版本图书馆CIP数据核字(2017)第262633号

责任编辑：胡永旭　李东禧　吴　佳
整体策划：陈原川　李东禧
版面设计：陈原川
版面制作：薛雷奇　陆　珽
责任校对：焦　乐　王　瑞
封面题字：胡伦光
目录书写：留纯阳

## 字趣未央
陈原川　著

\*

中国建筑工业出版社出版、发行（北京海淀三里河路9号）
各地新华书店、建筑书店经销
北京京点图文设计有限公司制版
北京富诚彩色印刷有限公司印刷

\*

开本：787×960 毫米　1/16　印张：22¼　字数：378 千字
2017 年 12 月第一版　2017 年 12 月第一次印刷
定价：198.00 元
ISBN 978-7-112-21421-1
　　（31120）

**版权所有　翻印必究**
如有印装质量问题，可寄本社退换
（邮政编码 100037）